1940年色当战役、F6F "地狱猫"

战争事典 之 热兵器时代②

WAR STORY

指文董旻杰工作室 著

台海出版社

图书在版编目（CIP）数据

战争事典之热兵器时代 . 2, 1940 年色当战役、F6F
"地狱猫" / 指文董旻杰工作室著 . -- 北京：台海出版社，
2018.3
　　ISBN 978-7-5168-1760-5

　　Ⅰ.①战… Ⅱ.①指… Ⅲ.①军事史－史料－世界－
现代 Ⅳ.① E195

中国版本图书馆 CIP 数据核字 (2018) 第 013529 号

战争事典之热兵器时代 2：
1940 年色当战役、F6F"地狱猫"

著　　者：指文董旻杰工作室

责任编辑：俞滟荣　　　　　　　策划制作：指文文化
视觉设计：舒正序　　　　　　　责任印制：蔡　旭

出版发行：台海出版社
地　　址：北京市东城区景山东街 20 号　　　　邮政编码：100009
电　　话：010 - 64041652（发行，邮购）
传　　真：010 - 84045799（总编室）
网　　址：www.taimeng.org.cn/thcbs/default.htm
E - mail：thcbs@126.com

经　　销：全国各地新华书店
印　　刷：重庆共创印务有限公司
本书如有破损、缺页、装订错误，请与本社联系调换

开　　本：787mm×1092mm　　　　1/16
字　　数：242 千　　　　　　　　印　　张：14
版　　次：2021 年 1 月第 2 版　　　印　　次：2021 年 1 月第 1 次印刷
书　　号：978-7-5168-1760-5

定　　价：79.80 元

出版寄语

人类战争舞台上，金戈刀兵之声业已响彻千年。工业革命犹如一支魔法指挥棒，演绎出巨炮轰鸣、硝烟肆虐的壮丽合唱。"热兵器时代"丛书将为读者谱写战争史上这一段最为辉煌绚烂的乐章。

——蒙创波，"点兵堂"军事公众号主编，著有《长空闪电：P-38 战机全传》等

人类历史就是一部厚重的战争史，战争贯穿着整个人类的发展历程。而热兵器战争在整个战争史中的地位举足轻重，其惨烈程度、吞噬生命的体量也远胜于以往任何时代，只有了解它的可怕，才能让处于和平时代的我们更加敬畏战争，珍惜来之不易的和平。指文新推出的"热兵器时代"丛书正是从这个角度来剖析近现代战争，而这套丛书由国内军事刊物界前辈、素以严谨著称的董旻杰老师执牛耳，让文章的质量和深度得到了保障，想必也会给读者们带来一场视觉上的饕餮盛宴。

——张向明，著有《基辅 1941：史上最大的合围战》

恭贺"热兵器时代"丛书首本付梓，预祝这套丛书在军事出版界开创一番与众不同的天地，带给军迷一份别具风味的精神食粮。

——谭飞程，著有《赣北兵燹：南昌会战》《鏖兵江汉：武汉会战》等

战争是人类历史发展中重要的一环，在千百年的发展中形成了独特的艺术。微观上看，战争是残酷血腥的生死厮杀；宏观上看，战争又是宏大辉煌的国力博弈。我们可以避免战争的发生，但不可能忽略战争的存在。以史为镜可以知兴替，好友董旻杰是战争史研究方面的专家，他的"热兵器时代"丛书正是以此为理念，向读者再现战争艺术的魅力。

——高智，著有《长空鹰隼：二战德国 Bf 109 战斗机战史》等

战争，从未改变。值此"热兵器时代"丛书付印，在热兵器时代跌宕起伏的华丽篇章和战争秘辛，董老师将为读者们娓娓道来，实为军事爱好者的一大幸事。

——丁雷，著有《天火焚魔：美军对日战略轰炸全史（1942—1945）》等

目 录
CONTENTS

前 言
—— PREFACE ——

　　F6F "地狱猫"是舰载机设计史上的一大杰作,以307名王牌的骄人成绩,成为美国历史上最出色的"王牌制造机"。但是另一面,"地狱猫"的飞行员也承受了相对严重的伤亡。整场战争中,有约450名"地狱猫"飞行员在战斗中阵亡或失踪,其中包括20名王牌。《王牌制造机的骄傲:二战美军F6F"地狱猫"王牌》回顾了驾驶"地狱猫"作战的王牌飞行员在执行拉包尔要塞空袭、莱特湾大海战、东京空袭等作战任务中曲折又辉煌的作战历程。

　　色当是在马其诺防线固守的法军右翼和冲入比利时境内迎击的法军左翼机动部队之间的链接枢纽,只要这一枢纽被砸烂,法军左翼将完全暴露,整个战线上的法军将被拦腰砍成两段。英国首相丘吉尔如此描述这场战役——法国总理雷诺说:"我们被打败了,我们输掉了这场战争。"我说:"不至于吧,有这么快吗?"他说:"我们的防线在色当被突破了,德军正以大量坦克装甲车从这个突破口如洪水一样冲来。"《突破口:1940年色当之战》结合色当战役攻守双方的作战过程,深入分析色当一战为何会成为德军迅速占领阿登地区的突破口及法军失利的原因。

　　"埃塞克斯"级航空母舰是美国海军历来所建数量最多的一级航空母舰,为美国海军的战斗注入了机动性、持久力和攻击力,在太平洋战争中起到了显著作用。《"全甲板攻击"的巅峰与涅槃:美国海军"埃塞克斯"级航空母舰》介绍了"埃塞克斯"级航空母舰在设计阶段的构想及其在战火中的改进历程,细数该级航母在哪些方面继承并发扬了先前各级航母的优点,又在哪些方面进行了大胆的创新和尝试。

　　1963年越、美都有领导人逝世,政变频繁,南越军队和美国顾问压缩了直升机的空中突击活动。1964年,南越政府从内阁到领导人在一年之内换了七次,美国新总统约翰逊在刚刚适应的情况下,就要把战争扩大到北越。《东南亚空战:约翰逊的战争》梳理了这段政治动荡时期发生在东南亚上空的战斗,并分析了该阶段的空中战斗为整个战局带来的深远影响。

2018年3月

王牌制造机的骄傲：
二战美军 F6F "地狱猫" 王牌

作者 | 谭星

王牌制造机

在第二次世界大战中，有大约 1300 名美国战斗机飞行员在空战中获得了 5 架或者更多的击落敌机纪录，荣膺"王牌"之谓。这其中有 371 名是海军飞行员，另有 124 名来自海军陆战队。如此算来，二战中美军有三分之一的战斗机王牌飞行员都佩戴着骄傲的金翼徽章。

和在整场战争中使用过 8 种主要战斗机的陆军航空兵不同，美军的两个海上作战军种总共只驾驶过三种主要战斗机，分别是格鲁曼 F4F "野猫"（以及后期型 FM）、F6F "地狱猫"和钱斯·沃特 F4U "海盗"。因此，若按照所驾驶的机型划分，每一种海军战斗机名下都记录有比陆军战斗机多得多的王牌。就这样，F6F "地狱猫"以 307 名王牌的成绩成为美国历史上最出色的"王牌制造机"，远超位列第二的北

∧ 太平洋战场上，美军航母舰载战斗机的另一大主力——F4U "海盗"战斗机。与F6F "地狱猫"相比，"海盗"的速度更快，战力更强，但其机头太长，降落稍有困难。因此，它一直被用在陆上机场，直到战争末期才登上航母。

▲ 金翼徽章，美国海军航空兵和海军陆战队航空兵的骄傲。

▲ 位于美国纽约州长岛的格鲁曼飞机工厂一景，堆积的战斗机机身彰显了流水线生产的强大生产能力。庞大的飞机产量是奠定二战美军航空兵胜利的一大基石。图中的机体属于F4F"野猫"战斗机，格鲁曼飞机工厂也是F6F"地狱猫"的"老家"。

美P-51"野马"战斗机，从后者座舱诞生了 275 名王牌。但是另一面，F6F 的飞行员也遭受到了相对严重的伤亡，整场战争中约有 450 名"地狱猫"飞行员在战斗中阵亡或失踪，其中包括 20 名王牌。

虽然格鲁曼公司的产品线还包括"野猫"战斗机、"复仇者"鱼雷机等重要机型，但这些"地狱猫"无疑是生产它的格鲁曼长岛工厂为二战胜利所做出的最大贡献。面对需要执行的任务，这种 3 年间制造了 12000 架的战斗机几乎可以称得上完美。由于装备了动力强劲的发动机，机体设计也很不错，F6F"地狱猫"不仅拥有能应对舰上起落严酷考验的结实身板，还拥有足够的速度、强大的火力、理想的操纵性及简便的维护性。总而言之，"地狱猫"是舰载机设计史上的一大杰作，是二战美军中最杰出的王牌制造机。

美军舰载战斗机部队编制

1943 年，美国海军战斗机部队的基本单位是"战斗中队"（Fighting Squadron，或简称为 FITRON），"战斗机中队"（Fighter Squadron）这一名称直到战后才出现。当 1943 年 8 月 F6F 战斗机在中太平洋首次投入战斗时，美军大型航母上的战斗中队通常编有 36 架 F6F-3，轻型航母上编有 24 架，各个陆基中队的编制一般和大型航母相同。

美国海军战斗机部队的最小作战单位是由 4 架飞机组成的小队（Division）分成的 2 个双机编队（Section）。1943 年时，美国海军飞行员们已经对由约翰·撒奇少校首创并在中途岛首次投入实战的"撒奇剪刀"双机协同战术烂熟于心。这一双机战术的发明原本是为了让"野猫"战斗机在更快、更灵活的对手面前拥有更高的胜算，后来驾驶速度比"野猫"更快、爬升率更高的"地狱猫"战斗机的飞行员也沿用了这一战术。

虽然"地狱猫"在战斗机对决中胜算很大，但毕竟整支舰队的安全才是最重要的，而这一点很大程度上是由战斗机的数量决定的。从 1943 年中期到 1944 年年底，大型航母上战斗中队的飞机数量先是从 36 架增加到 54 架，然后又达到了惊人的 73 架。这组数字清晰地说明太平洋战争对美国海军舰队的防空能力提出了严峻的考验。日本"神风"自杀战术在菲律宾战役中取得了不俗的战绩，迫使美军将特混舰队的战斗机防空能力提到了最优先的位置。

战斗机及飞行员数量的急剧膨胀，令美国海军对大型航母上的战斗机进行了重新组织。1944 年年末，原有的过于庞大的战斗机中队被一分为二：一个战斗中队保留原有的名称和番号，另一个则组成了新的"战斗轰炸中队"（VBF）。这一重组并没有带来麻烦，因为两个中队执行相同的任务，装备相同的飞机，共用同一套后勤保障体系。由于单个中队的规模变小，行政的工作量和中队长的负担也随之变小，工作效率得到了提高。因此，这一改动可谓非常明智。唯一的问题只出现在装备"海盗"的战斗轰炸中队和装备"地狱猫"的战斗中队同处一舰的情况下——这

∧ 一群正在F6F"地狱猫"战斗机前受训的美国海军飞行学员。照片摄于维罗滩海军航空站。

时母舰不得不配备两套互不通用的后勤及维护体系了。

由于母舰搭载的地勤人员数量有限，海军和陆战队的飞行员们大部分都要分担一些地面上的工作。中队里一般有3名主要军官：中队长、作战参谋和飞行参谋，这些军官都是空中老手，他们手下还有许多"嫩"一些的飞行员，这些飞行员分别要负责中队的人事、枪炮调试、领航、降落伞及应急设施管理等诸项工作。中队里真正的全职地勤官只有两人，分别负责机械维护（主要是飞机维护）和情报采集。他们都是预备役，在传说中的"奇迹90天"接受了各相关科目的集中培训，然后以"志愿飞行专业人员"的身份登上航母。即便是安纳波利斯海校的正牌毕业生们，也认为这些人是不可或缺的。

牛刀小试

1943年8月下旬，格鲁曼"地狱猫"首次参加大规模作战行动（该机在战争中共参加过 6 次大规模作战行动）。在未来的 24 个月里，F6F 将变成日本海军和陆军航空兵最可怕的对手——5200 架各种型号的日军飞机残骸为"地狱猫"赫赫威名的奠定及 307 名王牌飞行员的诞生打下了坚实的基础。除太平洋战场外，"地狱猫"还参加了 1944 年 8 月在法国南部的登陆，使自己的足迹范围扩大到东西两个半球。

1943 年 8 月，美国海军已经为在海战中彻底压倒日本海军备齐了武器装备，并准备开始行动。除 TBF "复仇者"打头阵的一系列新型舰载机外，美国海军还为这些新型飞机准备了强大而长寿的"埃塞克斯"级舰队航母，及吨位小得多但具有与大型航母同样速度且能够参加舰队作战的"独立"级轻型航母。新型 F6F-3 "地狱猫"战斗机是这些航母上的战斗中队的主力装备。

"地狱猫"刀刃上的第一滴血是由一支老部队的成员沾上的。1943 年 9 月 1 日，VF-6 的理查德·L. 罗什中尉在霍兰岛附近击落了 1 架日军川西 97 式水上飞机。对罗什中尉来说，这是他在战争中唯一的战果，但对"地狱猫"来说却远远不是。两天后，VF-6 的未来王牌萨德尔斯·T. 小科尔曼在贝克岛以西击落 1 架川西二式水上飞机，这是他王牌之路的开端。

舰载机飞行员包揽了 F6F 的头两个战果，接下来就轮到所罗门群岛的那些陆基中队队员了。9 月 6 日，VF-33 的 J.A. 华伦少尉在马尔古斯埃岛附近击落了 1 架零式。从此，陆基"地狱猫"中队的战果开始节节攀升。到 9 月底，"地狱猫"的总战果已经增长至 35 架，其中有 29 架都是由驻所罗门群岛基地的 VF-33、VF-38 和 VF-40 这三个中队击落的。参战的这第一个月是"地狱猫"空中生涯中唯一一段陆基中队战果超过舰载中队的时期。

9 月 14 日，驻蒙达的 VF-33 出动了 16 架"地狱猫"为前去空袭巴拉勒岛的攻击机群护航。这支攻击机群的规模比平常大得多，"无畏"和"复仇者"的数量达到了 72 架。此战中，有 10 架"地狱猫"与日军飞机发生了空战。C.K."肯"·希尔德布兰特上尉便是其中一架"地

▲ 所罗门群岛的绿色地狱。这里不仅发生了瓜岛血战这种具有转折意义的战役，还发生了持续了大半年的 1943 年反复争夺战。"地狱猫"的首战也发生在这里。

狱猫"的飞行员，他打掉了一架试图向返航 SBD 发起进攻的零式战斗机。他后来回忆道：

我向它洒出一串子弹，随即它在我前方 200 英尺处拖着黑烟滚转脱离了。此时，曳光弹已经在我身旁飞舞，我只好猛然拉起，座舱还挨了几发 7.7 毫米子弹，打中了我的杂物包和座椅靠背。这架零式在我转向弗鲁恩时放弃了。弗鲁恩后面也跟着一架零式，我在距离那架零式 100 码时开火，即使在它拉起滚转时也没停下来。最后它的左翼被打断，掉了下去。

突然，我遭到（后面）100 码处一架零式的突袭。我立刻拉动手杆，放下减速板，然后眼看着那个日本鬼子冲到了前面并拉起转弯。我赶忙扣下扳机，直到它爆炸为止。这下，天空忽然清静了。我找不到弗鲁恩，便掉头返航了。

这次战斗后，所有的 F6F 都回到了基地。飞行员们报告说共击落了 8 架零式，返航的格鲁曼战斗机中有两架因严重损伤而报废，飞行员也受了伤。12 月，希尔德布兰特又为自己的战果纪录增添了 2 笔，成为最早那批"地狱猫"王牌中的一员。

"地狱猫" 9 月的最后一个战果也是舰载"地狱猫"击落的第一架日本战斗机。25 日，"萨拉托加"号 VF-12 的约翰·马格达上尉在布干维尔岛的巴拉科玛镇上空击落了 1 架零式。这名曾随"大黄蜂"号（CV-8）的 VF-8 参加中途岛战役的老兵的最终战绩是 4 架，差一步到罗马。1950 年朝鲜战争爆发后，他率领已经换装 F9F"黑豹"战斗机的"蓝天使"特技飞行队开赴前线，随"普林斯顿"号的 VF-191 参加战斗。1951 年 3 月，他在朝鲜上空被击落，当场阵亡。

1943 年 10 月，沉默多时的美军快速航母部队突然变得积极。当月 10 日，他们对威克岛展开的大规模空袭不仅为 1941 年 12 月在这里战败的陆战队第 1 守备营报了一箭之仇，还成为后来许多威名赫赫的舰载机中队的登场式。如果日本人能看到此番空袭威克岛的美军飞行员的姓名，他们一定会怀疑自己的德国盟友是不是改变了立场——"列克星敦"号 VF-16 的飞行员名单中有伯克霍姆、伯克哈尔特、弗伦堡和施瓦茨，都是德国名字。保罗·布伊中校麾下的这个战斗中队在威克岛上空击落了 6 架日机，"埃塞克斯"号上菲尔·托雷少校的 VF-9 击落了 4 架，"约克城"号上埃德·欧文中校的 VF-5 击落了 17 架。两年前 VMF-211 的血仇尽得偿报。

除这些大甲板航母外，来自"独立"级轻型航母的 VF-6、VF-22、VF-24 和 VF-25 也参加了空袭威克岛的作战。VF-6 的中队长是那位在 1942 年珊瑚海战役中英勇保卫老"列克星敦"号而荣获国会荣誉勋章的"野猫"王牌 E.H. 奥黑尔，他现在是少校了。当一支由一式陆攻和零式战斗机组成的日军机群出现在舰队附近时，他立刻带着他的四机小队冲了上去。他本人击落了 1 架战斗机和 1 架轰炸机，另一个双机组也击落了 2 架。担任第二个机组长机的便是后来大名鼎鼎的亚历山大·弗拉希尔中尉。弗拉希尔时常以曾与"屠夫"奥黑尔共事为荣，他曾这样回忆自己初上战场的那段岁月：

我那时是"屠夫"手下的编队长机，我的僚机是威利·加兰——"屠夫"是我们的小队长，他的僚机是汉克·兰德里。我们从 3 架"齐克"头上 2000 英尺的地方压了过去。那时我的无线电整个坏掉了，但我还是能够感觉到发生了什么。"屠夫"打着了左边的零式，我打爆了右边那架。这就是我的第一次空战。那时我就像傻子一样，被那些零式绕晕了。眼睁睁地看着零式长机掉头降落在了威克岛上，才飞过去打着了那架已经停下来的飞机。后来，我又在第二次通场时击毁了 1 架"贝蒂"。

第一次通场后，"屠夫"和汉克冲到云层下。后来听"屠夫"在休息室里说，他又冲向了一群"贝蒂"，并击落了其中一架。

这一天，美军在威克岛空战中击落了 41 架日机。包括弗拉希尔在内的至少 9 名未来的王牌飞行员在这里取得了自己的第一个战果。

∨ 美国海军"埃塞克斯"级航空母舰首舰"埃塞克斯"号。在太平洋战争中后期的海空恶战中，"埃塞克斯"级航母和"地狱猫"战斗机成了美国海军最可靠的力量。

▲ 美军VF-8中队（第8战斗中队）的8架F6F"地狱猫"正在训练。照片摄于1943年3月。

▲ 亚历山大·弗拉希尔中尉。

拉包尔要塞

11 月，美军快速航母部队向新不列颠岛上的拉包尔日军基地发动了两次空袭。5 日，F.C. 谢尔曼少将的特混舰队向那里发动了一轮仓促的进攻。据情报显示，那里当时停泊了一些日本军舰，这次空袭的目标就是消灭他们。参加此次空袭的有太平洋舰队的老将"萨拉托加"号和新服役的轻型航母"普林斯顿"号，两舰共放出了近 100 架作战飞机，其中约一半都是"地狱猫"。美军机群和日本防空战斗机进行了激烈的空战，VF-12 和 VF-23 在空战中击落了 21 架日机，TBF 和 SBD 也击落了 7 架。更重要的是，美军此次击伤了 6 艘日本巡洋舰，使盟军在奥古斯塔皇后湾的登陆免受其害。

6 天后，美军飞机再次光临拉包尔。这回，涂着蓝圆白星的美国舰载和陆基战斗机居然在一天之内获得了 137 架的击落纪录！这一辉煌的战绩亘古未有！当然，日本人的实际损失肯定会比这个数字低不少，但美军战斗机飞行员的表现仍然堪称卓越。这一天的战斗也隐隐暗示了太平洋空战的未来走向，日本航空兵的毁灭已经从这里显出了影子。

谢尔曼特混舰队前往拉包尔这段路程的天气十分糟糕，但 A.E. 蒙哥马利少将的 3 个舰载机联队却几乎打了一整天。这场空战的激烈程度，仅凭参战的轰炸机和鱼雷机也击落了 12 架日机就能推断出来。

在参战的诸个战斗中队中，与敌人交战最激烈的是"埃塞克斯"号的 VF-9，他们获得了 55 个击落纪录；居其次的是"邦克山"号的 VF-18，获得了 38 个战果。这一天，"邦克山"号的前战斗中队——VF-17 也造访了自己的老东家：汤姆·布莱克本少校带着他的 F4U-1A "海盗"战斗机，从新乔治亚的昂东加机场起飞执行任务，然后临时降落在"埃塞克斯"和"邦克山"这两艘航母上，他们在航母上加油、装弹，外加享用了一些热食，之后便再次起飞。到那天结束时，这些"快乐的罗杰斯"们又在自己的战果簿上增加了 18.5 个击落纪录。

当天的空战中，表现最好的 F6F 飞行员是 VF-9 的 H.N. 胡克少校，他击落了 2 架 97 舰攻和 1 架 97 舰爆。除了他之外，还有至少 13 名飞行员分别击落了两架敌机。美军当天的战果虽多，却没出现"单日王牌"。原先的"野猫"时代就经常出现在大规模空战中诞生"单日王牌"的情况，进入 1944 年后就更是屡见不鲜。如此看来，我们只能认为此时美军的战术设计和飞行员训练都还没有和"地狱猫"融为一体。

当天美军的大部分战果都在空中取得。攻击机群在日军的抵抗下，仅仅击沉了1艘驱逐舰，击伤了4艘军舰。即便这样，空战的结果已昭然若揭——拉包尔作为日军战略据点的日子已屈指可数，南太平洋的战事已不再重要了。拉包尔的硝烟方才散去，美军快速航母部队的矛头便指向了中太平洋。海空大军齐聚中太平洋的吉尔伯特群岛附近，旨在攻占此地的"电流"战役即将打响。

在"电流"战役中，第一位"地狱猫"王牌隆重登场，此人便是汉密尔顿·麦克霍特中尉，22岁的佐治亚州人。麦克霍特中尉所属的部队正是最早装备"地狱猫"的VF-9，这倒合情合理。10月5日，他在威克岛上空首开纪录，又在拉包尔空袭中击落两架零式。"电流"战役开始后，他先是于11月18日在塔拉瓦环礁附近干掉了一架零式水侦（当天美军击落的唯一一架），一天之后他又击落了一架一式陆攻。至此，"地狱猫"的座舱终于诞生了首位王牌飞行员。

塔拉瓦登陆战的血腥、残酷为人所共知，但对VF-16的战斗机飞行员来说，这次战役却是一次不错的狩猎机会。11月23日，中队长布伊中校和他的11名手下在雷达的引导下前往马金岛上空拦截一支零式机编队。得益于雷达的帮助，他们

▲ 空袭拉包尔！1943年年底，美军快速航母部队向中太平洋、南太平洋的日占岛群发起了一连串空袭，练兵的同时，快速航母部队的机动打击能力也一览无余。

在24架敌机上空4000英尺（约1219米）处占据了位置——这是每名战斗机飞行员都梦寐以求的。布伊等人冲了下去和日本飞机厮打成一团，双方从23000英尺（约7010米）的高空一路打到5000英尺（约1524米），最终有17架日机掉进海里。其中E.R.汉克斯少尉一举击落了5架零式，还有1架可能击落，成为44名F6F"单日王牌"中的头一个。

大约26小时后，布伊又带着一群飞行员在几乎同一位置展开了战斗。不过这一次，F6F机群在战斗伊始便处于日机下方2000英尺（约609米）处。尽管有一架"地狱猫"在日机的第一轮攻击中被击落，但是VF-6通过一场在当时难得一见的垂直机动格斗翻了盘。战斗结束后，又有12架日机被击落，A.L.弗伦堡中尉在此番战斗中独中三元，成了第三位"地狱猫"王牌。

"电流"战役的一个副产品是舰载夜间战斗机的出现。有些人认为夜战飞行员都是临时客串的角色，实际上这些"蝙蝠部队"在加入舰队前都受到了严格的训练，并且进行了严密的组织准备。第一个夜间部队的指挥官就是那位"屠夫"奥黑尔，1943年11月时，他已经成了"企业"号上第6舰载机联队的联队长，当时他手下

▲ 二战期间，美国海军建立了完善的舰队防空体系。这一体系的建立一方面依靠成熟而完善的雷达指挥系统，另一方面则依靠强大的战斗机力量。图为挤满F6F"地狱猫"战斗机的美军航母机库。摄于1943年。

的战斗中队是 W.A. 丁恩中校麾下的 VF–2。

奥黑尔的"蝙蝠部队"成员都是他一个一个亲手挑出来的，这些人除了要执行夜间防空任务外，还得正常参加昼间作战。该部队包括 VF–2 的两名 F6F 飞行员，由 VT–6 的一架装备了雷达的 TBF 提供引导。这个小分队和空战指挥部配合作战，即便不能在夜间准确消灭来袭敌机，至少也有一定的机会去打乱对手的偷袭。

夜间防空小队的第一次实战发生在 11 月 27 日夜。当日军侦察机两次从美军舰队旁"嗡嗡"飞过时，奥黑尔等人知道，敌机就要出现了。他立刻带着僚机华伦·斯肯少尉和 VT–6 中队长约翰·菲利普斯少校（驾驶 TBF）飞进夜空。偷袭舰队的是 15 架一式陆攻。在机上雷达官的指引下，菲利普斯跟上了两架日本轰炸机并将它们击落，然后呼叫奥黑尔前来会合。就在这个当口，"复仇者"上的机枪手看见夜色中还有一架看不清楚的飞机靠了过来，便几乎是本能地朝那架飞机打了一梭子弹——这下子祸闯大了，这梭子弹不偏不倚地打中了那架飞机，而那架飞机的飞行员正是前来会合的奥黑尔！谁也不知道奥黑尔的座机到底怎么了，但是联队长的确和他的飞机一同消失在了海上。这位早在"野猫"时代就已在太平洋上和零式机奋战的王牌飞行员就这样完了，真是个悲剧！

1943 年的最后几天，美快速航母部队是在对夸贾林环礁进行进攻前的空中火力准备中度过的。在夸贾林上空的空战中，VF–16 再一次独占鳌头，12 月 4 日，美军在罗伊上空取得了 40 个击落纪录，VF–16 包揽了其中的 18 个。这 18 个战果中，有几个是被一名 21 岁的德州人——爱德华·G. 文道夫少尉取得的，他击落了 1 架一式陆攻和 3 架零式。不过海军没有全部认可这些战果，文道夫的战果簿上只记下了 2 架零式的确定战绩，那架轰炸机被记作"合作击落"，另一架零式则算作"可能击落"。不过，他自己也险遭不测，就如他在下面这份专为描述此战的报告中所叙述的那样：

1943 年 12 月 4 日，我的"幸运日"来了！我们在编队飞往夸贾林时编成了三层以保护那些俯冲轰炸机和鱼雷机——底层掩护机群的高度是 7000 英尺，中层是 12000 英尺，顶层是 18000 英尺。我当时飞的是小队长吉姆·"酒鬼"·小塞伯特上尉的僚机，他这个绰号肯定是很久以前起的，因为从我认识他的时候起，就从来没见他喝过酒。

吉姆的小队被编在中层。那天一大早 7 点左右我们就抵达了目标区，接着就开始在区域上空清除那些敌人的"妖怪"。发现没有敌机后，我们便奉命前去扫射罗伊的机场，我们的目标是停放在那里的飞机（确实还不少）和机库。

我飞在"酒鬼"小队的右翼，他向我发出"散开"信号后就向左边飞走了。我等了几秒钟便展开了攻击。我始终飞在能看见"酒鬼"的地方，但是在他的右上方保持一个距离，这样才能既集中精力扫射目标又保持和"酒鬼"的目视联系。我先是向一座机库门前的两架飞机打出了几次长点射，接着又转向了一座敞开的机棚，把一串长点射打了进去。大约就在这个时候，我的飞机摇晃了起来，那是附近爆炸的高炮炮弹导致的。我赶忙接连几次左躲右闪（频繁改变高度和航向）以甩开这些炮火。我们原本商定在机场左侧的海面上空 5000 英尺处重新集合，但是防空火力太密集了，我只能向右边脱离。

在我返回集合点的途中，我看到了一架正在海面上低空盘旋的"贝蒂"轰炸机，我搞不清它是刚刚起飞，还是从其他机场飞来，但是却知道应该要收起节流阀了，因为俯冲时获得的高速度让我一下子就冲了过去。我只好向右转，接着转回那架"贝蒂"。我扣响了全部 6 挺 .50 机枪，射出了一个短点射，子弹从它头上飞了过去，我又压了点机头和瞄准点，把两个长点射打进了那架轰炸机。它开始解体了，而且拖出了黑烟，慢慢地右转俯冲，最后坠毁在海面上。①

我随后推满节流阀，开始平缓地左转爬升，寻找塞伯特上尉。爬到大概 7000 英尺时，我看见太阳方向的高处有一个四机编队，既然没有关于敌机的消息，我只能认为那些飞机都是"自己人"。由于无线电一直没有响，我没有从空中听到任何报告，我不知道的是，刚才扫射过程中的那些震动已经在我的机身上留下了几个 40 毫米级别高炮的弹孔②，我的无线电已经被打坏了。我从那四机编队的中间后下方靠了上去，他们一直没有看见我。当我接近他们后，我被吓了一大跳，我看到它们都涂着"红丸"旭日徽，那是零式机的四机编队！

我别无选择，只能滑向右边，对准外侧的两架飞机开了火。最外侧的零式机一下子就爆炸了，第二架也着了火，向右坠落下去。显然，这个时候日本长机和另一位僚机总算看到了我，他们向相反的两个方向分散开去。我只能跟上其中的一架，所以我选择了长机。他向左急转，我很快就跟丢了，此时那架僚机却拉到了我的尾

---

① 奇怪的是，"列克星敦"号的一个情报官却将这架日本轰炸机算作义道夫的半个"合作击落"，与他分享这架日机的是阿诺德·H. 布罗夫中尉，他是 VB-16 的一名 SBD-5 飞行员，这是此人在此次出击中的第二架参与击落的一式。

② 应当是弹片而不是炮弹本身留下的。

后。我立刻向右急转弯，两串短点射紧跟着就从我的头上飞了过去。我立刻进行俯冲以图甩掉他，但他却咬住我的尾后紧追不舍。

我接着来了一个猛拉机头，就在我快要拉到筋斗顶点的时候，飞机却开始莫名其妙地掉速度！但我决定继续推杆，完成筋斗。飞到倒飞顶点时，我看见那架零式发疯般地拉了起来。我意识到他就要占领一个绝佳的位置了——在那里，他可以趁我返航时将我击落。在这危急时刻，我急中生智，推下了操纵杆，保持倒飞几秒钟。那架零式一定是认定自己将会切到我的内圈，我的这一动作大大地出乎了他的意料，他看不见我了，只能改出筋斗。

推迟几秒改出筋斗后，我发现他就在我的返航路线上，而且几乎就在瞄准框里。一开始我的射程还够不着他，因此还得开足马力靠上去才能开火。我觉得他直到我开火前还没有看见我，当他看到时已经来不及了，因为那架飞机很快就开始燃烧，最终坠毁在海里。

那几分钟真是太精彩了，我赢了4场——那架"贝蒂"和3架零式。此时还有几处空战正在进行，于是我爬到最近一处的上方，接着俯冲加速，看看能否帮哪一位弟兄把尾后的敌机赶走。

当我努力爬升准备参加格斗的时候，我得承认我的注意力全部集中到了上方，而不是尾后。我突然看到7.7毫米机枪和20毫米航炮的子弹撕掉了我的几块机翼蒙皮，还有曳光弹从我身旁一闪而过。我的第一反应就是扭过头，从头靠的装甲背板旁往外看。就在这时，又一发7.7毫米子弹飞了过来，越过我的左肩，擦过我的左太阳穴，从座舱右前方穿了出去。我的感觉就像是什么人用一个20×40厘米的板子在我脑袋侧面猛地一击，一下子就把我打得头晕目眩、不省人事。我也不记得自己过了多久才意识到自己中弹了。

我的第一个念头就是"离开那个鬼地方"。我们都被告知，最好的摆脱机动之一是俯冲到最高速度后右急转（我认为能够飞到的"红线"极速是400—425节）。我就照办了，很明显这发挥了作用，那个零式机飞行员没有再跟着我不放，谢天谢地。当我从高速俯冲中拉起时，我猜是高过载"G"数让我血流如注，我感到鲜血喷涌而出，流到我放在节流阀上的左手上。

我赶忙用左手使劲按住伤口的动脉近端，这一举动看来为我止住了不少血，但还是有一些从手臂流到了腿上。

我们的绝大多数空袭都会有"Dumbo"（己方的救援潜艇）布置在海岸线外

数英里处，以营救中弹落水的飞行员。这一次，我觉得潜艇应该在夸贾林的东北海岸外，但是它们都潜在水下，除非有人告诉他们那片海域有飞行员落水。现在我是孤身一人，无线电也被高炮打坏了，所以没办法和"Dumbo"联系上。

但我的失血状况还是很糟糕，所以这几乎是攸关生死的时刻了。我现在要么保持清醒直到在潜艇附近迫降并爬上救生艇，但前提是有人能看到我，将我的位置通报给潜艇；要么就在空中坚持满45分钟——这是飞回舰队降落到甲板上所需的时间。我该如何选择呢？略加思考后，我选择了后者。

返航航线的罗盘指示，方向应当是45度。但就在我转向那个方向时，却发现遥示罗盘已经被敌人的高炮打坏了。充液罗盘的指针也在30—40度之间摇晃个不停，读数非常不准确。于是我决定利用罗伊岛上的两条沿南北及东西方向延伸的跑道定位，在跑道夹角的等分线上，我找到了两块连成一线的云彩，就向这个方向飞去。当我飞过第一块云的时候，我很快又找到了这样的一条线。

此时的天气基本晴朗，3000英尺高度上散布着一些碎云，能见度4—5英里，所以我的航程大部分是在云上飞的。飞满45分钟后，我下降到云层以下，开始进行"扩大矩形"搜索，直到找到"列克星敦"号为止。飞完航线两边的时候，我看到了一艘航母的尾迹，压在心头的巨石终于落地了。

不幸的是，我看到那艘船的甲板后端标着一个大大的数字"10"——那是我们的姊妹舰"约克城"号的。我的伤口现在已经只是一滴滴地流血了，但毕竟血还在流，因此我现在急着降落到任何一艘航母上。飞过他们舰岛的时候我摇了摇机翼，意思是说我没有无线电，但我也注意到他们有许多飞机正在被提上甲板准备对夸贾林发动第二次空袭。此时能见度还是4—5英里，我在四周找了一圈还是没看见"列克斯"。我想"约克城"号的人可能看出了我的困难，他们用什么白色的东西做了个箭头，指向偏南的一个方向，又加上了数字"12"来显示到我自己航母的距离。我再一次摇了摇机翼表示我领会他们的意思了，接着就转向那个方向去寻找"列克斯"了。

飞行了仅仅几分钟后，我看到"列克斯"的尾迹了。到达时，我又注意到舰上的甲板已经清理干净，可以接受飞机降落。他们立刻用闪光灯给我发出了"预备查理"的莫尔斯码，表示我可以进入航线，接着又发出"查理"码，这意味着我可以降落了。我转向顺风开始进场。让我恼火不已的是，我在此时才发现飞机的尾钩被打飞，液压系统也已失灵，无法放下机轮或者襟翼。好在飞机上还有一个压缩空气瓶可以在紧急情况下将起落架吹下来。既然现在铁定就是这样的"紧急情况"，我也就用它放下了起落架，然后推杆开始进场。甲板上空无一物，但是当我接近跑道时，LSO却挥手拒绝降落——在我飞过他时，他向我发出信号表示要求我放下尾钩和襟翼再降落。我再次摇动机翼表示我知道了，可实际上我一样也做不到！

我又转回逆风，开始另一轮进场。当我打开座舱盖用双手控制飞机的时候，风就吹在我的脸上，我无法再用手按住太阳穴了，伤口又一次血流如注。流下的血已经完全蒙住了我的左眼，相信我，即便双眼都正常，在航母甲板上降落也绝非易事。

第二次靠近跑道的时候，我看到有一架"地狱猫"由于起落架未能放下而坠毁在甲板上。后来我才知道，那架飞机的飞行员是卡博斯基上尉，他的座舱挨了几发20毫米炮弹，他手上受了重伤。他们让他直接进场着陆，但他却无法在着舰前放下起落架。

除了流血，我一切都好，既没有昏厥也不感到眩晕，眼睛上方的伤口已经有些麻木了——凝结的血块挡住了部分流血。虽然不是很疼，但是我也不一定非得一边盘旋一边等甲板人员清理撞机现场，可事实上我没有别的机会了。

盘旋了大约15分钟后，他们再次向我发出了降落信号"查理"。这一次，他们知道我既没有尾钩也没有襟翼了，于是在飞行甲板上升起了拦阻网。那是几簇1英寸的绳索，用来挡住冲过降落区的飞机。

我又进了一次场，而且很快发现我因看不清楚而无法对准拦阻索，除非我用左手压住太阳穴阻止流血。我就在这样的状况下进了场，驾驶飞机、调整节流阀，最后用右手收住了油门。着舰成功了，在碰到拦阻索之前，我几乎完全停止了滑跑，没有拿大顶。这真是个极大的考验，虽然失了2夸脱的血，但我还是活下来了。

伤愈后，文道夫回到VF-16继续作战，在特鲁克和关岛上空分别击落了1架零式（1944年4月29日）和1架型

▲ 降落！在摇晃的航母上降落绝不是容易的事，除了飞行员必须技艺精湛之外，飞行甲板上的降落引导官也是少不了的。图中近处挥舞指挥板的就是降落指挥官。

号不明的轰炸机（1944 年 6 月 19 日）。战争结束时，他在"萨沃岛"号上的 VC-3 服役，官方战绩是 4.5 架确定击落和 2 架可能击落——这些战绩全部出自 VF-16。

让我们再看看夸贾林环礁的空袭。文道夫的中队长、手下已经有了两名王牌的保罗·布伊在 12 月 4 日也终于跻身王牌行列：他在当天击落了 3 架零式。到这一年结束的时候，布伊成了战绩最高的 F6F 飞行员。然而，美国海军的最高击落纪录仍由唐纳德·隆扬中尉保持，他击落了 9 架日机，其中 8 架是他 1942 年在"企业"号上飞 F4F 时击落的。1943 年年底，他又重返前线，在"邦克山"号的 VF-18 里驾驶 F6F。不过，F6F 的性能毕竟远远好于"野猫"，在接下来的一年中，"野猫"的王牌纪录再也无法保持了。

1943 年各"地狱猫"中队的战绩		
陆基中队		
VF-33	"所罗门"	60
VF-38	"所罗门"	7
VF-40	"所罗门"	4

战绩最高的几个中队		
VF-9	"埃塞克斯"	65
VF-33	"所罗门"	60
VF-16	"列克星敦"	55
VF-18	"邦克山"	50
VF-5	"约克城"	21
VF-12	"萨拉托加"	15
VF-6	多艘航母	14.66
VF-23	"普林斯顿"	14
VF-24	"贝洛森林"	7.5
VF-38	"所罗门"	7
16 个 F6F 中队总战绩		323

1943 年的顶尖"地狱猫"飞行员			
P.D. 布伊少校	VF-16	7	最终战绩 9 架
A.L. 弗伦堡中尉	VF-16	5	最终战绩 6 架
E.R. 汉克斯少尉	VF-16	5	取自 1943 年 11 月 23 日这一天
C.K. 希尔德布兰特上尉	VF-33	5	
H. 麦克霍特中尉	VF-9	5	最终战绩 12 架
A.E. 小马丁中尉	VF-9	5	
F.M. 弗莱明中尉	VF-16	4.5	最终战绩 7.5 架
J. 马格达中尉	VF-12	4	
H. 鲁塞尔少校	VF-33	4	
E.C. 麦克格文中尉	VF-9	3.5	最终战绩 6.5 架
E.A. 瓦伦西亚中尉	VF-9	3.5	最终战绩 23 架

▲ 日军零式战斗机。凭借着极其轻盈的机体和技术纯熟的飞行员，零式战斗机在太平洋战争初期一度横扫天空，英美盟军完全没有飞机能与其抗衡。但随着战争的深入，日军的精锐飞行员逐步耗尽，盟军也找到了克制它的战术。很快，零式的辉煌就成了昙花一现。

决定性的一年

空袭特鲁克环礁

第二次世界大战中，1944 年是决定结局的一年，这一点在太平洋和欧洲并无二致。美军快速航母部队在这一年的日程表上的第一个目标是位于加罗林群岛的特鲁克环礁，从 1942 年起，这里就成了日本海军联合舰队的主要前进基地，为了攻破这个防守严密的堡垒，第 5 舰队司令雷蒙德·斯普鲁恩斯中将打算在 2 月中旬对其进行一次为期三天的舰空火力联合打击。特鲁克的名声太响了，由于占据了地处中南太平洋分界处的密克罗尼西亚群岛中央的咽喉，它获得了"太平洋上的直布罗陀"之称。长期以来，这个日本海军的要塞一直蒙着一层神秘的面纱。这层神秘感也为即将空袭特鲁克的美军舰载机飞行员们带来了沉重的心理压力。几十年后，一名当时的空中老手向前来采访的研究者承认，他在听说自己下一个进攻目标后的第一个冲动是想要从船上跳下去！

可是事实证明，特鲁克的各种名声是言过其实了。2 月 17 日拂晓，壮观的战斗机制空攻击拉开了特鲁克作战的序幕，美军的制空巡逻很快演变成了 70 架"地狱猫"和几十架日本战斗机之间的大混战。在空战的最初 20 分钟里，"约克城"号上埃德·欧文少校的 VF-5 在 VF-9 和 VF-10 部分兵力的支援下取得了 50 个击落纪录！ VF-5 的指挥官后来回忆了当时的情景：

我们开始扫射机场的时候，日机也开始升空，一场大战开始了。实际上，企图起飞的日本飞机如此之多，以至于我们甚至很难跟定一个目标直到将它击落，而不是因其他那些刚刚起飞或者准备加入某个编队的日机而转移目标。

几分钟后，天上就基本上找不到干净的地方了。到处都有日本飞机在燃烧坠落，有些由于我们的扫射而在起飞时撞毁，地面设施也纷纷爆炸燃烧。这一切在早晨金色霞光的辉映下，让我觉得那简直是"好莱坞式的战争"，当时那一幕看起来真的就像是电影中的布景。

在那个时候，我可以负责任地说，特鲁克空袭是规模最大的一次"战争表演"，我无论如何也不想错过它。

"勇猛"号"空战 6"的表现也直追 VF-5，亚历克斯·弗拉希尔（Alex Vraciu）中尉打掉了 3 架零式和 1 架二式水战，使自己的总战绩上升到 9 架。那天上午晚些时候，VF-9 的"大锤"麦克霍特击落了 2 架零式 21 型机和 1 架零式 32 型机，成了第一位驾驶"地狱猫"击落 10 架敌机的飞行员。不过，他还是没能超过 VF-18 的那个高手——曾用"野猫"击落过 8 架日机的顿·隆扬，后者在当年 1 月 4 日就获得了自己的第十个战果，成了美国海军的第一个"双料王牌"。到 2 月初，美国海军还有两名陆基飞行员成为"双料王牌"，他们是汤姆·布莱克本少校和伊拉·凯弗德中尉，都来自装备"海盗"的 VF-17。

到这一天结束时，米切尔中将的战斗机飞行员们宣称自己击落了 124 架敌机，还在摧毁了不少地面上的日机。经过这一天的恶战，特鲁克日军的 365 架飞机中已经有 250 架或毁或伤，米切尔的 SBD 和 TBF 因而得以从容地击沉了 14 艘日军军舰和 20 余艘商船。当然，如此令人振奋的胜利也不是白捡的，美军在战斗中损失了 25 架飞机，"勇猛"号航母也被日军鱼雷击伤。但无论如何，中太平洋的战局现在已经不可扭转地倒向了美军这一边。

同样倒向美军的，还有太平洋上的空中较量。从 1944 年 1 月 1 日到 3 月 31 日，美国海军的王牌战斗机飞行员数量居然翻了一倍！在战争的头 25 个月里，美国海军的王牌总数尚且不足 30 人，在 1944 年的第一季度里，就有超过 30 名"地狱猫"

和"海盗"飞行员取得了自己的第五个击落纪录,其中21人都是F6F的飞行员,而那些"海盗"王牌则悉数来自布莱克本少校的陆基VF-17。

4月29日日出时,美国航母再次造访了特鲁克,按照"企业"号上一名分队长的话说便是"我们毁灭了这个地方!"由于那里的港口已经无人问津,美军主要的打击目标变成了残余的船坞设施。此次拂晓空袭的最大赢家是"朗利"号上的VF-32,中队长是埃迪·奥特劳少校。此战中,中队长本人手刃了5架零式战斗机,他的部下还击落了16架。其中有3架是霍利斯·希尔斯上尉的战果,此人原来是英国皇家空军的飞行员,他的第一个战果出现在1942年8月19日,当时他驾驶P-51"野马"战斗机在迪耶普滩头上空击落了1架Fw-190。后来,希尔斯在1944年9月击落了第五架敌机,从而跻身王牌之列。第二次特鲁克空袭作战也是VF-32历史上最大的一次战斗,这次他们获得的21架战果占据了该部队总战绩的一半。

在第二次特鲁克作战中,VF-6在大礁湖上空击落了19架敌机。经此一战,亚历山大·弗拉希尔中尉成了海军的第五个"双料王牌"——"地狱猫"的第二个。那天上午,他击落的零式把他的战绩提高到了11架,这个数字用不了多久就会大幅度攀升。

第58特混舰队的飞行员们在第二次空袭特鲁克时共击落了58架敌机。此后的16个月里,美军舰载机还是频繁光顾这里,但再也没有遇到实质性的空中抵抗了。

∧ CV-10"约克城"号航母上,一架"地狱猫"战斗机刚刚开始滑跑,即将起飞。螺旋桨叶尖激起的气流清晰可见。

▲ 特鲁克上空的SBD轰炸机。特鲁克是日本联合舰队在中太平洋上的主要前进基地，但当1944年美军打到这里时，却发现日军的防守几乎就是个空壳。

◀ 随"勇猛"号VF-6中队作战期间的弗拉希尔中尉。此人留下的照片比较多。

马里亚纳猎火鸡

很可能是 VF-16 的飞行员 Z.W."瑞格"·内夫少尉给 6 月中旬马里亚纳战役喊出了后来广为人知的名字——"猎火鸡",但对美国的计划制定者们来说,进攻中太平洋诸岛的行动的正式名称却是"征粮者"。

尽管攻取马里亚纳群岛的战略目的是要为陆军航空兵获得前进基地,但其作战方式仍然是两栖登陆。海军陆战队和陆军突击部队将夺占塞班岛、关岛和提尼安岛,在此之前,美军必须掌握这一区域的制空权。获取制空权的途径只有一条——使用舰载的"地狱猫"战斗机。

马里亚纳战役时,米切尔海军中将手中有 15 艘快速航空母舰,分成 4 个大队——包括 6 艘"埃塞克斯"级航母,太平洋战场的老兵"企业"号,以及 9 艘"独立"

˅ 1944年时美军航母的飞行甲板。在大批的F6F"地狱猫"机群中间,已经出现了少量装载雷达的F4U"海盗"夜间型战斗机。

级轻型航母中的 8 艘。这些航空母舰上的 15 支航空联队总共装备有 479 架 F6F-3 战斗机，其中 VF（N）-76 和 VF（N）-77 两支中队共装备了 27 架装有雷达的 F6F-3N 型夜间战斗机。"大 E"的夜间战斗机分队还有 3 架 F4U-2"海盗"。这些变动表明美军充分吸取了约 7 个月前奥黑尔死亡事故的教训，在夜间战斗方面取得了一些进展。

夺取战场制空权的作战从 6 月 11 日下午美军展开制空巡逻开始。当天，第 58 特混舰队在驶往目标区的途中击落了 7 架日本侦察机。其中被 VF-50 中队长 J.C. 斯特兰奇少校击落的那架"彗星"侦察轰炸机成为"地狱猫"在为期两个月的作战中击落的 870 架敌机中的第一架。[①]

第一次制空巡逻从 13:00 开始，来自 14 个"地狱猫"中队的战斗机开始了旨在削弱日军防御的作战。其中遇到的抵抗最激烈的当属 W.A. 迪恩中校率领的 VF-2，迪恩中校本人就在关岛上空击落了 3 架零式战斗机和 1 架"钟馗"陆基战斗机（到战争结束时，他共击落了 11 架），而这支来自"大黄蜂"号的战斗机中队总共则取得了 26 次空战胜利。位居其次的是"卡伯特"号上的"肉斧"VF-31，他们在提尼安上空击落了 13 架敌机，中队里的 V.A. 雷格少尉独自击落了其中的 3 架（最终战果 5 架）。

提尼安岛上驻扎着日军第 321 海军航空队——他们是日军驻马里亚纳的夜战部队——该部奉命在下午美军空袭时驾驶他们的中岛 J1N"月光"夜间战斗机前往反击美特混舰队。"邦克山"号上 VF-8 的 W.M. 小柯林斯中校（最终战果 9 架）在这群"月光"机爬升离开机场时截住了他们，他本人击落了其中的 3 架，R.J. 罗森少尉（最终战果 6 架）又干掉了另两架。到当天傍晚，第 58 特混舰队已经取得了 98 架确定的击落纪录，而马里亚纳战役才刚刚开始。

为了对付美军的此次进攻，日军展开了两支防御兵力。其一，第 61 航空战队主力驻扎在马里亚纳群岛，这支部队的纸面兵力达到了 630 架飞机，不过其实际兵力还不清楚。尽管该部实力可观，但东京的日本军令部（即海军司令部）还布置了一支更加强大的打击力量作为"马里亚纳防卫圈的第二道防线"——小泽治三郎海军中将的第一机动舰队，舰队的 9 艘航空母舰上共搭载有将近 440 架战斗机和攻击

---

① 此人最终击落数为 5 架，这是其中的第二架。

机。尽管飞机数量上少于参战的陆基航空兵，但日军却指望小泽舰队能够凭借自身的攻击范围和机动性去弥补防卫部队与美军进攻部队之间的差距。

尽管日军自称拥有比第 58 特混舰队多得多的飞机，但决定性的因素却是质量而非数量。米切尔中将的大多数飞行员不仅技术纯熟而且经验丰富。不仅如此，美军第五舰队在各个方面都大大超过了小泽舰队。除了更加优秀的战机和飞行员，1944 年中期的美军在无线电、雷达和作战指挥上都经过了充分的检验。这场战役注定将会出现一边倒的结局。

尽管如此，斯普鲁恩斯并不打算拿手里的部队去冒险。他命令米切尔提前对位于东京与关岛之间的小笠原群岛发动空袭，以阻止日军以航空兵力增援马里亚纳。于是，6 月 15 日，第 58.1 和 58.4 特混大队以 3 艘大型航母与 4 艘轻型航母的兵力袭击了硫磺岛，双方在阴沉沉的天空下展开了一连串激烈的空战，美军的 VF-1、2 和 15 都参加了这次战斗。15 日当天，美军在硫磺岛上空击落了 41 架日机，来自"大黄蜂"号的 VF-2 击落了其中的 17 架。VF-2 的 L.G. 伯纳德上尉（最终战果 8 架）在这天的战斗中得到了"王牌"的桂冠。他后来向中队的情报官描述了当时的情景：

我们到达目标上空时，"齐克"（指日军的零式战斗机）们已经在天上等着我们了，我估计得有 30—40 架。当时我们的飞行高度是 15000 英尺，我看见几架"齐克"正在攻击下面约 1000 英尺上的几架 F6F，我们立刻朝他们的后方压了下去。就在这时，又有 8—10 架从我们下面飞来，我立刻俯冲过去，向其中一架展开了迎头攻击。两机交错的时候我转了弯，看见他爆炸了，机翼和机身的碎片飞得到处都是。

拉起的时候我放跑了一架，但还有一架零式在我前面爬升到了 9000 英尺。我也爬到那个高度上，从六点钟方向向他射击，把他打成了一团火球。我的飞机就是从那团火球里冲过去的。

打下那一架后，我转过头来，看见一架零式咬住了一架 F6F 的尾巴，我立刻上去从九点钟方向向那架日机侧射，把他打爆。这一次，他们又被炸得粉碎。

盘旋了一会儿，我看见水面上方 200 英尺高度上又来了一架。我降了下去，在 8 点钟方向上逮住了他，很快他就翻滚着栽进海里。

我随后重新爬升到 5000 英尺，看见自己上面有一架零式。它的高度是 8000 英尺，正在迎头攻击 6000 英尺上的一架 F6F。我跟着他一直冲到海平面，但他拉起的速度比我快，我只好做了一个跃升滚转。这时候，又有两架 F6F 冲了过来，切到内圈，但是还没等他们的武器瞄准目标，我就借助那个滚转从他上方 8 点钟方向把他从高度 100 英尺处打进了海里。

"约克城"号的 VF-1 也有两名飞行员在 15 日一天的战斗中各取得了 4 个战果——P.M. 小亨德森上尉和 J.R. 迈赫中尉。前者在这天的战斗中也成了王牌，但却未能返航。他的"地狱猫"不幸成了美军在两天的硫磺岛空袭中损失的 12 架飞机之一。

美国人声称的所取得的战果不免有夸大的成分，但日军所遭受的损失很大也是确凿无疑的。举例来说，日军第 301 飞行联队起飞了 18 架零式战斗机迎战美军，却损失了其中的 17 架，16 名飞行员阵亡。

第 58 特混舰队在塞班岛以西重新集中之后的 6 月 19 日上午，历史上最大规模的航母会战拉开了帷幕。六天前，小泽舰队从南中国海的文莱出击，尽管日军的通讯和侦察能力不佳，但他们还是确定了米切尔的 4 支航母特混大队和另一支战列舰大队的位置，并从自己的三个航母战队上放出了 4 个大规模攻击波。此时的天气对日军有利——晴空万里、东风徐来，日军机动舰队可以一边向目标行驶一边收放飞机而不用面对任何冲突。美军也掌握着小泽的行踪。美国潜艇自打小泽离开塔威塔威时就盯上了他们，并在 19 日的战斗全面打响之前就用鱼雷击中了小泽两艘最大的航空母舰——参加过珍珠港作战的老兵"翔鹤"号和小泽的旗舰"大凤"号。几小时后，两艘航母伤情恶化，不治沉没。

小泽的四个主要攻击波之中，只有三个对米切尔构成了威胁。第一波威胁是从日军最小的三艘航母上起飞的 64 架飞机——分别来自"千岁"、"千代田"和"瑞凤"三舰。雷达发现目标后，美军 8 个战斗中队的 74 架"地狱猫"立刻从母舰上起飞，于 10:35 做好了战斗准备。在这场空战中，美军牺牲了 3 名飞行员，包括"普林斯顿"号第 27 航空联队的联队长欧内斯特·威瑟里尔·伍德少校，但日军的第一攻击波却被美军完全瓦解。仅有的几架突破美军战斗机防线的日军飞机也仅仅是攻击了美军的战列舰大队。

第一波空袭结束 40 分钟后，日军的第二攻击波出现在了美军雷达屏幕上。这一波共有来自"大凤""翔鹤""瑞鹤"三舰上的 109 架飞机，这是日军当天组织的最大规模的攻击机群。这支日军最大的机群遇到了美军最大规模 F6F 机群的拦截，由于日军机群带来的巨大压力，美军战斗机引导员把至少 162 架格鲁曼战斗机引向了日军。"埃塞克斯"号上技术纯熟的 VF-15 在日军的前两波攻击中都因率先与敌交火而大受其益，取得了令人震惊的战果——到当天结束时，第 15 战斗中队已经取得了 68.5 个击落纪录。然而，小泽的第二波攻击却成功地突破了美军防御，攻击了 1 艘战列舰和 4 艘航母，只是战果十分有限。在拦截日军第二攻击波的战斗中美军损失了 6 架"地狱猫"和 3 名飞行员。

日本第三攻击波仅有来自"隼鹰"、"飞鹰"和"龙凤"三舰上的 49 架飞机，他们一无所获。当这支机群于 13:00 进入美军舰队的防空圈时，他们的队形中仅剩下了 16 架零式战斗机 52 型。这些日机遭到了相当数量的美军飞机的痛击，7 架零战被击落，美机无一损失。

日军第四攻击波是由来自第一、第二两个航母战队的飞机组成的。但是，这一波的 82 架飞机中仅有 64 架抵达目标区，随即又进一步分散为两支，一支对美军发起了未见效的进攻，另一支则前往关岛降落。大约 16:00，其中的后者遇到了来自四个中队的 41 架格鲁曼战斗机，至少 30 架日机在空战中被击落，另有 20 架在地面上被毁。美军方面则有两名 F6F 飞行员战死。

当天傍晚，更多的制空战斗机飞临岛屿上空，空战继续进行。"埃塞克斯"号的飞行员们在这里又击落了 9 架飞机，但是却失去了他们的中队长 C.W. 布鲁厄少校及其僚机。

"猎火鸡"是美军在技术和训练方面的双重胜利。包括与日军侦察机的战斗在内，15 个 F6F 中队共获得了 371 个击落纪录，自身失去了 14 名飞行员。除了前面说过的 VF-15，在战斗中表现最出色的当数"列克星敦"号上的老部队——VF-16，他们取得了 46 个战果。"大黄蜂"号的 VF-2 取得了 43 个，"约克城"号的 VF-1 则是 37 个。轻型航母上表现最好的战斗机中队是"普林斯顿"号的 VF-27，他们击落了 30 架敌机。

6 月 19 日的防空作战中，战果最多的飞行员是弗雷德里克·A. 巴夏少校，他击落了 7.5 架敌机。当天晚些时候，他就奉命接替牺牲的联队长 E.W. 伍德中校，接管 VF-27 和整个"普林斯顿"号的航空联队。巴夏后来生动地描述了空战的场面：

我们在 14000 英尺空中爬升的时候撞见了一大群有护航的日本单引擎轰炸机。让我感到奇怪的是他们的护航战斗机此时几乎无所作为，日军轰炸机和美军战斗机正面相遇的时候，他们只是在轰炸机群上方编组着自己的队形。

一场混战随即开始。这是这一天里的第一仗。日本护航战斗机并没有来给我们找麻烦，即使来了也不会有什么用。我记得自己打下来两架。我击落的第二架飞机是一架"瓦尔"（99 式俯冲轰炸机），我跟着它俯冲时离开了战场，它在大约

7000 英尺高度起火的时候，战斗已经差不多结束了。天空中到处都是燃烧坠落的飞机、打开的降落伞，还有舰队高炮的烟团。

我们 VF-27 一贯重视飞行与通讯纪律，这次战斗就体现出了这一点。我们的队形一直保持着严整，通讯不多但是很有效。不过，我们也在战斗中学到了不少教训，比较重要的一点就是 F6F 的机腹油箱是这种飞机一个重要的识别标志，那些抛掉副油箱的人会遭到其他中队的自己人的攻击。

我们的截击战术还不太完善，很容易受到那些占据制高点的护航零式战斗机的攻击。由于没有占据有利高度，我们只能先水平转弯然后尾追攻击那些轰炸机。我的几次射击都没有偏转角（即射击方向与目标飞行方向之间的夹角），我想这也是典型的情况。日本人的行动毫无疑问地受到了燃料不足的限制。

这天杀敌立功的不仅有 F6F，航空母舰上的俯冲轰炸机和鱼雷轰炸机也击落了 4.5 架，再加上护航航母上的"野猫"战斗机击落的 4 架，美军在这一天的总战果达到了 380 架。这个数字创下了美军空战史上一天击落数最多的纪录，保持至今。

全军战果辉煌的同时，还有 6 名 F6F 飞行员在这一天的战斗中成为王牌，他们总共取得了 34 个确定的击落纪录。其中三人来自"埃塞克斯"号：联队长戴维·麦坎贝尔中校，参加两次截击，击落 7 架；战斗机中队长布鲁厄中校，击落 5 架；G.R. 卡尔中尉，击落 5 架——他的总击落数达到了 11.5 架。两名"大黄蜂"号飞行员的战果取自关岛上空：W.B. 韦伯少尉（最终战果 7 架），这名前飞行兵确定击落 6 架，另有 2 架可能被击落；来自 VF（N）-76 的 R.L. 雷斯勒上尉（最终战果 9 架）击落了 5 架。最后，当时美军舰队中击落数最高的飞行员 VF-16 的亚历克斯·弗拉希尔中尉也在 19 日的战斗中击落了 6 架"彗星"，使自己的总战果达到 18 架。接下来，我们将看到弗拉希尔在《The Hook》杂志的专访中对这场空战的描述：

作为掩护塞班作战的美军特混舰队的一部分，1944 年 6 月 19 日上午，我们都做好了对付超过 400 架日军舰载机的准备。敌机在分成几个大群飞近的时候被我们的雷达发现了，舰载战斗机立刻飞起来去增援已经在上空盘旋的制空巡逻队。我当时正是"列克星敦"号 VF-16 的 12 名执勤 F6F-3 飞行员之一，我们起飞了。

就在我们开足马力爬高的时候，我听见了"蓝基地"，就是"列克星敦"号战斗机引导官的呼叫："方向 270，角度 25，快！"这次我们 3 个四机小队的领队是 VF-16 中队长保罗·D. 布依少校，我率领其中第二小队的 F6F-3。

在我们头上，可以看见其他航母上战斗机的尾迹也都指向同一方向。没一会儿，我们坐在新换发动机后面的队长加速爬高，很快就看不见了。我们看见他的僚机 W.C. 伯克霍姆中尉失事了——他的引擎受不了这种开足马力的爬升。他的螺旋桨停下来，飞机一头栽了下去，他现在非迫降不可。好在 14 个小时后，他被我们的驱逐舰救了回来。

我的引擎也开始越来越多地往风挡上喷油雾，我只得稍稍关小节流阀。我的小队正紧跟在我后面，还有两架飞机也加入进来。当发现我的破引擎根本达不到最大转速的时候，我意识到我们飞不过 20000 英尺了。"蓝基地"很快也知道了我们的困境。

在整个爬升途中，我的僚机霍默·W.布洛克梅尔少尉一直不停地用手指我的机翼，这时我们还在保持无线电静默。我以为他是看见了敌人，所以准备把领队位置让给他，但每次我要这么飞的时候他都要使劲摇头。我也不知道他要说什么，只好置之不理以集中注意力于所面对的任务。不过后来我发现我的机翼没有锁牢——红色的安全杠还露在外面——布洛克使劲指的就是这个。

不过这些还没等我们与那一波攻击机接触就都搞定了。我随即接到命令，要我把部队带回舰队，在上空 20000 英尺处巡逻。我们刚回到那里，战斗机引导官就把我们指向 265 度（西偏南，编者注）。听他的声音，那里似乎有一大家伙。此时敌机尚在 75 英里外，我们迎着他们飞去以试图在半途截住他们。我看见自己右侧还有两队"地狱猫"，一队 4 架，另一队 3 架。

距离 25 英里时，我看见了 3 架敌机，立刻就飞了过去。当时我想，按照印象中战机引导官那紧张的声音，那里的敌机应该不止这三架。定睛一瞧，果然，我在左舷下方 2000 英尺处发现有一大群排着队的飞机正在接近我们，至少有 50 架！我的肾上腺素水平立刻飞升起来！他们现在距离我们的舰队 35 英里，还在继续快速接近。记得当时我想，这就是战斗机飞行员梦寐以求的事情。

带着疑惑，我找了找伴随的敌人护航机，他们一般会在攻击机的上方，但这次我却什么都没找到。现在，我们处在了进行俯冲攻击的绝佳位置上。我于是摇了摇机翼，向最近的一架"朱迪"俯冲轰炸机（即日军"彗星"俯冲轰炸机）冲去。

不过，我用眼角的余光看到另一架 F6F 也盯上了同一架"朱迪"。他已经冲得很近了，看起来还没看见我，我只好放弃了自己的攻击。盘子里吃的还多呢，大家都有，我想。从敌人机群下方飞越之时，我第一次好好地观察了敌人的飞机，里面有"朱迪"（"彗星"俯冲轰炸机）、"吉尔"（"天山"鱼雷机）和"齐克"（零式战斗机）。我立刻在无线电里大声地把看到的喊了出去。

拉起转弯之后，我在机群的边上逮住了另一架"朱迪"。我轻轻地机动过去，那个日本尾炮手根本没看见他后下方的我。接近之后我打了一个点射，他很快就冒出火来。那架"朱迪"拖着长长的浓烟栽向大海。

我抬起头，又看到两架编成松散队形的"朱迪"。于是我从后面追上去，把其中的一架打得着了火，并掉了下去。随后我没有退出，而是继续横滚滑向另一架，在同一次进入中也打中了他。他也着火了。我可以看见那个尾炮手不停地冲我挥拳头，直至消失在沿越来越陡的弧线向下冲去的飞机中。那一瞬间我几乎觉得自己有点对不起那个小混蛋。

这样我就击落3架了，而且我们离舰队也越来越近。尽管敌机的数量被砍掉了很多，余下的还是不少。看来我们没法把他们全部干掉了，我把这一情况报告给了战斗机引导官。就在我们驱赶着残余敌机免得他们分散的时候，天空中已经充满了黑烟和飞机的碎片。

又有一坨东西离开了编队，我跟到了他的后面，因为没法从布满油污的风挡上看得很清楚，我还是得靠得很近。我给了他一个短点射，不过这就够了，子弹击中了他的翼根，肯定打中了飞行员或者控制缆，那架飞机失去了控制，翻起了奇形怪状的跟斗。

尽管我们已经竭尽全力，那些"吉尔"还是开始了他们的鱼雷攻击，剩余的"朱迪"也准备散开转入轰炸航线。我飞向3架鱼贯而行的"朱迪"。飞到他们尾后时，我们几乎已经到了我军最外层的护航驱逐舰上空，不过高度还是很高。那些"朱迪"就要开始俯冲了。就在他们压下机头时，我看见他旁边出现了一团黑烟——我们的5英寸高炮开口了。

为了避开己方的高射炮火，我咬住了最近的敌人轰炸机。看起来，我的手指刚一碰扳机，他的引擎就碎了。那架"朱迪"开始冒烟，然后就断断续续地冒火，接着就消失在下面看不见了。

就在我进攻那架飞机之前，第二架"朱迪"已经开始了俯冲，目标似乎是我们的一艘驱逐舰。这一回，一串短点射制造了惊人的结果——他在我眼前炸开了一大团火球。我猜我肯定是打中他的炸弹了。我以前见过飞机爆炸，但从没见过这样的！我赶紧猛拉机头，好躲开四处迸射的飞机碎片和那团火。我在无线电里喊道："打掉第六架！前面还有一架在向战列舰俯冲，但我想他打不中！"

那"朱迪"被直接命中后从战争中彻底消失的情景不是语言所能描述的。他从一件武器变成了四散的金属碎片。

环视四周，留在天空中的除了我就只有"地狱猫"了。回望来路，也只有"地狱猫"和35英里长的斑驳的烟火。

这一天里，让我感到满意的是，我觉得自己已经为报珍珠港之仇尽了力。不过，一想到我返回"列克星敦"号时有些我们的炮手想把我打下来，这种感觉就一下子消失了。我打开了识别器，从正确的航线飞来，还按要求环绕母舰360度，但那些在激战中打红了眼的炮组根本不看这个。

我很乐于认为我在电台说的话制止了各种胡说八道，但我知道的更多。

弗拉希尔中尉在他传奇般的战斗中只用了360发子弹和8分钟时间就击落了6架飞机。这一成功使他从VF-17的埃拉·凯普福德中尉手中接过了海军头号王牌的桂冠，后者于1944年2月19日驾驶F4U-1A"海盗"在所罗门群岛上空取得了第16个战果，因此荣登此座。弗拉希尔也将把这一纪录掌于手中4个月。

6月20日傍晚，美军侦察机和潜艇找到了正在向西退却的小泽舰队。米切尔中将决心追击逃敌，从各个特混大队发起了一场距离长达300英里的出击。美军总共出动了227架飞机，包括96架"地狱猫"和其护航下的131架俯冲轰炸机与鱼雷机，他们在日落前两小时追上了日军舰队。

尽管云层汹涌，高射炮火也相当猛烈，第58特混舰队的飞行员们还是展开了进攻，他们的对手是大约70架日军战斗机。激烈的咬尾战随即在日军各个航母编队及其支援油船上空爆发。美军的F6F击落了22架日机，另有可能击落的7架，自身则付出了6架飞机的代价。

"列克星敦"号的VF-16为了保护己方的SBD和TBF而与对手展开了这天傍晚最激烈的空战。亚历克斯·弗拉希尔击落击伤零式机各一架，使自己的确定战绩达到19架。还有5个战斗机中队在这次作战中取得了战果，其中表现最好的是"企业"号的VF-10（确定击落7架）和"黄蜂"号的VF-14（在油船上空击落5架）；表现最好的F6F飞行员是VF-50的C.S.比尔德少尉（最终战果4架）、VF-24的R.C.塔伯勒中尉（最终战果3架）和VF-10的J.L.沃尔夫少尉（最终战果4架），他们各击落了2架敌机。

"贝洛森林"号上的"复仇者"击沉了日军航母"飞鹰"号，其他部队也不同程度地击伤了其他日军舰艇，但美国人却为此付出了不小的代价。在漫长而黑暗的返程中，约有70架飞机由于燃油耗尽或战伤而坠毁。这其中包括14架F6F，从而使"地狱猫"在此次出击中的损失达到了20架。第58特混舰队的损失确实不轻，但马里亚纳群岛上空的制空权已经牢牢落入美军手中。

虽然赢得了马里亚纳海战的胜利，但是硫磺岛还是要打的。为了对小笠原群岛的日军保持压力，美军于6月24日和7月3—4日两次打击了硫磺岛。前一次空袭分成两个波次，持续了10个小时。在上午的战斗机制空巡逻中，"约克城"号的VF-5、"大黄蜂"号的VF-2和"巴丹"号的VF-50共击落了68架日机，其中VF-2的埃弗雷特·G.哈格里夫中尉（最终战绩8.5架）击落了5架，成了这一天中表现最好的飞行员。在下午的第二次空袭中，这3个中队又在不良天气下击落了48架飞机。

7月那次为期两天的空袭又给美军的战果簿上增加了92个纪录，其中尤其引人注目的是"大黄蜂"号上的两名夜间战斗机飞行员在4日拂晓前的制空巡逻中击落的7架。VF（N）-76的J.W.迪尔中尉和F.L.邓肯中尉在那天凌晨出击时都挂载着炸弹，但却在父岛列岛上空意外遭遇一群二式水战！经此一战，两人都成了王牌：迪尔击落3架，顿根击落4架，不过他们这一仗赢得一点儿也不轻松：迪尔刚刚着陆，发动机就停车了，顿根则干脆挨了一枪。

这天的战绩堪与邓肯媲美的是"卡伯特"号VF-31的C.N.诺依中尉，他后来以19架的战绩成了美军轻型航母上的头号王牌。到7月底，第58特混舰队又给海军增加了44名新的王牌，但是即便是这样一个惊人的纪录也还是没能维持多久。

和6月时一样，饱受摧残的日军第301联队依然在防守着硫磺岛，也同样遭到了沉重的打击：得到了部分补充的日军在7月3日当天放出了31架零式战斗机，损失了至少17架。由于日军的空战主力是那些缺乏经验外带训练不足的飞行员和老旧过时的战斗机，其战损率一再上升也就不难理解了。

空袭小笠原群岛的机群中出现了"地狱猫"的最终改进型号——F6F-5。"富兰克林"号的VF-13是太平洋上第一支全部换装这种新型飞机的中队。新飞机装备了配有注水加力装置的R-2800-10W发动机。5型"地狱猫"的第一个战果系由A.C.哈德森上尉取得（这也是他的唯一战果），他的小队7月4日上午在硫磺岛上空击落了3架零式。到战争结束时，W.M.科尔曼少校和他"幸运13"中队的另外3名飞行员都驾驶F6F-5获得了5个以上击落纪录。

从6月中旬"征粮者"战役开始到8月中旬这段时间，美国海军中又出现了

∧ 1944年下半年，新型的F6F-5型战斗机加入部队。该型机的发动机加装了注水装置，可以短时间内大大提高发动机功率。虽然不可持久，但在空战的关键时刻却能发挥很大作用。

∢ 一张不太常见的照片，清楚地展示了"地狱猫"战斗机的机翼折叠机构。

∢ 1944年中期，美国海军太平洋舰队的实力已经全然凌驾于日本联合舰队之上。这才是美军赢得马里亚纳海战胜利的最根本原因。

58 名新王牌，他们都是"地狱猫"飞行员。这样，到"地狱猫"参战的第十二个月结束时，F6F 王牌总数已达 92 人，这个数字还要爆炸式地增长下去。

马里亚纳战役中美军各 F6F 中队战果（6 月 11 日—8 月 10 日）		
VF–2	"大黄蜂"	197
VF–15	"埃塞克斯"	100.5
VF–1	"约克城"	99
VF–31	"卡伯特"	67.5
VF–50	"巴丹"	58
VF–16	"列克星敦"	48
VF–8	"邦克山"	46
VF–10	"企业"	40
VF–14	"黄蜂"	36.5
VF–27	"普林斯顿"	36
总计		869.5

马里亚纳战役中的最佳"地狱猫"飞行员			
D. 麦坎贝尔中校	CAG–15	10.5	最终战绩 34 架
W.A. 小丁恩中校	VF–2	9	最终战绩 11 架
L.E. 多纳上尉	VF–2	8	——
R.T. 埃斯蒙德中尉	VF–1	8	最终战绩 9 架
E.C. 哈格里夫中尉	VF–2	8	最终战绩 8.5 架
R.L. 莱瑟勒上尉	VF（N）–76	8	最终战绩 8.5 架
A. 范·小哈伦上尉	VF–2	8	最终战绩 9 架
A. 弗拉希尔中尉	VF–16	8	最终战绩 19 架
J.L. 邦克斯中尉	VF–2	7	最终战绩 8.5 架
D.A. 卡米切尔中尉	VF–2	7	最终战绩 12 架
另有 36 人战绩超过 5 架。			

冲向菲律宾

1944 年夏季的一次会议确定了美军在太平洋上的整体战略。在这次会议上，陆军上将道格拉斯·麦克阿瑟、海军上将切斯特·尼米兹和参谋长联席会议的部分成员决定，美军的下一个战略目标是菲律宾而非中国大陆。

8 月底，太平洋舰队的 16 艘快速航母带着约 520 架"地狱猫"开出埃尼威托克环礁。太平洋战场不断增长的舰队防空需求再一次体现在了舰载机联队的编成上：此时美军的每一艘大甲板航母搭载的舰载战斗机数量最高已经达到了 54 架，比马里亚纳海战时的 36 架再一次提高了 50%。

美军的行动成了莱特湾大海战的直接导火索。这次大战即便不算是历史上规模最大的海战，也绝对是交战区域最广、战斗最激烈的。从参战的舰艇数量上看，莱特湾海战以微弱劣势屈居于1916年的日德兰海战之后，而若是从参战的兵种、吨位上看，则无能出其右者——空战、水面炮战、潜艇战在这次海战中全部登场，无一缺席。

9月9—10日，美军快速航母特混舰队突然袭击了菲律宾南部的棉兰老岛。在最初的制空巡逻作战中，美军的出现打了日军一个措手不及，他们根本没有留给日本人放出飞机的时间（美军此次仅仅击落了13架日机），就轻松地轰炸了日军的机场和其他地面设施。绝对制空权轻松落入美军手中。日本人被这突然一击打懵了，花了3天时间才恢复抵抗。

12日，日本战斗机的抵抗终于恢复，这一天，美军击落了82架日机。其中的第1个和最后1个战果都是由一个首次参战的新F6F中队取得的，那就是"独立"号上T.F.卡德威尔少校的VF（N）-41。和其他航母不同，"独立"号上的战斗机

∨ "我回来了！" 1944年10月20日，麦克阿瑟率军在菲律宾莱特岛登陆，兑现了他两年半前撤离菲律宾时留下的"我还要回来"的誓言。随着美军重返菲律宾，人类史上最大规模的海战开始了。

和鱼雷机全部投入到了夜间截击、轰炸和空中遮断任务中。这是一次大胆的尝试，给甲板较小的轻型航母配备专门的夜间航空联队是一个新的尝试，成功与否就取决于卡德威尔少校的指挥能力了。在接下来的菲律宾战役中，CVLG（N）-41还会有更多的表现机会。

12日上午，在菲律宾宿务岛上空的制空巡逻遭到了日军的大举反击，参战的美军部队是来自38.3特混大队的VF-15（"埃塞克斯"）和VF-19（"列克星敦"）。空中又和往常一样，变成了美军的狩猎场。VF-15的中队长J.F.里格少校（最终战绩11架）击落了4架零式和1架中岛Ki-44"钟馗"式战斗机，而整个"传奇15"的战绩则为27架；同时，"列克星敦"号的战斗机飞行员们也击落了23架敌机，其中3架是由中队长T.H.温特斯中校（最终战绩8架）本人击落的，他手下的阿尔伯特·小塞克尔上尉（最终战绩6架）干得比中队长还要好一些，他的战绩是4架。

这天美军在空战中的其余战果大部分都是由来自"黄蜂"、"大黄蜂"号航母的飞行员们取得的，值得一提的是，取得战果的飞行员中有不少是VB-14（"黄蜂"）的轰炸机飞行员。这一状况反映了空战规模的不断扩大对F6F数量的更多要求。许多SB2C飞行员都十分乐意转行驾驶战斗机，但问题是紧张的战斗使这些人没有多少时间来学习射击技术和空战战术，好在VB-14的飞行员们干得还不错，12日这天，5名来自VB-14的飞行员在尼格罗斯上空总共击落了8架敌机，"大黄蜂"号的VB-2至少也有1名飞行员（M.H.里奇中尉）驾驶"地狱猫"击落了1架零式。

9月13日的空战较前一天更加激烈，美军的击落数字逼近了100架，其中24架纪录是由VF-31的"地狱猫"获得的。这天，来自"卡伯特"号的21岁的亚瑟·R.霍金斯中尉在尼格罗斯上空击落了5架零式，成了轻型航母上的第二位"单日王牌"。在美军的打击之下，损失最为惨重的日军部队是实力达到60架零战52型机的第201航空队，驻扎在尼科尔斯和马卡坦机场的这支日军航空兵部队在空中和地面不仅失去了五分之四的飞机，还损失了包括10名经验相对丰富的老手在内的不少飞行员。

21日，"普林斯顿"号上一贯好勇斗狠的VF-27迎来了他们在战争中最辉煌的成绩，这天，他们在马尼拉上空击落了37架日机。这天VF-27表现最好的飞行员是约翰·R.罗杰斯上尉，战绩为4.5架，全部是日军Ki-61"飞燕"——不过除此以外，此人再也没有击落过任何一架敌机，停在了距王牌仅有一步之遥的地方。

在两次制空作战中，战绩位列6艘轻型航母之首的是VF-27的中队长弗雷德·巴夏特少校，他后来回忆到：

我的机群48架F6F攻击了马尼拉的尼科尔斯和纳尔森（Neilsen）机场。机群分成3组，"普林斯顿"号机群在12000英尺，另16架在16000英尺，最后16架在20000英尺。在飞临目标的时候我们没有遇到任何抵抗，我和僚机在纳尔森上空10000英尺处击落了一架"尼克"（川崎二式战斗机"屠龙"），战斗这就开始了。从那架飞机上方编队掠过时我们开了火，日本人甚至都没有发现我们，12挺.50机枪的首次点射就奏了效。我们的扫射目标是停在尼科尔斯、纳尔森还有杜威大道上的飞机。我右边的副翼和着舰尾钩被打掉了，后来只能飞到大甲板航母上，借助拦阻索才降落了下来。

虽然罗杰斯上尉运气不佳，但是21日这一天里还是有3名飞行员跻身王牌之列，其中2人来自"勇猛"号的VF-18：他们是哈维·P.皮肯上尉（最终战绩11架）和查尔斯·马洛里中尉（最终战绩10架），他们驾驶着照相侦察型的F6F-5P各自击落了5架日军飞机。皮肯此前已经击落过2架敌机，而马洛里则还是个生手。另一名在这一天里大开杀戒的飞行员是VF-31的康纳留斯·诺依中尉，在带着他的小队飞往克拉克机场的时候他就已经是个王牌了。途中，他们遭到了一群各种型号日军战斗机的拦截，他没有丢弃挂载的500磅（226公斤）炸弹，就投入了战斗。在击落4架、逼坠1架敌机后，径直飞往机场，将那枚目睹了整次空战的炸弹丢在了这个前美军基地的机库上。他的战果包括2架零式、2架"钟馗"和1架"飞燕"。

9月22日，丁恩中校的VF-2在持续作战了近11个月后撤离了前线。这支号称"撕裂者"的中队从1943年11月参战以来共击落了245架敌机，诞生了24名王牌。他们的最后一个战果（1架"飞燕"）由威尔伯·B.韦伯少尉获得，他是当年珍珠港的幸存者，后来又在马里亚纳海战时在关岛击落了6架99舰爆。

24日，由亚历克斯·弗拉希尔中尉（后转隶VF-16）自马里亚纳海战保持至此时的19架击落纪录被追平。"埃塞克斯"号的空中指挥官麦坎贝尔中校和僚机罗伊·W.鲁欣中尉联手击落1架零式水侦，此前麦坎贝尔已经得到了18.5架击落纪录，现在，他和弗拉希尔并列美国海军王牌榜之首。

10月21日，麦坎贝尔在塔布拉斯岛附近击落了日军百式侦察机和老式97式战斗机各1架，使自己的确认战果达到了21架，荣登王牌榜榜首。他是美国海军中第一个战绩超过20架的飞行员，在余下的战争中，再无人能动摇他的第一王牌的地位。不过这个消息的传播还需假以时日。从1944年4月下旬以来一直保持着

▲ 航空画作品《砍杀日军飞机的麦坎贝尔中校》。画面上这架大开杀戒的美军战斗机正是F6F"地狱猫"。

◀ 马里亚纳海战中美军战斗机部队第一名将、"埃塞克斯"号舰载机大队长戴维·麦坎贝尔中校,他也是美国海军的头号空战王牌,最终击落敌机34架。

头号之称的弗拉希尔后来回忆道:

我们那时候并不怎么知道其他人都在干些什么。你出击,飞几个圈,没准还能打下几架飞机,然后返航。我直到那年秋天回到"列克星敦"号时才知道戴维超过我了。

美国海军的快速航母上还有一支虽不太出名,但也在稳步积累战绩,为胜利做着默默贡献的战斗机中队,那就是弗雷德·巴库提斯少校麾下的VF-20。该中队在1944年8月就登上了"企业"号航母,但是直到两个月后的10月中旬才首次与敌人接触,11日夜,新任VF(N)-78中队长J.S.小格雷中校击落了一架似乎在漫无目的的游荡的日军一式陆攻,为这支新的部队开了张——此时,独立的夜间空战单位已经成了美军大型航母上的正式成员。第二天,VF-20在联队长丹·小史密斯中校的率领下在台湾上空击落了21架敌机。

鉴于在菲律宾地区的作战极可能遭遇到可能还保有强大实力的日本海军,第38特混舰队必须首先设法保证自己侧翼的安全。为此,美军的快速航空母舰在10月12—14日3天里对台湾的日本航空兵基地进行了攻击,并引发了大规模空战,舰载航空兵又一次和陆基航空兵直接交锋,而且和往常一样,舰载机又赢了。

12日一早,VF-15和VF-19在台湾上空进行了一连串激烈的格斗,来自"列克星敦"号的VF-19在战斗中获得了27个击落纪录,"埃塞克斯"号的VF-15则击落23架。他们的对手是日本陆海军的多种机型,主要是零式、"钟馗"和"隼"。

这一天交战最激烈的战斗中队是"邦克山"号上的VF-8，他们在台南机场附近杀进了一个由"屠龙"、零式和"隼"式机混编的日军编队，给地面留下30架燃烧的日机残骸后返回了舰队。中队长威廉·M.小柯林斯中校在格斗中一马当先，一举击落了4架日本战斗机和1架轰炸机，而另一个刚满20岁的年轻少尉亚瑟·P.莫林霍尔也有不输给中队长的杰出表现。遗憾的是，这是莫林霍尔唯一一次出色表现，2周后，他在吕宋上空击伤1架零式机后失踪。

12日午后，空中的枪炮声渐渐稀疏了下来。美军方面有来自14个舰载机联队的战斗机和飞行员参加了这场为夺取制空权而展开的空战，他们宣称自己击落了224架敌机，并可能另击落27架。这一天，"汉考克"号航母上的新部队VF-7首次击落敌机，战果为5架，一天后，VF-7中队长莱昂纳多·切克少校也首次击伤1架日军"隼"式战斗机，走上了王牌之路。他到战争结束时也成了一块"双料"。13日，遭到沉重打击的日本航空兵显然减弱了抵抗，美军这天总共只击落了37架日机，其中大部分战果为"企业"号的VF-20和"贝洛森林"号的VF-21所摘得。

14日，稍稍缓过一口气的日军向美军发动反击，结果是让TF-38的飞行员们又得到了92个击落纪录。这些战绩中有超过一半都为VF-11、18和27三个中队取得。"射日者"中队在舰队防空作战中遭遇到了数量远远超过自己的来袭日机，他们在不利的战况下击落了14架日机，自己也付出了损失4架"地狱猫"和3名飞行员的代价，该中队的查尔斯·斯汀普森上尉成了队里的第二位"单日王牌"，他击落了5架零式，另有2架"飞燕"可能击落——此人技术的确了得，当年在瓜岛驾驶F4F作战时，他就已经赢得了6个击落纪录。曾在马里亚纳海战中拔得轻型航母空战成绩头筹的"普林斯顿"号VF-27也击落了11架"银河"双发轰炸机。

在台湾空战中，美军以损失30架"地狱猫"的代价消灭了大约350架日军飞机。到此，莱特湾的门户已经对美军敞开了。

9月中旬到10月中旬期间，"勇猛"号的VF-18有一名不太爱说话，但却技术娴熟的飞行员在不断充实着自己的战绩，他就是塞西尔·E.哈里斯上尉。早在1943年4月1日，他就驾驶"野猫"战斗机在所罗门地区随陆基VF-27中队击落了第一架日机，18个月后，他的技术已经达到了顶峰。在32天内的3次空战中，他连续击落了11架日本飞机：9月13日击落4架战斗机；10月12日击落2架轰炸机和2架零式；10月14日击落3架"彗星"。他的传奇离结束还早得很呢。

10 月 16 日，"卡伯特"号的 VF-29 又狠狠打了一仗。维拉德·埃德少校麾下的这个中队奉命掩护两艘被鱼雷击伤的美军巡洋舰，而日军则拼死进攻，欲将这两艘伤舰击沉而后快。经过一番激烈的格斗，VF-29 宣称自己击落了 34 架日机，阿尔伯特·费科上尉和他手下四号机的罗伯特·布坎南少尉各击落 5 架日军攻击机，主要是"银河"和"天山"。遭到攻击的"休斯敦"号巡洋舰虽然再次被鱼雷命中，但最终还是被拖回了安全区域。

两天后，爱德华·B.特纳上尉成了"黄蜂"号上唯一一名"一战王牌"：他在马巴拉卡机场上空的一次空战中击落了 4 架零式和 1 架"隼"式，VF-14 此战的总战果是 16 架。

莱特湾大海战

莱特湾大海战被美国人称为第二次菲律宾海海战，参战的"地狱猫"部队包括第 38 特混舰队 17 艘快速航母上的近 550 架"地狱猫"战斗机，第 77 特混舰队的护航航母上还另有 65 架。10 月 24 日，菲律宾群岛以西和以东两个方向的美军对日本舰队同时发起了打击，揭开了这场大海战的序幕。

此次海战中，美国海军的舰载机总共击落了 270 架日机，令人难以置信的是，24 日这一天中居然涌现出了 9 名"单日王牌"，其中还包括 2 名来自护航航母的 FM-2"野猫"飞行员。7 名"地狱猫"王牌来自 3 个中队，第一个是"列克星敦"号的 VF-19，他们的任务是在吕宋岛上空进行制空巡逻。VF-19 的出现让大群各型日机纷至沓来，他们击落了其中的 30 架，其中最出色的飞行员是威廉·J.马森纳上尉。此前他已经击落了 5 架敌机，而在当天的 07:30 左右，这名前 VF-11 成员又用 6 架日军双引擎轰炸机把自己的战绩翻了一番还多！他的战况报告如此写道：

我的小队的任务是为 4 架执行 300 英里巡逻任务的 SB2C 护航。当我们在吕宋东海岸上空与他们会合时，他们发现了一群"贝蒂"（一式陆上攻击机），我还看到他们击落了两架。接着，四五架"贝蒂"向各个不同的方向散开，我于是挑了一架带着我的小队追了上去。我从它的侧后方越过它的尾翼开了火，我还能看见它炮塔里的 20 毫米炮在那儿射击。我的子弹打中了它的机身和右侧翼根。它就变成了火球，掉进海里。

我拉起飞机，看见自己上方 100 英尺处有 8 架"戴安娜"（百式司令部侦察机）。他们轻微调整了航向，散开了队形。我就从右手边那架飞机的下方追了上去，把一串长点射打进了它的右翼发动机。它着火了，火势很快蔓延开来，吞没了整个飞机。

到这时天上就没有什么飞机了，我们于是重新集合，继续我们的搜索。飞行了大约 50 英里后，一架轰炸机发现了两架"奈尔"（日军 96 式陆上攻击机）。我们随即俯冲追上去，一直追击了 5—6 英里，我丢弃了自己的炸弹才追上他们。我的进攻是从它后上方发起的，它的右翼着了火，然后爆炸，燃烧着坠向水面。我还打算干掉另一架"奈尔"，但是它已经燃烧坠毁了，我的僚机干掉了它。

之后，我们会同 SB2C 掉头返航。靠近吕宋岛的"靴尖"处时我们看见 5 架"奈尔"在 500 英尺高度飞行。于是僚机和我下降追了上去，他打掉了 1 架。但是他的机枪随即停止了射击，飞机也拉了起来。随后我从一架"奈尔"的侧后上方发动了攻击，亲眼看见子弹打中了目标，接着一个滚转翻到他的机尾下方以避开他正在开火的球形炮塔。我又在极近的距离上打中他的机身，它爆炸了，碎片飞得到处都是，残骸笔直地坠入了海里。

我接着又从后上方追上了下一架"奈尔"，打中它的翼根。它也爆炸了，我拉起时它的一大块碎片就从我身旁飞了过去。它起了火，坠毁了。

马森纳的僚机，W.E. 柯普兰中尉经过此战把自己的战绩从 3 架提高到了 6 架，他后来回忆道："马森纳总是有办法给我找麻烦。"这哥们还创了一个颇为怪异的纪录：他击落的 6 架敌机中没有哪两架是重样的：99 舰爆、97 式和"隼"式战斗机、96 式、一式陆攻、99 式轻型轰炸机各 1 架。

VF-19 和日本轰炸机接火后 1 小时，"普林斯顿"号的 VF-27 也在吕宋岛东部拉蒙湾的波利洛岛上空遭遇了一群单引擎战斗机。弗雷德·巴德夏少校手下的 12 名飞行员击落了其中的 36 架，T.J. 康罗伊少尉独自击落 6 架，J.A."红"·谢利上尉、C.A. 小布朗上尉和 E.P. 唐森德中尉也各自击落 5 架。

09:40，VF-27 那些得胜归来的飞行员们被眼前的景象吓住了：他们的母舰正在燃烧！"普林斯顿"号被两枚炸弹命中，飞行甲板被击穿，机库陷入一片火海。美军不得不放弃了这艘舰，并用鱼雷将其击沉。这是两年来美军损失的第一艘快速航母，也是截至今天的最后一艘。

VF-27 的保罗·E. 德鲁利少尉算是体验了这一天的大喜大悲。在当天上午拦截大批来袭敌机时，他好好展示了身手，然后又在"普林斯顿"遭受重创时跳海逃生。他回忆道：

我在莱特湾战役中最满意和最戏剧性的事情都挤到一天里去了——1944 年 10

月 24 日，这是我一生中最长的一天。实际上，我想这个日子在前一天，也就是 23 日的傍晚就开始了。那时日本人派出各种侦察机来寻找我们的特混舰队，事实上我想他们找到了，而且他们一直在跟踪我们，直到次日上午发动攻击。

我们的特混大队包括两艘大型航母——谢尔曼将军的旗舰"埃塞克斯"号和搭载着米切尔中将的"列克星敦"号，还有快速航母"普林斯顿"号和"朗利"号，战列舰"马萨诸塞"号和"南达科他"号，巡洋舰"伯明翰"、"里诺"、"莫比尔"和"圣菲"号，以及 13 艘驱逐舰。

那天傍晚，我们 VF-27 的 8 个人被告之次日上午我们将要执行 CAP 任务，我们就等着打大仗吧。24 日 04:00，我们被喊醒，天还没亮就起飞了。甲板上一片忙碌，四周还是一团漆黑，而"妖怪"已经出现在了雷达屏幕上，我们必须赶紧飞起来，因此我没有来得及找到我自己的飞机 Paoli Local，也没有找到自己的小队（小队长为卡尔·布朗上尉）。

我发现自己成了吉姆·"红"·谢利的僚机，他是我们中队的头号王牌。不过我想这个位置我飞不长，因为只要太阳一出来我就要回到自己的位置上去，虽然要保持无线电静默，但我会给飞我位置的飞行员发信号，要他从哪来回哪去。可是我这个想法最终没能实现，刚刚在空中完成集结，我们 4 架飞机就被导向那些"妖怪"，它们吸引了我们的注意力。等回过头来，卡尔·布朗的四机编队已经被引向目标了，木已成舟，我后来就没有回到自己的小队了。

在这些初期的接触之后，我们 8 个人得到指示，全速冲向敌人的一个大机群。布朗的小队要直接攻击敌人尾部，我们则在他的小队上方占据高度优势投入格斗。我们一开始只是看到点敌机的影子，当太阳完全升起后，我清楚地看见敌人的机群有多大。

"红"·谢利赶忙呼叫"普林斯顿"："Tally-Ho，80 架日本飞机！"他想了想又补充道："请求增援。"

母舰回答"收到"，他们说还能派出 12 架战斗机来支援我们，另外可以要"埃塞克斯"号再出动一些。我们 CAP 的任务是确保敌机无法接近特混舰队。此时我们距离母舰大约 60—70 英里，既然我们的任务就是保护舰队，那在接下来该怎么办上就没什么好说的了——我们只能希望那些正在起飞的飞机能抓紧赶来。我知道战斗机在起飞前还要花费不少时间去进行准备，但是知道了增援已经上路，那感觉还是不错的。

由于坚信这一点，我们 4 个便向日本机群俯冲过去。在第一轮攻击中，我想我们每个人都击落了一架飞机。接着便是一片混乱，一大群飞机在到处试探，看谁能把谁击落。那天上午，我想我们 4 个一共击落了 15 架日本飞机[1]，后来弹药用光了，燃料也所剩无几，我们只好奉命返回舰队。

我相信自己是"普林斯顿"号挨炸前最后降落的飞行员之一，我刚刚离开飞机回到待命室准备听取任务总结，一大团黑烟就从通风系统里涌了出来。消息很快传来，我们确实被击中了，所有空勤人员都被要求赶往飞行甲板待在自己的飞机旁——我想舰长一开始认为我们还能够起飞，但是炸弹却穿过甲板，在机库里爆炸开来。

不幸的是，这个时候我们所有的鱼雷机都在甲板下加油装弹，一枚本不会造成如此损害的炸弹却引发了一连串毁灭性的连锁反应。一枚爆炸的鱼雷炸飞了我和我的"地狱猫"旁边的后升降机，另一枚炸飞了前升降机，舰长立刻意识到现在到弃舰的时候了，他很快把消息通知到了灭火队员之外的所有舰员。我跑到舷旁沿着绳索滑了下去，游向驱逐舰"埃尔温"号，然后累瘫在那里。顶住了又一次空袭之后，我的"新"座舰接到命令，用鱼雷结果"普林斯顿"号，但是由于指挥仪损坏，2 枚鱼雷都没有命中目标。任务只好转由"里诺"号巡洋舰来执行。

那是一场大爆炸，巨大的蘑菇云升到了 1000 英尺以上。当烟雾散去，我们可以看见航母所在的位置时，"普林斯顿"号已经消失了。此时是 18:00，我一生中最长的一天结束了。

和保罗·德鲁利一样，卡尔·布朗也在险境里走了一遭。他在战斗中受了轻伤，飞机则损坏严重，但是他的表现确实英勇：

我不清楚空战到底持续了多久，反正很长——我猜是 3—5 分钟。结束的时候 4 架"齐克"（零式战斗机）跟在我后面讨论由谁来干掉我，我只好使出了最后一招：使尽全力猛压操纵杆，节流阀打到 2 档，然后大角度俯冲。没人能跟上并开火，这样你就获得了至少几秒钟的思考时间。机身刚一垂直，我就向右猛拉操纵杆转入盘旋，这么做是因为零式机在高速飞行时无法顺利右转。我于是甩掉了他们。

"普林斯顿"号中弹了，"列克斯"和"朗利"也拒绝接收我，因为我的损伤太严重了，可能会阻塞他们的甲板。我的仪表盘被打飞，座舱里的一根油管被切断，

---

[1] 官方纪录是 14 架，德鲁利的战果是 2 架零式和 1 架"钟馗"。

汽油在大鸟的底下积了 2—4 英寸。左侧的升降舵只是勉强能用，尾钩卡住了，我用了备用手段也伸不出去。

我的左腿中了两块弹片，但是不严重。我一边呼喊自己中了弹、飞机也着了火，一边继续通过无线电联系"短斧"（指"普林斯顿"号），要它告诉领头的驱逐舰，我将要在它的前方迫降，请求营救。"短斧"说他已经转告。就在这时"埃塞克斯"号说话了："'短斧 31'，如果你想立即降落，我们就接收你。"你可以想象我是怎样的如释重负。

我用备用气瓶放下了起落架——由于失去了液压，我的着陆没有减速板，此外还没有空速表（打飞了），也没有尾钩。"埃塞克斯"号舰长不仅仁慈，而且勇敢。我从 500 英尺上进行了一次"英国式"的进场，LSO 一直对我打着"收到"信号，我飞临甲板尾端时他又示意我太快、太陡，要我停下。我已经试过了飞机的控制，无法将操纵杆拉满，现在我只能关闭发动机，竭力拉杆。飞机尾部猛地撞上了甲板尾段，把尾钩震了出来，我就这样钩住了第一根拦阻索。

尽管损失巨大，日本航空兵依然顽固地不断向 TF-38 发动攻击。大约就在 VF-27 在吕宋上空与日机交锋时，"埃塞克斯"号又放出了一群战斗机准备拦截另一波大规模空袭。戴维·麦坎贝尔中校虽然已经不再轻易出马，但是眼下，他作为美国海军头号王牌的丰富经验却可能会挽救整个舰队，因此，"埃塞克斯"号上的最后 8 架"地狱猫"在他的率领下勇敢地迎了上去。

战斗机指挥官引导麦坎贝尔带着他的僚机罗伊·鲁欣中尉前去迎战一个大约由 80 架飞机组成的攻击机群。他点了一支烟，分析了一下形势。在占据高度优势后，他们便从一个精心选择的方向向那个巨大的目标发起了进攻。过了 90 分钟，当油弹两尽的麦坎贝尔双机退出战斗时，他的战绩上又新增了 9 个击落纪录（7 架零式，2 架"隼"式）和 2 个可能击落。鲁欣也打掉了 6 架，"埃塞克斯"号的其他飞行员还击落了 10 架零式和 99 舰爆。

防空毕竟只是 TF-38 的任务之一，就在美军这边的防空战愈演愈烈之时，哈尔西的攻击机群也向正从西面靠近菲律宾的日军水面舰队主力发动了连续打击。美军俯冲轰炸机和鱼雷机的目标集中在日军的战列舰上，打沉了 64000 吨的"武藏"号，击伤了另外的全部 6 艘。

到 24 日日落时，日本舰队西撤了，而美军的航母特混舰队还保持着基本完好的状态。在持续了几乎一整天的激烈空战中，"地狱猫"们击落了近 200 架日本飞机，其中 21 架是被 3 个护航航母混合中队的"地狱猫"击落的——主要是"苏万尼"号上的 VF-60。交战最多的战斗中队是 VF-19 和 VF-15，分别击落了 53 架和 43 架敌机。

第二天（10 月 25 日）的战局则跌宕起伏，惊心动魄。天明时，一个令人震惊的坏消息突然传来：前一天被 TF-38 的舰载机打退的日军主力中央分舰队突然杀了个回马枪，闯进了莱特湾！这支以战列舰和巡洋舰为骨干，水面战力量很强的舰队虽然在前一天的空袭中遭到重创，但实力犹在，他们在当天夜间改变了航向，再次冲向目的地。现在，美军主力舰队已经被北方的小泽舰队诱走，挡在日军主力面前的仅有几支美军护航航母编队，麦克阿瑟的两栖登陆舰队危在旦夕！但不可思议的是，仅有数艘护航航母和驱逐舰的"塔菲"-3 编队居然在其他同类部队的支援下打退了日军舰队的突袭，而自身仅有一艘护航航母被日军舰炮击沉，后来又有一艘护航航母被初次登场的"神风"机撞沉。

此刻，威廉·F.哈尔西中将的主力舰队正在急速开往吕宋岛东北角，攻击出现在那里的日本航空母舰。他们的侦察机不久就发现了充当诱饵的小泽舰队，主力随后展开攻击。日军舰队上空那支虽然勇敢但是数量不超过 25 架零式机的战斗机巡逻队很快就被打散，VF-15 击落了 9 架日机。其中 4 架落入 J.R. 斯特兰上尉手中，这使得他的战绩达到了 12 架——11 月 5 日，他在吕宋上空击落了 1 架"隼"式，那是他的最后一个战果。

瓦解了日军战斗机的抵抗后，麦坎贝尔开始从容地为手下的轰炸机、鱼雷机分配目标，他们击伤了 1 艘轻型航母，击沉 1 艘驱逐舰。之后"列克星敦"号的攻击机群指挥官温特斯中校接手了麦坎贝尔的工作，开始指挥"列克星敦"号和其他航母上的攻击机进攻日军舰队的残存舰艇，美军机群投完炸弹和鱼雷后扬长而去，而日军的全部航母都已没入海面或者正在下沉，其中包括"翔鹤"号，袭击珍珠港的 6 艘日本航母中最后的幸存者。

莱特湾海战彻底打垮了曾经不可一世的日本联合舰队。在 10 月 23—26 日 4 天里，日本海军损失了 24 艘各型军舰，包括 4 艘航母、3 艘战列舰和 9 艘巡洋舰。虽然美军的潜艇和水面舰队都摧毁了不少日舰，但是拔得头功的还是海军航空兵。同样，在空战中，美军飞机击落了 657 架敌机，而自身的损失连同非战斗损失在内仅有 140 架。

如果说早先人们对美军能够收复菲律宾还存有疑虑的话，那么现在这所有的疑

▲ 莱特湾海战的另一边，兼有强大海军航空兵兵力和强大战列舰实力的美国海军太平洋舰队。

云全都烟消云散了。一年来的空战也日益显示出了日本海军航空兵的衰败，曾经被视为传奇的日本战斗机已经彻底被美军压倒，太平洋大空战的胜败已经分明，资源、人力和技术水平都居于劣势的日本终究落入了绝望的境地。但是绝望之人必有绝望之技，否则"困兽犹斗"一词何以成其理？莱特湾战役即将收尾时，一支历史上从未出现过的打击力量突然杀了出来，打了美军一个措手不及，那就是"神风"特攻队。这种彻底改变了游戏规则的战法将在未来的 10 个月中吸引"地狱猫"飞行员和空战指挥官们的几乎全部注意力。

横扫太平洋

舰载战斗机的高峰

日军在菲律宾的空中力量虽然在莱特湾一役中遭到了重创，但是仍然在此后坚持活跃了几个星期。10 月 29 日，"地狱猫"在马尼拉市和舰队上空总共击落了近 70 架日军飞机，其中 38 架由 VF-18 击落。6 天后的 11 月 4 日，新登上"提康德罗加"号航母的 VF-80 首次参战，阿尔伯特·小沃斯少校指挥的飞行员们取得了他们的第一批战果。但他们击落的 12 架日机远不是美军在这一天的全部收获，克拉克机

也击落了10架日本战斗机。

由于来自日军自杀飞机的威胁日益增长，美军的大型航母舰载机联队在1944

攻占莱特期间各F6F中队战果（10月10日—11月30日）		
VF-15	"埃塞克斯"	140.5
VF-18	"勇猛"	139
VF-20	"企业"	135.16
VF-19	"列克星敦"	127
VF-14	"黄蜂"	87.5
VF-11	"大黄蜂"	82
VF-8	"邦克山"	74
VF-29	"卡伯特"	72
VF-13	"富兰克林"	67.5
VF-27	"普林斯顿"	59
22个F6F中队总计击落1300.16架。		

莱特湾战役期间的最佳"地狱猫"飞行员			
C.E.哈里斯上尉	VF-18	18	最终战绩23架
D.麦坎贝尔中校	CVG-15	15	最终战绩34架
D.贝克少尉	VF-20	12.33	最终战绩16.33架
W.J.马森纳上尉	VF-19	10	最终战绩12架
C.R.斯蒂普森上尉	VF-11	10	最终战绩16架

∧ 莱特湾海战中日军首次使出了惨无人道但却威力巨大的新战法：自杀攻击。这些不要命的自杀机和飞行员很快就得到了"神风"的称号。图为被自杀机撞中的"埃塞克斯"号航母。

∧ "神风"的威胁确实是可怕的，他们完全不编组攻击队形，而是毫无规律的单机突袭，这使得美军的防空指挥变得极其困难，而一旦有日机漏网，就会带来严重的后果。图为被日军自杀机击伤的"贝洛森林"号轻型舰队航母。

年年底前经历了一次显著的变化。联队编制的战斗机数量从 54 架提高到了 73 架，这是自 1942 年以来第 4 次扩充舰载机联队的战斗机兵力。为了填补"地狱猫"数量的不足，海军陆战队的 F4U 中队登上了航空母舰。首先搭载这种混合机种联队的航母是"埃塞克斯"号，12 月 K.G.哈蒙德少校指挥的 VF-4 首次吸纳了两个"海盗"中队。

当然，战斗机数量的增加意味着轰炸机和鱼雷机数量的减少，在战斗中队扩编的同时，VB 和 VT 中队的编制则下降到了 15 架。更有甚者，"埃塞克斯"号和"黄蜂"号有一段时间甚至撤下了轰炸机中队，仅搭载了 15 架"复仇者"和 91 架战斗机。

扫荡印度支那

1945 年 1 月 10 日，VF（N）-41 在菲律宾地区击落了最后 4 架敌机后，快速航母部队便撤离这里。进入新一年后，太平洋舰队主力的第一次重大作战是进入同盟国舰艇 3 年未涉足的中国东海清剿日本水面舰艇。之后舰队的主要注意力便转移到印度支那半岛。情报显示，印度支那沿岸有大量日军水面舰艇活动，但当美军杀到那里后，却一无所获。"地狱猫"们在 12 日的制空巡逻和防空巡逻中，共击落 14 架敌机，其中有 11 架是 VF-3 击落的。对这支久经沙场的老部队来说，这还是最近一段时间内的第一次大胜利。从 10 月重新登上"约克城"号以来，他们在 W.L.兰伯森少校的指挥下仅仅击落了 8 架飞机。在西贡上空，约翰·L.舍尔上尉击落了 1 架"飞燕"和 1 架零式，他后来成为 VF-3 仅有的两名 F6F 王牌之一——另一位是詹姆斯·M.琼斯中尉，后者在 VF-3 仅仅击落 2 架敌机，1945 年 2 月 1 日 VF-3 被拆分成 VF-3 和 VBF-3 后，他在 VBF-3 的阵容内以 7 架的最终战绩获得了王牌身份。

和往常一样，F6F 在 12 日的作战行动中再一次唱了主角：这天，哈尔西的特混舰队总共起飞了 1457 架次，"地狱猫"占了其中的 1065 架次，达到总架次的3/4。而在这天美军损失的总共 21 架各型舰载机中，"地狱猫"也占了 12 架。

损失的 12 架 F6F 中有 1 架是布莱克·莫兰维尔中尉的座机，此人来自 VF-11，击落过 6 架敌机。他驾驶的 70680 号 F6F-5 在扫射新山一机场时发动机被高射炮击穿，不得不在稻田里迫降，他本人则在逃离飞机后被维希法国的军队抓住，和其他 5 名被击落的美军飞行员一道关进了河内附近的一处战俘营，直到维希法国政权和日本开战才被释放。之后，他们被一群法国外籍军团战士护送到奠边府，最后乘飞机飞往昆明，回到了同盟国一方，重回 VF-11 继续作战。

在太平洋战争中，坐过敌人战俘营的美国海军王牌有两人，莫兰维尔只是其中之一，另一位是VF-15的肯尼斯·A.弗林少尉，他在被俘时年仅20岁，击落过5架日机。1944年10月13日，他在南西诸岛（即琉球群岛）附近被击落，接着在日本人的战俘营里熬过了9个月，最后在日本投降3周前饿死。

战斗机队的扩大带来了新的问题。1945年1月，美军发现"埃塞克斯"级航母上73架飞机、110名飞行员规模的战斗中队过于庞大，难以管理，因此太平洋战区海军航空兵司令部要求各舰载机联队将战斗机部队拆分为两个中队，原战斗中队中队长继续掌管沿用原编号的VF中队，而原有的主任参谋（通常是少校军衔）则负责组建新的战斗轰炸中队，编号VBF。一般来说，由于两个中队装备同样的飞机，这一改组对后勤和地勤不会造成什么影响，但是有些联队却混编了"地狱猫"和"海

▲ "神风"的肆虐使得美军舰队的防空压力骤增。大型舰队航母上战斗机部队的编制数量也达到了空前的72架。如此庞大的机群绝对不是1名中队长所能指挥的，于是，美军将这支庞大的战斗机部队一分为二，分成VF（战斗中队）和VBF（战斗轰炸中队）。两个中队装备和任务都相同，这个名称的差异只是为了区分而已。

盗"两种机型，此时就会对后勤和地勤单位做出相应调整。

关于VF和VBF的拆分，重组建的VF-17中队长马绍尔·比伯少校如此评论道：

F6F飞机装有机翼炸弹挂架和机腹中心线挂架，因此可以兼作战斗机和轰炸机。我们在加利福尼亚的阿拉米达海军航空站训练时，中队从36架扩大到了54架，然后到夏威夷短暂停留时，中队经补充又扩大到了72架飞机和102名飞行员。

飞机和飞行员来自VF-6，他们在西海岸幸运地接受了中队间战术训练。1945年1月，在关岛，中队又出于管理的考虑被分成了两个36机中队——VF和VBF。两个中队在执行任务时没有区别。

1945年出现的第一个王牌是"考彭斯"号VF-22的代理中队长C.M. 克莱

▲ 随着航母部队规模的日益增大，美军各战斗中队开始使用机尾涂装来进行区分。图中由上而下分别为"兰道夫"号VF-12中队、"约克城"号VBF-9中队、"独立"号VF-16中队和"卡伯特"号VF-29中队的战机。

⌄ F4U"海盗"战斗机。太平洋战争后期，这款战机开始大量登上美军航母，和"地狱猫"一起承担起美国海军舰队防空的重任。

格上尉。1 月 21 日，他率领他的小队在台湾外海冲进了一个"神风"机编队，带回了 5 个确定的"钟馗"击落纪录。他的最终战绩是 11.75 架。

当月，T.F. 卡德威尔中校的第 41 夜航联队结束了自己在"独立"号上的战斗任务。虽然人们起初对他们存在的意义留有疑虑，但是这些夜战型"地狱猫"和"复仇者"最终证明了这种专门的夜战部队在攻防作战中的重要性。1 月 16 日，VF（N）-41 中队在中国广东省外海击落最后一架"隼"式战斗机后撤离了前线。这是该中队的第 46 个确定击落纪录，也是前 SBD 飞行员威廉·E. 亨利的第 10 个战果，他是该中队仅有的两名王牌飞行员之一。另一位是杰克·S. 贝尔克海默少尉，他的战绩是 7.5 架，贝尔克海默少尉于 1944 年 12 月在吕宋上空执行任务时失踪。

除了夜间防空之外，VF（N）-41 还要承担起夜间轰炸和新战术试验任务。令人始料未及的是，让飞行员们最反感的事并非艰难的夜间飞行，而是在白天只能眼睁睁地看着日本飞机飞来飞去。亨利这样描述：

在中国海域的几天里，昼间战斗机不停地空袭台湾，我们则要整夜执行防空巡逻任务或者准备作战，直到次日自杀机就成打地涌了上来。因此，他们决定让VFN 的部分人留下来帮忙。

我坐在自己的飞机里，伸展着机翼等候在停机区，之后就看见所有人都逃离了飞行甲板。我很快就明白为什么了。一架"朱迪"正从左前方向我们飞来，而我所能做的只有坐着看热闹。他在飞过我们近旁的战列舰时被他们击中，翻过个来坠入我们的尾流。此时他们决定不要我起飞。

当天下午晚些时候，他们决定让我们中的部分人再次起飞。此时我的飞机正停在左侧弹射器上，机翼还没有展开。这时候有一架零式机向我们冲来，他没能压下机头射中我们，打高了，于是他便改平飞向我们近旁一艘 CVL 的侧舷，那可能是"朗利"号。他的飞机着了火，但是他将飞机的大部分浸入海里，火也就熄灭了。于是他们又一次取消了起飞。大约 30 分钟后，我看见我们右前方的编队里有一艘 CV 起火了。那是"提康德罗加"号。①

接替 CVLG（N）-41 的是美军第 1 支大甲板航母上的夜间航空联队——"企业"号的第 90 舰载机联队。该联队的指挥官是威廉·I. 马丁中校，他是个驾驶过 SBD

---

① 日机的此次攻击致使美军 143 人死，202 人伤。

和 TBF 的老兵，也是美国海军航空兵中夜航作战的先驱者，曾经率先尝试夜间鱼雷攻击和俯冲轰炸的战术。其中的 VF（N）-90 战斗中队装备 30 架 F6F-5N 和 5E 型战斗机及 2 架照相侦察机，由 R.J. 麦卡拉夫少校领军，他们很快就会投入作战。

与此同时，海军陆战队的那些夜间"地狱猫"也正在菲律宾为他们自己赢得巨大的声誉。彼得·兰布列希特中校带领的 VMF（N）-541 于 1944 年 12 月进驻塔克洛班机场，在短短一个月内，他们就击落了 23 架敌机，这一战果即便是陆军航空队最新锐的 P-61"黑寡妇"

^ 夜战型"地狱猫"战斗机，机翼右侧的球形鼓包里装有雷达。奥黑尔最初的夜战小队用的只是普通的战斗机，只是采用了特殊的训练和战术而已。但是到1944年中期后，每艘美军大型航母上都配备了一个小队装备雷达的夜战专用型"地狱猫"战斗机。

也难望其项背。不过这倒不怎么奇怪，因为他们的大部分战果还是在白天取得的，显然，在他们第一次在夜间击落日机后，日本的战斗机和轰炸机便放弃了在夜间进入美军控制空域的打算。

空袭东京

TF38 空袭东京的时候，快速航母上的航空联队改组还正在进行。2 月中旬，正当各舰忙于把 VF 拆分成 VF 和 VBF 中队并吸纳新的夜间飞行员时，16 艘快速航母的舰艏指向了日本本土。

2 月 16 日破晓前，成群的美军舰载机从甲板上腾空而起，宣布了日本首都周围的竟日空战的开始。日军的顽抗和恶劣的天候——云底高仅有 300 米——都给那些经验尚不丰富的舰载机飞行员们带来了不小的挑战，而飞行员缺乏经验在美军舰队中并不是个别现象，对其中 7 个舰载机联队来说，此次空袭东京还是他们的首次参战。

美军的此次突袭似乎出乎日军意料，整个早晨美军的舰队防空战斗机仅仅击落了 2 架在海面上空巡逻的一式陆攻，而主要战斗则发生在内陆。首先在陆地上空与日军交火的是 VF-9，这是他们在两年半时间里的第三次开赴前线，这一次他们的母舰是"列克星敦"号。在日本香取市上空,赫伯特·N.胡克少校手下的飞行员们找到了一群日军零式战斗机和更老式的中岛97式战斗机,于是就冲了过去,一举击落12架,还有4架可能击落。这还只是个开头,后来VF-9在这一天里又击落了8架飞机。

但是"列克星敦"号上的"地狱猫"飞行员们也为胜利付出了代价。在第一次制空巡逻中,有一架飞机未能返回集合点,在第二次巡逻中又有两架——他们显然是被日军战斗机击落了。损失的飞行员中有一人是联队长菲尔·小托雷中校,他曾在1943—1944年的作战中担任VF-9中队长,人们最后看见他时,他在和一架"钟馗"迎头对攻,之后就音信全无了。

这一天交战最激烈的战斗中队是VF-80,他们在香取和印幡郡地区上空多次遭遇日军机群,结果是机身上标徽着"毒蛇"标志的"地狱猫"们仅一个上午就从日军身上捞到了24个击落纪录,其中L.W.凯斯少校独自击落5架。就在VF-80激战之时,他们的老队长、现任"汉考克"号联队长的"铲土机"沃斯少校也正领着几个小队在千叶半岛上空与日军飞机格斗,他的队伍击落了13架,沃斯本人则击落4架,他的总战绩提高到了11.5架。与VF-9不同,这里的空战中美军仅有一架"地狱猫"被日军击中。

16日,VF-80还进行了4次空战,其中一次是在印幡郡机场上空,A.L.安德森上尉在这里击落了4种型号的5架日本飞机——"隼"式2架,零式、"钟馗"和"飞燕"各1架。与安德森同时当上"一战王牌"的还有W.C.爱德华上尉,他击落了97式和零式各2架,"隼"式1架。

午后,VF-80的5名飞行员又在印幡郡和茂源机场之间遭遇了数量比他们多得多的零式和"隼"式。帕特·弗莱明上尉击落5架零式,他手下的编队长机"齐克"·科米尔也击落3架,其他的"毒蛇"们又击落7架。到了傍晚,该中队的3名飞行员又击落了4架日机。VF-80在这一天中的战果居然高达71架,另有15架可能击落。这是一个美国航空史上从未被超越过的纪录。不过我们也要看到,"汉考克"的CVG-80此时尚未分拆战斗中队,否则这些战果也就要一分为二了。

这一天战绩最高的飞行员还有VF-45的中队长戈登·谢克特中校和R.R.基德维尔少尉。前者在上午单独击落了3架零式,与他人合作击落了2架敌机,傍晚时又有1架"隼"式入账。后者也在两次出击中击落5架日机。令人颇感意外的是,轻型航母"圣贾辛托"号上的战斗中队也取得了28个战果。虽然和VF-80还有很大差距，但却超过了其他所有的同行而位居第二。按照美军的分工，大甲板航母上的战斗中队通常要深入敌境，而轻型航母上的战斗机中队则主要负责舰队防空。

空袭东京作战也是 F4U 第一次成建制地从航母上起飞参战。"邦克山"号航母上此时不仅搭载着装备"地狱猫"的 VF-84，还有另 2 支海军陆战队的"海盗"中队；同时，"埃塞克斯"号上也有 2 个陆战队中队。在这一天的 291 个击落纪录中，"海盗"贡献了 27 个。

2 月 17 日，空战依然激烈，但是日本航空兵在前一天遭受的打击已经显露无遗了。美军再度击落日机 97 架，其中 11 个"地狱猫"中队击落 68 架。这 11 个中队中领先的是"约克城"号的 VBF-3，他们的战绩在前一天 23 架的基础上又增加了 13 架。实际上，此次空袭东京也是战斗轰炸中队唯一一次击落敌机的机会。

17 日，"黄蜂"号的 VF-81 击落了 11 架敌机，也诞生了该部的唯一一名王牌——在 16、17 日的空战中，H.V. 谢里尔中尉给自己的战果簿上增加了 4.5 架日本飞机，加上原本的 1 个击落纪录，他以 5.5 架的战绩成了 VF-81 的"独苗"。"埃塞克斯"号的 VF-4 在此次战役中击落 22 架，其中 3 架由 D.E. 拉尔德上尉击落，这使得他在太平洋上的总战绩达到了 5 架，此前，他曾在 1943 年随"突击者"号在挪威与他人合作击落 2 架德军飞机，因此，他便是美国海军唯一一名同时击落过日本飞机和德国飞机的王牌飞行员。和他情况类似的还有 VF-32 的霍利斯·西尔斯，西尔斯的 5 架战绩中也包括了德国和日本飞机，但是他击落第一架德国飞机时，他还没有加入美国海军，而是加拿大皇家空军的成员。

VF-80 在 17 日的战斗中一样收获颇丰。帕特·弗莱明上尉带领 3 个小队在香取机场西南方巡逻，他们的出现使得不少日军的 96 式、零式、"隼"式和"钟馗"纷纷起飞迎战。"汉考克"号的飞行员击落了 12 架，其中 4 架为弗莱明一人所得。他在这 24 小时内击落了 9 架日本飞机，使自己的个人战绩达到 19 架，而 VF-80 则在 2 天内击落日机 83 架，超过了此次美军总战绩的四分之一。另一方面，TF-38 在此次作战中损失了 88 架各型飞机，其中 28 架毁于事故和恶劣的天气。

3 月 18 日，快速航母部队重返日本近海，远远出动舰载机袭击了日本机场，并在海岸上寻歼日本军舰。"大黄蜂"号的 VF-17 在鹿屋附近展开了多次空战，中队长马绍尔·比波少校和罗伯特·C.库特上尉各击落 5 架日机。比波少校原来是"利斯康比湾"号护航航母上 VC-39 的中队长，1943 年他在航母被鱼雷击沉后泅水逃出，现在他的运势已经转了过来，正在稳步迈向双料王牌的行列。至于库特，则亲口承认自己是美国海军唯一一名不会游泳的王牌。这天整个 VF-17 共击落日机 32 架。

第二天的空战则略显波折。这天，"埃塞克斯"号的新部队 VF-83 获得了自己的第一批战果，击落日机 9 架，而它的孪生兄弟，装备 F4U 的 VBF-83 则在前一天就已开了张。这对兄弟中队在未来的 5 个月中还将频频上镜，让我们看到其上佳的表现。

而在日本海军吴港基地上空，"大黄蜂"号上的"地狱猫"遇到了一小群日本战斗机的拦截，和平时常见的那些菜鸟不同，驾驶这些战斗机的日本飞行员都表现出了很高的训练水平和顽强的进攻精神，他们将美机拖入了苦战。罗伯特·A.克拉克上尉参加了此次空战，刚一交火便击落了零式和"紫电"各 1 架，后来他叙述道：

这个时候，无线电成了纠缠着飞行员们的大声呼救和大声提醒的一团乱麻。我发现自己上空 3000 英尺高处有一圈日本飞机看起来正在向战场游移，但是我很快看穿了他们的把戏，他们组成了一个"拉弗伯雷圈"，一战风格的那种，等有一架"地狱猫"咬住了其中某架的尾巴，他们便立刻组成双机编队咬住那架"地狱猫"，并将它击落，接着又转回了原先的环形队形。这套战术收到了成效，一架"地狱猫"带着着火的机腹油箱呼啸着从我身旁俯冲了下去，无线电里有人大叫："扔了它！看在上帝分上扔了它！你着火了！"此时，天空成了充满燃烧的飞机、闪烁的信号和飞舞的曳光弹的万花筒，还有四五顶降落伞在缓缓下降。

▲ 冲绳战役。由于广大的战场面积和巨大的兵力投入，冲绳战役很难被视为普通的岛屿登陆战，而更像是陆上战役。

回到"大黄蜂"号后，我们集合起这次背运的制空巡逻的幸存者，才发现损失了 8 个人。但我们得到了击落 25 架日本飞机的战果，还发现我们的俯冲轰炸机和鱼雷机在吴港干得相当好，而且损失很小。

两天后，"大黄蜂"号的 VBF-17 又干了一仗，亨利·E.米切尔中尉率队在海岸外拦截了一支日本机群，击落 8 架——米切尔本人击落 5 架一式陆攻，他的手下则击落了 2 架一式陆攻和 1 架零式。

冲绳外海的考验

进攻冲绳的"冰山"战役于 1945

年4月1日复活节这天开始。按照官方数据，战役持续了83天，到6月23日结束。在此期间，舰载F6F战斗机总共击落了837架飞机，平均每天击落10架。其中战果最多的三个中队是"埃塞克斯"号上VF-83（122架）、"约克城"号的VF-9（93架）和VBF-9（44架），若以航母为单位，空战成绩最佳的当属"约克城"号，VF-9和VBF-9诞生了本次战役中战果最多的三名飞行员。

尤金·A.瓦伦西亚上尉在率领他的小队加入冲绳战役之前就已经是一名拥有7架战果的王牌了。回国轮训期间，他又用好酒从训练基地的水手们那里换来了更多的汽油，因而得到了更多的训练时间，使他的小队得到了比通常更高的训练水平。

⌃ 挤满了"地狱猫"战斗机的"约克城"号航母。1944年8月，美军舰载机大队中战斗机中队的编制再一次从36架扩大到54架！这是个惊人的数字。这一方面反映了残酷的海空战对战斗机的巨大需求，另一方面也是由于"地狱猫"战斗机动力强大，足以挂载1000磅炸弹替代俯冲轰炸机执行任务。

他的这一做法似有贿赂之嫌，但是结果将会说明一切。

4月6日的空战格外激烈，其激烈程度在航空母舰的作战史上排到第四位。美国海军在这天的空战中击落了257架日机。这一天的上午似乎没有什么特别的地方，但是到了下午，情况突然急转直下，355架"神风"机和340架担任攻击、护航任务的轰炸机和战斗机组成的10个大规模机群接连光临美军舰队，虽然有部分日机未能找到目标，但是其进攻强度足以令美军疲于奔命。"贝洛森林"号的VF-30击落了47架日机，其中16.5架为3名少尉所击落，C.C.弗罗斯特击落6架，K.J.达姆击落5.5架，J.G.米勒则击落5架。同日，VF-17击落25架，其中W.E.哈迪中尉在70分钟的激战中将自己的战绩从零一举提高到5架，VBF-17还击落了21架，他们一直打到天黑才返回母舰。

在这一天的空战中收获最大的还是J.J.萨瑟兰中校指挥的VF-83，这些来自"埃塞克斯"号的"地狱猫"飞行员在琉球群岛附近的6次空战中击落了56架来袭日机。其中队长击落了2架"飞燕"（这名曾经随VF-5在瓜岛和坂井三郎交过手的老将后来又于4月29日在"朗利"号VF-23中队长任上击落了1架零式，开启了自己的王牌之旅）。他的手下有3名飞行员各自击落4架日机，荣登王牌榜，他们分别是H.N.巴登中尉、S.J.布罗加托中尉和J.M.巴恩斯少尉。

虽然执行防空任务的"地狱猫"和"海盗"都已全力以赴，但还是有许多日本飞机闯过了美军舰队防空体系的天罗地网，命中了19艘美舰，击沉了6艘。美军航母都还算安全，但是担任雷达警戒哨任务的驱逐舰却遭到了沉重的打击，被命中10次，3艘舰沉没。

4月7日，TF-38拦截了一次与"神风"机截然不同的自杀攻击。这天，日本最大同时也是全世界最大的战列舰"大和"号和护航的1艘巡洋舰、8艘驱逐舰一道出现在了九州西南面的海面上，他们的目标正是冲绳。快速航母舰队立即出动大批鱼雷机和俯冲轰炸机向这支没有空中掩护的舰队发动了轮番进攻，虽然日军的高射炮手击落了9架美军舰载机（包括2架F6F），但是"大和"号还是和1艘巡洋舰、4艘驱逐舰一同沉入海底。

虽然"大和"号的自杀攻击成了这一天的主题，但是空战也不轻松。"地狱猫"在这一天击落了32架日机，其中一架赶在被击落前将炸弹投进了"汉考克"号的机库。这枚炸弹严重地损害了这艘航母，迫使她带着第6舰载机联队退出了战斗，直到6月上旬才返回前线。VF-6在3月抵达前线后已经击落了15架日机，但是随后两个月的空白期却阻止了他们继续扩大战果。

12 日，VF-31 的王牌米奇立·马佐科在冲绳附近遭遇了一个日军老手。在和那架"钟馗"的格斗中，他算是亲身领教了 F6F 到底有多么结实。虽然这名"贝洛森林"号的飞行员一上来就击伤了那架"钟馗"，但是日本飞行员没有放弃，两人从 18000 英尺（约 5486 米）上一路咬尾，高度越来越低，最后形成了迎头对攻的局面。双方都开了火，也都击中了彼此，后来马佐科意识到：

他不打算转向了，不是他躲不开撞击，而是他根本就在等着撞击。

我的心提到了嗓子眼，一直撑到最后一刻才向右使劲拉起。它的左翼从我螺旋桨弧圈的下部穿过，碎片一下子飞得满天都是。那震动太巨大，震得我骨头都麻了，我一时间失去了对飞机的控制，这一瞬间感觉起来就像是一辈子。

恢复过来时，我看见它螺旋着渐渐坠向海面。我的僚机检查了我的飞机，并告知我是机腹的油箱替我承受了撞击的大部分伤害。随后，我想办法丢掉了它，在航母上紧急降落。"格鲁曼"先生在制造这架"地狱猫"时，一定特意让它更结实了些，上帝保佑他。

4 月 16 日，"神风"再次凶猛地刮来，但是强度比 10 天前那次低了不少。VF-17 的 J.T."木桩子"·克罗斯比中尉再也不想错过这个机会了。他曾在 1943—1944 年间随 VF-18 来过前线，那次他仅仅从一架一式陆攻身上捞到四分之一架击落纪录，此次参战也不过击伤了两架日本战斗机。但是这次他要时来运转了：一个上午的空战后，他的战果中突然多出了 3 架"雷电"、1 架零式和 1 架 99 舰爆，从而成了"大黄蜂"号的第 10 个，也是最后一个"一战王牌"。这天，TF-38 的战斗机飞行员们击落了 157 架日机，比 4 月 6 日少了整整 100 架。

前面提到的那个用好酒换汽油的"约克城"号 VF-9 的瓦伦西亚上尉的努力收到了成效。在冲绳战役中，他本人又击落了 12.5 架日机，而他小队里的其他 3 名飞行员也都成了王牌，瓦伦西亚的僚机哈里斯·E. 米切尔中尉（10 架）和另一个编队长机詹姆斯·B. 法兰西中尉（11 架）都成了双料王牌，小队的 4 号位克林顿·L. 史密斯中尉也击落 6 架。

这支小队的初战是在 2 月空袭东京时，但是第二次交火却来得有些突兀。4 月 17 日，瓦伦西亚他们正在警戒驱逐舰上空巡逻，突然空战引导官引导他们前往迎战一个"10 架以上"的日本机群，日机的数量很快增加到了 25 架，机型为零式和"疾风"。瓦伦西亚丝毫没有顾及双方的数量差异，占据有利阵位后便带着 3 名手下冲入日本机群。他首先打爆了机群顶端的"疾风"，随即开始了持续10分钟的大混战。在瓦伦西亚专心攻击自己的目标时，他的僚机米切尔从他的背后打掉了3架零式。

当不再有燃烧的飞机坠入大海的时候，这个小队重新集结起来巡逻战场，他们看见自己的下方还有8顶降落伞正在缓缓飘动。他们宣称自己击落了17架日机，其中14架得到了上级确认：瓦伦西亚6架、法兰西4架、米切尔3架、史密斯1架。而他们的F6F除了被爆炸的日机碎片砸出几个坑、刮掉几块漆之外几乎完好无损。

TF-38的下一次大规模空战发生在5月4日，这天，特混舰队的战斗机们在琉球群岛海域击落了105架日机。这天的空战始于破晓前，VF-9的夜间战斗机分队击落了4架一式陆攻，其中3架落入约翰·奥斯少尉之手，这使得他的战绩达到了6架。"值夜班的"休息后，"约克城"号的"白班"又击落了29架日本飞机，其中11架是被瓦伦西亚的那个空中马戏团干掉的。

VF-83这天在伊势志摩附近击落了24架日机，其中第二次（也是最后一次）参战的梅隆·M.图拉克斯少尉击落了4架93式教练机、1架99舰爆和1架"隼"式。空战到10点左右便告一段落，上述两个中队和VBF-12、VF-46的"地狱猫"一共击落了73架日机，"埃塞克斯"、"邦克山"和新服役的"香格里拉"号上的"海盗"还另外击落了30架。

5月11日破晓，美军特混舰队的防空力量维持了整整3周的不败纪录被打破，在日军自杀飞机和俯冲轰炸机的协同攻击之下，"邦克山"号遭到重创，被迫退出了战场。在控制住了令人胆寒的火势后，第17舰载机联队挣扎着撤离母舰，舰上650人伤亡，其中389人不幸丧生。不过另一方面，VF-9还击落了20架日机，其中伯特·E.埃卡德上尉成了第46个，也是最后一个驾驶"地狱猫"的"单日王牌"，他在冲绳东北方击落了5架零式。

尽管自杀飞机绝大多数都有去无回，但他们还是不顾死活地成批涌来。5月14日，自杀飞机的顽固进攻终结了"企业"号的辉煌，也迫使第90夜航联队不得不提前撤出了前线。此时，VF（N）-90的夜航"地狱猫"们已经击落了31架日机，其中4.5架是由欧文·D.扬上尉在5月12日的83分钟里击落的，包括3架"雷电"、1架"飞燕"和1架合作击落的零式水侦。

随着大批日机不断涌来，无休止的防空巡逻、护航和偶尔的对地支援让各个中队和联队精疲力竭。原本为各个联队规定的6个月的轮战期被缩减到了4个月。

6月，VF-9回家了，"约克城"号甲板上换成了VF-88。在这一轮作战期间，

▲ 太平洋战争中后期美军的主要舰载俯冲轰炸机：SB2C "地狱俯冲者"。该型机在速度、航程、载弹量方面的纸面性能都相当不错，但实际使用中它的升力性能和俯冲稳定性都不好，因而不受飞行员欢迎。这也成了二战末期美军航母上的俯冲轰炸机被替换为战斗机的诱因之一。

VF-9失去了5名飞行员，却在1574架次战斗起飞中击落了128.75架日机，还摧毁了地面上的敌机47架，消耗了543600发.50机枪弹、超过300枚炸弹和750枚火箭。VF-9换装"地狱猫"后的两轮作战击落了日机共计250.75架，1942年装备"野猫"时还在"火炬"作战中击落6架维希法国飞机，成为美国海军中仅次于VF-15的"地狱猫"中队。到战争结束时，VF-9共诞生了20名王牌，仅次于VF-2（27人）和VF-15（26人）；尤金·瓦伦西亚上尉以23架的战绩和VF-18的塞西尔·哈里斯并列美国海军王牌榜第二位。VF-9还有一个稀奇古怪的王牌，马尔文·J.弗兰杰上尉。1942年他还是少尉时，在"突击者"号上参加了"火炬"作战，驾驶F4F-4战斗机击落了维希法国的1架"寇蒂斯"H75A，还可能击落了1架；该中队在1943—1944年间随"埃塞克斯"号作战时，他又击落了4架零式和1架97舰攻；

1945 年，他在第三次轮战中又击落日机 3 架。这样，他的 9 个战果就包括了 2 个国家的 6 种飞机：H75A、97 舰攻、2 种零式、97 式战斗机、"雷电"和"飞燕"。

除了舰载机，海军陆战队的夜战型"地狱猫"也进驻了冲绳。燕滩郡和嘉手纳机场的 3 个中队击落了 69 架日机，其中马里昂·马格鲁德中校领军的 VMF（N）-533 包揽了其中的一半。该中队还诞生了海军陆战队的唯一一名"地狱猫"王牌——罗伯特·巴尔德上尉，他在 6、7 月间的 5 次出击中击落了 6 架日机。他也是陆战队唯一的夜战王牌。

此外，两名前"海盗"飞行员也在冲绳驾驶"地狱猫"当上了王牌。他们是 VMF（N）-542 的布鲁斯·波特少校和华莱士·西格勒上尉，他们的第五个战绩都是在 F6F-5N 的座舱里取得的。

最后一战

1945 年 7 月，太平洋战争这出大戏进入了最后一章。日本帝国海军作为一支有效的作战力量早已不复存在，因此美军舰载航空兵得以安心地轰炸作战范围内的日本军事基地、工业设施等目标。为了应对可能发生的盟军对日本本土的登陆进攻，日军航空兵采取了保存实力的政策：留下足够数量的飞机和飞行人员来进行"本土决战"。制空权因此被拱手让给了盟军，空战也忽然变得稀疏了。5 月，盟军的海军航空兵还击落了 265 架日机，而 6 月却仅仅击落了 20 架。不过日军飞机也没有就此销声匿迹，当美军在 7 月下旬轰炸残存的日军舰队时，还是发生了一些规模不大的空战。

这个月里，日本飞机仅在 6 天里露过面，其中美军的 59 架战果中有 56 架都是在 24、25、28 日三天里取得的——这三天里，美军空袭了吴港、神户和濑户内海其他各处的日本海军目标。由于既没有燃料也没有空中掩护，日本海军幸存的战列舰和航母只能停在港内，成了美军飞机的靶船。

不少曾经久经沙场的老部队在这些战斗中都回来了。VF-6 乘坐着完成修复的"汉考克"号回到前线，VF-16 则开始了第二次轮战，这次，他们的母舰成了"伦道夫"号。7 月 24 日，这两支部队在返回后首次击落敌机。第二天，刚刚回来的 VF-31 也从"贝洛森林"号出发为自己的此番轮战开了张：他们在八日机场附近击落了 8 架日本飞机，C.N. 诺依中尉击落了 4 架"疾风"，此战是他在第二次轮战中唯一一次击落敌机，但却将他的总战绩提高到了 19 架。

返回前线的还有原"普林斯顿"号上的VF-27，这一次，他们在巴德夏少校的率领下于1945年5月重返战场，时隔7个月后，他们的母舰换成了"独立"号。巴德夏发现，和他们上次轮战时的情况相比，对日本本土的作战规模更大，组织也更加有效了。

1945年7、8月间，我们攻击了吴港、新潟、室兰、横滨、宇都宫和其他一些地方。我觉得吴港的防御最坚固也最壮观。他们用彩色曳光弹指示空中目标，就像地面上的陆战队为我们指示目标一样。但是吴港的防空火力还不是我们要担心的全部，中高度上的空战也要我们分神。空袭的规模很大，组织得很好而且很集中，目标上空的美军飞机十分密集。

7月28日，"地狱猫"飞行员们又击落了22架日本飞机，其中13架由VF-16击落。当天上午，美军击落了12架"疾风"，其中克利夫兰·R.努尔上尉击落3架，约翰·W.巴托尔上尉击落1架，分别以7架和5架的总战绩成了最后一批"地狱猫"王牌。

8月6日和9日，两枚原子弹分别在广岛和长崎爆炸。之后，TF-38的水手和飞行员们便和全世界一道，焦急地期待着日本的反应。在日本宣布投降之前，他们都期望着陆军航空队的弟兄们再往日本扔下1—2颗核弹以加速战争的结束，而一直没有暂停过的护航和防空巡逻则还要继续。

在战争结束前的最后30天里，美国海军航空母舰上的24个中队共击落了89架日机，其中14个中队击落了65架。由于机会比其他部队多，VF-16和VF-31两个中队分别以18架和12架的战绩轻松地位居战绩之首。

8月15日上午，前往轰炸日本本土的机群在飞往目标的途中忽然收到返航的命令：日本天皇宣布投降了，所有战斗行动立刻停止。整个舰队顿时一片欢呼，但是欢呼声中还夹杂着一些不和谐的音符：在大部分飞行员将弹药投进大海的同时，有不少战斗机飞行员却还在为自己的生存而战。不少日军战斗机赶在投降诏书发布前冲上天，试图和美机做最后一搏。在这些空战中，VF-31在海岸外和一群零式机进行了空战，击落6架；"圣贾辛托"号的VF-49在御津西面击落7架零战52型；而VF-6则在返航命令到达前最后一刻将3架日本战斗机打进了相模湾。

不过这些最后的空战也不是都如此顺利，"约克城"号的VF-88在厚木附近遇到了一群前来拼命的"疾风"和"雷电"。经过一番恶斗，9架日机被击落，美军也损失了4架"地狱猫"，这一交换比在太平洋战争后期已经难得一见了。

∧ 战争末期，日军飞机几乎从空中消失。美军开始抵进日本本土，用战列舰上的重炮炮轰陆上目标。图为正在炮击日本本土的美军战列舰"印第安纳"号，摄于1945年7月14日。

　　为了避免那些不肯承认失败的日本飞行员在最后的时刻给美军造成不必要的伤亡，特混舰队加强了防空巡逻。从 11:20 到 14:00，"海盗"击落了 2 架前来寻死的日本飞机，"黄蜂"号 VF–86 的"地狱猫"也击落 2 架。14:00，克拉伦斯·A. 摩尔少尉干掉了 1 架日本"彗星"俯冲轰炸机，这是他的第一个战果，却是"地狱猫"在整个战争中的最后一个，也就是第 5271 个。

VF-19 简史

二战爆发时，美国海军只有 7 艘航母，7 支舰载机大队。而在战争爆发一年多后，美军的舰载战斗中队就开始大幅度膨胀，这些新成立的战斗中队都经历了些什么？这里我们以 VF-19 为例来一探究竟。

1943 年 8 月 15 日，第 19 战斗中队在加利福尼亚州的洛斯阿拉莫斯海军辅助航空站建立。其指挥官休伊·温特斯少校简直就是个天生的海军军人，他的父亲 T.H. 老温特斯 1909 年毕业于安纳波利斯海军学院，1913 年 3 月 11 日，老温特斯 25 岁时在南卡罗来纳州得到了这个儿子。

1935 年，温特斯从海校毕业，他这一届海校毕业生在二战中发挥了重要的作用，2 人荣获国会荣誉勋章，其中一人是在阵亡后追授的——实际上，温特斯的同学中有 40 人在战争中献身，其中 15 人是飞行员。35 届毕业生们在珍珠港、珊瑚海、中途岛等地用生命拼死血战，不停地建功立业：其中的战斗机王牌就有弗莱德·巴库提斯（VF-20）、莱昂纳多·"公爵"·戴维斯（VMF-121）、诺尔·盖勒（VF-3）、艾迪·奥特劳（VF-32）、戈登·施切特（VF-45）和马尔科姆·沃德尔（VF-44）共计 6 人。

中队建立后，温特斯得到了 1 架"地狱猫"、1 架 J2F"鸭子"水上飞机和 1 名勤务兵。9 月初，中队有 7 架"地狱猫"，到了年底，战斗机数量就扩大到了 29 架。

在为中队命名的时候，队员们一致同意要在中队名称中体现出飞机的"威名"。于是，VF-19 就为自己取了个绰号——"撒旦之猫"。他们没有想到的是，这个绰号一直被沿用了 35 年。中队的标志是一只头戴帽子、正骑着飞矛、手握闪电的凶巴巴的猫，由沃尔特·迪士尼工作室设计。

和其他那些由充满热情的新手组成的新部队不同，温特斯的手下简直就是一盘大杂烩：几个好不容易熬完了理论课程的上尉和中尉、一群其他中队看不上的家伙，还有几个前俯冲轰炸机和水上飞机的飞行员。

由于新锐的"埃塞克斯"级航空母舰跳了票，第 19 舰载机联队便得到了更充裕的时间。为了找乐，VF-19 的情报官杰克·威勒上尉制作了一种新的老虎机。和常见的樱桃、铃铛和水果什么的不同，这种老虎机上的图案变成了零式机、一式陆攻和99舰爆。他们还为这个"娱乐用品"取了个冠冕堂皇的名字——"视觉辅助识别机"（简称VARM）。

洛斯阿拉莫斯本来只是个安逸的小地方，但是当这里成了训练基地后，"菜鸟"们就得一边乘着斯蒂尔曼N2S双翼教练机进行起飞训练，一边小心翼翼地遵守海军的各项规定。

但是休伊·温特斯和他那些不安分的手下很快就出名了。一天，一名飞行员被发现穿着飞行服从机库溜回了宿舍，这就够不妙的了，更糟糕的是，这些家伙赌上了瘾，结果被闻讯赶来查房的值班军士一锅端。麻烦大了，基地指挥官决定消灭这些"VARM"。这时，温特斯站了出来。他驾机飞往圣迭戈海军航空站直接面见海军航空兵主任，向上级表述了这种赌具对VF-19的士气和训练的积极作用——当然，他略过了队员们聚赌的情节。主任提出，VF-19可以继续保留这种"不良用品"，但代价是温特斯必须接受两名被其他中队剔出来的中尉学员。这弟兄两个一个每到晚上就要溜下船，另一个则未经许可就落在了阿纳海姆机场。温特斯一口应下："我能让比他们还烂的人往旗靶上打60个洞！"于是，VF-19可以继续他们的"识别训练"。不久，在"奥尔塔马哈"号护航航母上进行的上舰资格测试开始了。

1944年2月底，第19舰载机联队登上了"列克星敦"号开往夏威夷。他们的住地是毛伊岛，在那里，温特斯和他的手下集中全力进行射击、编队飞行、仪表飞行以及必要的协作训练。3月下旬，VF-19遭到了上级的沉重一击：20名飞行员被调往舰队战斗机预备队VF-100，取而代之的是20名训练水平较低的新手。许多新手甚至从来没有驾驶过F6F。不过VF-19的骨干还在，这些新手很快就变成了称职的飞行员，并融入了队伍。

中队的训练很快显出了效果。他们的飞行纪律和无线电通信能力都不错，射击测验的分数也超过了平均水平，"撒旦之猫"已经做好了战斗准备。不料，这个时候他们却遇到了一个令人哭笑不得的麻烦。在一次灯火管制期间，VF-19的两名少尉偷走了基地主任参谋的吉普车，开着它溜出去玩乐，结果被海岸巡逻队抓到了。眼看着两名部下可能会被送回后方，队长温特斯迅速行动，还没等他们回到屋里就关了他们的禁闭，免得他们被上级带走。事实证明，温特斯没有看走眼，这两个浑小子后来都成了王牌。

6月底，第19中队搭乘"勇猛"号抵达埃尼威托克，随后在7月9日飞抵38.3特混大队的"列克星敦"号航母，"列克斯夫人"将会成为VF-19在未来4个月里的家，而这120天正是VF-19 35年历史中最重要的日子。现在，齐装满员的"撒旦之猫"即将开赴前线，他们的手里飞舞着37只F6F-3"地狱猫"，其中包括3架F6F-3P照相侦察型。

1944年7月18—21日期间，连同中队长在内仅有4人上过战场的VF-19第一次闻到了硝烟的味道，他们的第一次任务是对关岛上的海军陆战队进行空中火力支援。"地狱猫"每次出击都要带上一枚500磅炸弹（226千克），他们的敌人也不是预料中的日本战斗机，而是地面防空火力。虽然关岛日军的防空火力不强，但也不是可以忽略的：VF-19在此期间损失了两名飞行员。

7月底8月初，快速航母特混舰队的空袭矛头指向帕劳群岛和小笠原群岛。7月25日，约翰·胡托上尉遭遇了一架日军二式水战，这成了VF-19的第一个可能击落。在8月4日、5日的作战中，VF-19终于迎来了自己的第一例战果：他们在硫磺岛上空击落了两架零式，此时距离VF-19在洛斯阿拉莫斯建立已经过去近一年了。但是中队为此付出的代价也相当沉重：虽然日本战斗机已经不再可怕，但是硫磺岛上的高射炮却是"见过的中间最厉害的"，VF-19有4架战斗机被它们击落，3名飞行员阵亡，其中包括H.R.本内特上尉，他曾经是舰队最出色的SBD飞行员之一，曾在1942年的所罗门战役中驾驶俯冲轰炸机击落2架日本飞机。

虽然遭受了一些损失，但是飞行员们的士气依旧高昂，他们在飞行甲板上协助各种工作，还在积极准备进行大规模的战斗。他们的训练重点是侧射，以往的实战证明，这一技能在空战中十分有用。所有的人都相信自己能够在空战中打败日本战斗机，但是中队的作战条例却更重视合作，正如温特斯所说："在防空巡逻中，要保持安静，注意听和看；在护航中，VF的飞行员不能离开他的VB或VT部队，去击落那些既没有打算攻击你的护航对象，也没有打算攻击你的敌机。"

在进攻菲律宾的战斗中，这些理念被贯彻到了中队的每一次行动中。9月9日战役开始第一天，温特斯带着他的"地狱猫"们从"列克星敦"号出发，袭击了棉兰老岛卡格扬河谷的日军机场，把27架日本飞机摧毁在了地面上。

3天后，VF-19迎来了第一次大规模空战，并取得了14:0的全胜，其中战绩最高的是阿尔伯特·塞克尔上尉，击落4架，温特斯则击落3架。

菲律宾是一个千岛之国，航母上的舰载机必须对大范围内的多个岛屿进行空袭，因此远程奔袭成了VF-19的家常便饭。9月12日空战这天，他们扫射了宿务的日军机场，击毁超过30架敌机，在接下来的48小时里，他们还在尼格罗斯和帕奈等地击毁日机逾80架。在有些作战行动中，VF-19的往返航程甚至达到了600海里。在第19联队的指挥官卡尔·荣格中校迫降受伤之后，温特斯中校接掌起了整个联队。10月10日，温特斯在舰队以西30英里处轻松击落了一架日军"银河"双发轰炸机，揭开了美军舰载机30天大丰收的序幕，他击落的这架"银河"成了未来一个月里击落的1229架日机中的第一架。

"埃塞克斯"级航母上有一个惯例，飞行员很少有固定的座机，因为在需要某位飞行员起飞的时候，停放在起飞位置的可能是任何一架飞机。但是联队指挥官却有固定的座机，作为第19联队长的温特斯自然不例外，他的那架"地狱猫"是他的宠物，飞机的呼号和"列克星敦"号的呼号结合在一起，他的呼号就成了"99莫霍克"。

99号F6F-5还有一个名字，那就是温特斯自己给他起的"机库Lily"，徽记是一朵可爱的花。让人啼笑皆非的是，这个名字被温特斯拼错了，"机库"一词本是"hangar"，在99号机的机身上却成了"hanger"，不过这并不妨碍这架"Lily"成为中队的精神领袖，因为每到执行大规模任务时，她总是飞在整个联队的最前方。有一次温特斯的座机由于战斗损伤被丢弃，他的装备官约翰·乌霍奇赶忙将机身上的文字和图案复制到了另一架飞机上，这才把"Lily"保存了下来。

温特斯升任联队长后，VF-19的中队长一职由富兰克林·E.库克少校担任。10月12日，他率领"撒旦之猫"空袭了台湾。这是中队历史上最艰难的一战。他们在战斗中遭遇了数量6倍于己的日本战斗机的拦截，在获得28.5架击落纪录的同时也付出了 3 机 2 人的代价，此外还有不少飞机受伤。真正的不幸在于，中队长库克也成了失踪的飞行员之一。无奈，另一名老兵罗杰·波尔斯上尉接下了这一职务。当天稍晚时候的三次规模较小的战斗使中队在这一天的总战绩达到了 33.5 架。这一天的空战为 VF-19 带来了自己的第一批王牌：温特斯中校和约瑟夫·J. 帕斯科斯基上尉都在当天获得了自己的第 5 个战果，威廉·J. 马森纳中尉这天击落了 3 架零式，这一成功连同他 1943 年在 VF-11 击落的 2 架一道使他跻身王牌行列。两天后，卢瑟·D. 普拉特中尉的战绩也达到了 5.5 架，他的所有战果均在 VF-19 中取得。

10 月 24 日和 25 日，即莱特湾海战中的两天，这两天无疑是 VF-19 的战史上战斗最激烈的时期。此时，该中队的兵力扩大到了 41 架，其中包括 24 架新的 F6F-5，其编制中包括一个双机照相侦察小队和一个三机夜战小队。24 日，VF-19 向菲律宾中部的各个地方派出了搜索小队，以寻找日本舰队和来袭机群。在马尼拉以北的这样一次搜索飞行中，马森纳上尉撞了红运，他率领小队一路杀过 4 个日机编队，击落了 6 架双引擎轰炸机，所有战果都有照相枪底片为证。他小队的其他成员也击落了 7 架日机，他的僚机威廉·E. 柯普兰少尉摘取了其中 3 架。除了马森纳和柯普兰，另有 3 名 VF-19 的飞行员在这一天当上了王牌，其中包括埃尔温·L. 林塞上尉，他的小队在克拉克机场上空与日本战斗机展开激战，击落日机 10 架。这一天，VF-19 的各个搜索小组总共击落日机 30 架。

在战场的另一个区域，"列克星敦"号所在的第 38.3 特混大队即将遭到凶猛的空袭。集合号响起，VF-19 的飞行员们刚一跑上飞行甲板，"列克星敦"号的高射炮就响了。虽然防空战斗机最终未能阻止日军打沉"普林斯顿"号，但是波尔斯上尉的小队还是击落了 12 架日机。

上午，联队长温特斯中校率领攻击机群攻击了锡布延海的日本水面舰队。VF-19 的战斗机们首先扫射压制了日本舰艇上的防空火力，之后攻击机冲上去投放炸弹和鱼雷。虽然此时天空中云层很低，能见度不佳，但是美军还是取得了不小的战果。在此次出击和接下来的零星战斗中，VF-19 又击落了 12 架敌机，使自己的单日战绩达到了 52 架确定击落和 9 架可能击落，作为代价，他们失去了 1 名飞行员。

24 小时后，温特斯中校再度担当起了攻击机群组织者的角色，但是目标却换成了 1 大 3 小共 4 艘日本航母、2 艘战列舰以及一些护航舰艇。温特斯率队飞临恩加诺角外海的目标区域，组织机群发动了多次攻击。日军的空中掩护微乎其微，但是波尔斯上尉还是在 1 艘轻型航母上空击落了 1 架零式机。"列克星敦"号的飞机此战参与击沉或击伤了 4 艘日舰，这其中也有不少是挂载炸弹的"地狱猫"的功劳。

关于 VF-19 在这一期间的作战强度，只需看看其中 1 名飞行员便可见一斑。从 9 月 22 日到 10 月 25 日，布鲁斯·W.威廉斯上尉击落了 7 架敌机，轰炸了 1 艘日本战列舰，获得了 1 枚海军十字勋章、1 枚优异飞行勋章和 3 枚战斗奖章。这名来自俄勒冈州萨勒姆的前法律系学生原来是 OS2U 的飞行员，由于"列克星敦"号的呼号是"莫霍克"，他便以"威利·莫霍克"之名广为人知。

25 日这天，威廉在执行完轰炸任务后拖着受伤的飞机脱离队伍。他们出发前得到的指示是："清除干净那鬼地方，然后往巴拉望西边飞。"但现在，他考虑到舰队有可能已经离开了预定的回收区，便打开电台用最大功率呼叫："这是'威利·莫霍克'，我中弹了，正在努力返航！"出乎他意料的是，当他不抱什么希望地飞回预定回收区时，"列克斯"居然还在那里，他当时简直觉得，马克·米切尔中将就是为了等候这架掉队的飞机而留在原地的。

11 月 5 日，在波尔斯上尉领军的吕宋岛制空巡逻中，赫尔曼·J.罗西上尉成了王牌，而波尔斯自己却被高射炮火击中，在马尼拉以南坠机身亡。25 岁的埃尔温·林塞上尉接替了他。林塞就这样成了 VF-19 在 3 周内的第三任中队长，也是美国海军中最年轻的中队长。

正当 VF-19 在吕宋上空作战的时候，4 架零式"神风"机冲向了"列克星敦"号。高射炮手击落了其中 3 架，最后一架则避开了炮火，撞上了舰岛的右舷后方。舰上 50 人被炸死，其中有 11 人是舰载机联队的人。

次日，"撒旦之猫"又击落了 13 架敌机，使阿尔伯特·塞克尔上尉和 R.A.范斯沃思少尉成了王牌。塞克尔先是击落 1 架"隼"式，然后又追逐 1 架他不认识的单引擎战斗机，迫使它下降到树顶高度。那个日本飞行员居然在这个时候跳了伞！结果很自然，那个日本人还没等开伞就撞死在了树上。后来人们才知道，塞克尔逼坠的那架飞机正是盟军击落的第一架"紫电"。范斯沃思则费了九牛二虎之力才把一架"钟馗"的机翼撕掉，拿到了第五个战绩。同时，一名飞行员在战斗中阵亡，这是VF-19的第十六例阵亡。

受伤的"列克星敦"号回到乌利西整修，不久就能重返前线，但是温特斯中校却接到命令，第19联队的轮战结束了，"撒旦猫"和他们轰炸机、鱼雷机上的战友们将要回家去过圣诞节。

至此，VF-19的38名飞行员取得了155个确定的击落纪录和16个可能击落，其中11名王牌击落了76.5架，几乎占了总战绩的一半，另外还有可能超过200架的日机被他们摧毁在了地面上。"撒旦之猫"们总共得到了98枚战斗之星勋章、16枚海军十字勋章、9枚银星勋章、32枚战斗奖章、25枚优异飞行勋章和16枚紫心勋章。

不过比这些勋章更让VF-19自豪的是，温特斯对护航任务的高度重视收到了理想的效果，在"撒旦之猫"的保护下，第19联队的轰炸机和鱼雷机没有1架被日本战斗机击落！反过来，VT-19的鱼雷机还击落了2架日机，VB-19的SB2C则击落了多达11架日机，可能比其他所有的SB2C中队都要多。

进入1945年，VF-19的第一件事就是在2月前往旧金山附近的阿拉米达海军航空站进行重组。新的中队长换成了约瑟夫·G.史密斯少校，同时为了适应当时航母舰载机联队的改编，VF-19还负责组建了一个新的战斗轰炸中队，VBF-19，装备F4U"海盗"战斗机。

5月移驻圣罗萨海军辅助航空站时，"撒旦之猫"成为第一个换装F8F-1"熊猫"的中队。在完成改装训练后，他们在7月底登上"朗利"号轻型航母再次前往夏威夷。8月8日抵达后，该中队刚刚准备进行深入训练，战争就结束了。15日，VF-19成立2周年之时，日本宣布投降，VF-19的二战历程至此告一段落。

突破口:
1940 年色当之战

作者

张大卫　董旻杰

诺贝尔文学奖得主——英国首相温斯顿·丘吉尔在他的回忆录中如此描述1940 年 5 月 15 日发生的事件："一大早醒来我就接到了法国总理雷诺先生的电话，他用英语急切地说'我们完蛋了'，我还没反应过来他说的是什么，雷诺再次说'我们被打败了，我们输掉了这场战争'。我说'不至于吧，有这么快吗'他说'我们的防线在色当被突破了，德军正以大量坦克装甲车从这个突破口如洪水一样冲来'。"

德军在 1941 年写的一份总结中也指出，"色当恰恰是在马其诺防线固守的法军右翼和冲入比利时境内迎击（我军）的法军左翼机动部队之间的链接枢纽"，只要这一枢纽被砸烂，法军左翼将完全暴露，整个战线上的法军将被拦腰砍成两段。

法军的致命失误①

法军负责色当防御重任的是夏尔·莱昂·克莱芒特·安齐热（Charles Léon Clément Huntziger）上将指挥的第 2 集团军所部。安齐热将军素有法军中最能干的将领之一的美名，在法国驻殖民地军队中表现出色，因此被迅速提升。在结束了驻叙利亚的任期后，他得到了进入法国最高战争委员会的提名，并在以法军标准来看还不算老的年龄（实际上也近 60 岁了）得到了第 2 集团军指挥官的职位。他在法军中是一名很受欢迎的人，甚至有不少人认为他将是下一任法军总司令。第 2 集团军的军官赞颂称"找不到比安齐热更适合指挥第 2 集团军的人了"，他的集团军同时肩负着掩护马其诺防线左翼和开入比利时境内作战的法军第 1 集团军群右翼的任务。然而，安齐热和法军高层的其他将领却在色当地区的布防中出现一系列致命失误，按照德国著名军事历史学家卡尔 - 海因茨·弗里泽尔（Karl-Heinz Frieser）的说法可归结为以下六大失误。

①这部分内容主要取材于前一本书，并根据后一本书的相关内容进行了补充。

Frieser,K.-H.The Blitzkrieg Legend：*The 1940 Campaign in the West*（trans. J. T. Greenwood ed.）. Annapolis[M] .MD：Naval Institute Press.2012：146—153.

Doughty.R.A.*The Breaking Point: Sedan and the Fall of France, 1940 (Stackpole Military History Series)*[M]. Stackpole Books.2014.

思想轻视，忽视色当地段的防御工事

色当地段的防御由法军第 2 集团军左翼的第 10 军负责，此处可谓 1940 年 5 月开战时法军防御最为薄弱的地方，因为法军有强烈的信心认为德军完全不可能将色当选做主攻地点。1940 年 5 月 7 日，就在德军发起进攻前三天，第 2 集团军指挥官安齐热将军还放话说"我从不认为德军有考虑在色当地区发起进攻的可能性"。或许正因为如此，法军第 2 集团军的兵力才很薄弱，截至战争爆发日这个集团军只辖有 5 个师，其中包括 1 个北非师（第 3 北非师），1 个来自塞内加尔的殖民地师（第 3 殖民地师），2 个二流步兵师（第 55 和第 71 步兵师），集团军中战斗力最强的第 41 步兵师则被部署在了集团军最右翼。起初，法军第 1 集团军群曾一度考虑将精锐的第 1 轻机械化师充作增援第 2 集团军的预备队，但由于总司令莫里斯·甘末林（Maurice Gamelin）修订了作战计划，这个师最后被送到第 7 集团军麾下，用于进入荷兰的布雷达（Breda）地区同荷兰军队建立联系了。

法军第 10 军军长皮雷·保罗·夏尔·格朗萨尔（Pirre Paul Charles Grandsard）中将和他的上司看法基本一致，德军就算发起进攻，也不会考虑从色当地区进行突破。由于色当附近的地形易守难攻，又有默兹河①天险可以依靠，因此法军只在此地部署了一个二流步兵师——第 55 步兵师。色当以东，是马其诺防线延伸段西端的拉费尔泰堡（Fort La Ferte）。在色当和拉费尔泰堡之间的穆宗（Mouzon）倒是无险可守，因此第 2 集团军和第 10 军都将绝大多数的精力放到了组织该地段的防御上，从而十分致命地忽略了更为重要的色当地区。

对面的德军非常及时地发现了法军防线上的这一致命的漏洞，尽管 1940 年春天 A 集团军群指挥官伦德施泰特大将对古德里安提出的在色当地区进行突破的方案尚有疑虑，空中侦察的结果也显示色当地区的法军似乎防御得相当严密——河对岸能够控制整个色当地区的马尔菲森林（Bois de la Marfee）高地上填满了一个接一个的碉堡。此时一名来自奥地利的工兵军官发挥了其判读航拍照片的特长，得出了令德军高层无比惊讶的结论——他认为密布在马尔菲森林高地上的法军碉堡多半只不过挖好了一个地基，离准备就绪还差了十万八千里。在得到了这一关键情报后，古德里安将军在反驳 A 集团军群指挥部对其提出的色当突破方案的种种质疑时显

---

① 德国人称默兹河（Meuse）为马斯河（Mass），为在行文上统一，除了直接引用的德军文件外，文中统称为默兹河。

得信心十足。

实际上，倒是有那么一个法国人算是猜出了德军真正的主攻方向在色当。讽刺的是，他并不是军人，而是议员皮埃尔·泰坦热（Pierre Taittinger）。作为法国议会陆军委员会代表，他在 1940 年 3 月沿着阿登地区的联军防线转了一圈，对色当方向法军一塌糊涂的防御准备工作大为吃惊。视察结束后，他在向战争部长爱德华·达拉第（Edouard Daladier）和法军总司令甘末林递交的报告中，直陈"我们太过寄希望于阿登的森林和默兹河将会掩护色当，并将防御色当的希望大多寄托到了这些东西上，我军在此地的防御工作已经不能用简单，而只能用简陋来形容"。随后他指出德军在 1914 年的战役中便显示出了极强的穿越复杂地形的能力，并为德军可能在色当方向发起的攻势感到"胆战心惊"，报告最后更是以"色当本身对我军来说就充满了不祥的意味"这一日后在法国传为名言的话收场。

泰坦热称色当将再次成为法国陆军葬身之地的惊世预言并非基于"该地风水不好"这一判断。实际上，他是站在军事历史和军事地形学的角度来考察这个问题的，这比那些单调死板、只会计算该使用多少立方米混凝土修筑工事的法军将领不知高明到哪里去了。回望历史，色当一直是渡过默兹河入侵法国的必经之路，这次德军为何不可能选择从这里展开对法国的进攻呢？

事实上，位于默兹河河曲正南，处于色当地区防御核心的马尔菲森林高地对法军来说正是一块"不祥之地"。1870 年 9 月初，普鲁士国王威廉就站在这里，和普鲁士军队总参谋长毛奇等人观看了著名的色当战役，那场战役中普鲁士军队围歼了沙隆军团的 10 万法军，俘虏了法国皇帝拿破仑三世，从而宣告了法兰西第二帝国的灭亡。随后普鲁士军队长驱直入法国纵深，普鲁士国王也在 1871 年 3 月 18 日在凡尔赛宫宣布自己成为"德意志皇帝"，宣告了德意志第二帝国的成立。毫无疑问，1870 年的色当之战是欧洲历史上最令法国人心痛的军事灾难之一。70 年后，德国人将再次出现在色当城下，马尔菲森林高地也将又一次成为焦点。

不幸的是，安齐热完全不把这份惊世预言般的报告放在眼里，甘末林收到这份报告后则将其转交给了乔治将军，后者要求第 2 集团军指挥官安齐热给一份答复。这份报告在安齐热看来不过是议员老爷胡说八道臆想出的玩意，对此他首先大加强调自己的集团军此前在色当地段做出过无数改善防御态势的努力，然后声称德军在阿登地区的推进将受到法军骑兵的有力迟滞，给法军沿默兹河展开更多增援部队赢得时间，最后干净利落地总结道："我认为，以目前情况来看，对色当地区并不需要采取紧急措施进行增援。"

自然，看到他们的上司安齐热上将都满不在乎，法军各部队修建工事的时候就更不卖力了。表面上看，安齐热对构筑混凝土工事十分重视，从1939年9月动员完毕起到1940年5月，集团军左翼的工事密度翻了一番（实际上不过是从之前的每千米2.5个增加到了每千米5个），为此消耗了52000立方米的混凝土。但直到战斗打响，法军充其量不过是额外构筑了61个碉堡——法军的统计数字中将混凝

▲ 正"热火朝天"修建色当地段工事的法军官兵。实战证明，这些法国人忙活了8个月构筑起的工事基本上都是不堪大用的豆腐渣工程。

土浇灌完成的碉堡一律算作构筑完毕的碉堡，实际上很多碉堡都缺乏掩护射击口的装甲板，甚至有些碉堡连门都没有修好！

德军第 2 装甲师在强渡默兹河成功后提交的一份报告指出了这些法军碉堡的拙劣质量："每隔百米左右都有一座碉堡，但其中一部分仍旧在施工中没有完成，甚至连脚手架都没拆掉。这些法国人真是让人惊讶，他们之前花费了 20 年的时间来构筑工事，组织了大批穿着特别制服，上面标着'一夫当关，万夫莫开'（No one Shall Pass）格言徽章的精锐要塞部队，结果在战争爆发半年多之后却连默兹河上的碉堡都没修好！"

戈利耶（Gaulier）缺口

从法军最初版本的作战地图来看，色当地区法军的防御体系可谓天衣无缝，看上去几乎每个角落都能被火力点覆盖，但往往事情就出在那些唯一的例外上：在日后德军展开强渡的主攻点——默兹河河曲北部顶点处的戈利耶，法军居然没有构筑一座碉堡。法军在此处的防线出现了宽达 1.5 千米的缺口，这个缺口恰好成了德军进攻的绝佳跳板，日后德军大摇大摆地从这个缺口实施了强渡默兹河的行动。尽管这里的地形很适合布设雷区，但法军甚至连雷场都懒得布置，按照法军的观点，从河曲底部展开防御不是更能节省宝贵的兵力吗？但他们恰恰忽略了德军可以据此建立过河后的桥头堡这一事实。

法军的这一重大失误从纯粹的军事地理角度考虑显得更加不可思议——如果入侵者从北面穿过阿登地区一路冲到色当附近的默兹河曲，毫无疑问第一个目标便是这个缺口。在缺口对面的默兹河畔恰好有座纺织厂的厂房沿着默兹河排成一列，日后德军进攻时便能大摇大摆地将这些厂房用作渡河所用的橡皮艇、冲锋舟和各种架桥设备的储存点——日后利用这些架桥设备和材料架起来的桥可谓整个西线战役中最为重要的一座浮桥。更加令人不可思议的是，实际上 1914 年 8 月 26 日，德军第 4 集团军在默兹河上架设的第一座桥梁的位置和 1940 年德军的架桥地点几乎完全吻合，然而法军却将这算不上很久之前的教训忘得一干二净。

缺乏雷场和反坦克武器

比起法军在色当地区糟心的火力点构筑，更加致命的是法军的雷区布设也不充足，要知道在二战期间，减缓装甲部队推进速度最为有效的防御战术便是得到反坦克炮交叉火力掩护的连绵不断的雷场——日后德军在东线战场吃尽了使用这一战术的苏联红军的苦头。1943—1945年间,德军看似壮观无比的装甲突击一次又一次被苏军临时布设的雷场和反坦克炮阵地打得头破血流。而日后隆美尔在阿拉曼对付蒙哥马利时也采用了类似的战术——在70千米长的防线上足足布设了50万颗地雷,该地段被英军畏惧地称作"魔鬼的花园"。

然而,在1940年5月,同样是长达70千米左右的防御正面,法军第2集团军总共却只有16000颗地雷,其中7000颗被分配给了准备在阿登地区实施迟滞任务的法军骑兵部队,另有7000颗被部署在了法国—比利时边境的碉堡防线上,实际用于默兹河防线的只有2000颗地雷,具体到色当地段的法军第55步兵师,只剩下422颗反坦克地雷。

更匪夷所思的是,第55步兵师连这区区422颗反坦克地雷都没有布设完毕。法军官兵只顾着没完没了地修筑碉堡,在埋地雷方面基本上没有花费任何精力。就在德军发起进攻前,法军还拆走了部分原先布设好的地雷,原因是需要给这些地雷上润滑油,以防止其被潮气侵蚀。这些地雷直到1941年才在默兹河以北的一个破仓库被德国人找到,古德里安麾下的800辆坦克基本没有遭遇过法军布设的雷场。

第55步兵师的另一大问题是较为缺乏反坦克武器,理论上法军防线每千米应当有大约10门反坦克炮,但在第55步兵师17千米长的正面上只有56门反坦克炮,每千米折合下来只有3.3门,只有理论密度的三分之一。不过,法军每个步兵师编制中的反坦克炮只有58门,尽管第55步兵师只有1个支援步兵团的反坦克炮连(理论上应该每个步兵团一个),但这一缺陷被来自法军总预备队的8门47毫米反坦克炮,以及第147要塞步兵团的22门25毫米反坦克炮所弥补,另有3门47毫米海军炮和9门略有过时的37毫米加农炮也划归第55步兵师麾下。此后的战斗中,第55步兵师在德军坦克大批渡过默兹河以前就被德军步兵打垮,因此缺乏反坦克武器的问题在战役中倒也没有怎么集中体现。

相对而言,色当地区缺乏防空武器的问题相当严重——实际上整个法国陆军上上下下都存在这个严重问题。在1939—1940年,阿登地区的法军在装备优先度方面相当靠后,第2集团军只有2个75毫米高射炮营,其中一个位于色当,该营在战况最为紧急的5月13日只击落了1架德军飞机。实际部署在第55步兵师附近的防空部队只有1个高射炮连,因此该师的官兵不得不用手中的步枪和机枪来迎击蜂拥而至的德军俯冲轰炸机群。

修建工事而非训练部队

法军真正的决定性失策并不是碉堡修得太少，而是修得太多了，不单单因为部队的注意力全部放在修碉堡上，导致雷场没有布设好，甚至连正常的战斗训练都因为修碉堡而耽误了。原本就属于二流步兵师的第 55 步兵师本应抓住一切可用的机会展开战斗训练，提升自己的战斗力，因为该师内的士兵绝大多数都超过了 30 岁，是战争爆发后召回的预备役士兵，早就把当年服役时学到的作战技能忘得一干二净了。为此，安齐热将军采取的对策居然是组织士兵多参加体育活动恢复体力。更令人难以置信的是，法军甚至严禁士兵和基层军官私下展开训练，第 147 要塞步兵团的一名中尉便因为大胆组织一门 25 毫米反坦克炮炮组进行实弹射击训练，被法军高层直接下令关了 15 天禁闭，用于杀鸡儆猴。

第 10 军军长格朗萨尔和第 55 步兵师师长亨利 – 让·拉方丹（Henri–Jean LaFontaine）准将都认为，多修碉堡就可以弥补己方士兵缺乏作战训练的问题，因此本末倒置地将修建工事而不是展开训练作为部队工作的核心。尽管从展开动员到德军最终发起进攻这中间法军有 8 个月的时间，可法军并没有做充足的准备。由于训练不足，不少法军士兵在战况紧急时缺乏足够的战斗意志继续打下去；恰恰相反的是，当面的德军训练有素，如同凶神恶煞般杀来，许多法军士兵根本没有展开抵抗便四处溃散而逃。第 10 军的炮兵部队同样打得一塌糊涂，一份法军战后的报告指出，大部分由预备役人员组成的第 10 军炮兵部队早就把先前现役时学到的技能忘得干干净净，士官素质奇差无比，既没有服从命令的决心，也没有执行任务的能力。

第 10 军原本计划分配三分之二的时间用于修建各种工事和障碍物，剩下三分之一时间搞训练，但修建工事的工作量过于巨大，加之 1939—1940 年冬天天气不好，第 10 军干脆把每周的训练时间缩短到了半天。直到开春后的 1940 年 3 月，第 10 军才从第 55 步兵师和第 71 步兵师中各抽调了一个步兵团进行训练。总而言之，法军只是忙于修筑能自我满足的工事群，却压根没有训练士兵在这些工事群中打防御战。

▲ 法军第55步兵师师徽。

他们的德国对手恰恰与之相反，时任德军第 1 装甲师第 1 步兵团团长的赫尔曼·巴尔克（Hermann Balck）中校后来回忆部队战前训练的情况时说："我们的作战训练完全是围绕日后实际作战需要展开的，我们在地图上推演了完成色当突破前的每一个细节，并在类似的地形上以实弹演习和空军支援的方式进行了训练，摩泽尔河则被用来代替马斯河（展开渡河训练）……我不断地训练手下的士兵如何使用橡皮艇，直到他们操纵起来如同工兵一般得心应手为止。在一次又一次的演习中，我设法让每个人都能完全自由地独立肩负起作战职责……这应当是我见过的最好的进攻准备了。"德军最后的渡河行动非常成功，正如许多军官强调的"如同在训练场上进行示范训练"一般。

部队的轮换

起初法军在色当附近的布防工作还算有板有眼，整个色当地区被划为 3 块作战区域，每块由 1 个步兵团负责把守，一般每块作战区域又被细分成 3 个分段，每段由 1 个步兵营负责，每个分段分成 3 个连级支撑点，每个连级支撑点再分成 3 个排级支撑点。

然而，经过 8 个月的长期执勤后，起初还算井井有条的法军防御态势反倒被彻底搅和成了一团乱麻——这个问题正是由法军的轮换制度造成的。不知为何，在一线布防的步兵连经常被替换下来参与构筑工事等杂七杂八的勤务，任务完成后这些步兵连却并不返回原先驻防的阵地，往往被分配去了别处，于是他们又要重新构筑阵地，熟悉周围的地形。

在德军主攻地段弗雷努瓦（Frenois）附近的 9 个法军步兵连中，绝大部分成员都是新轮换来不久的部队，在附近的巴尔河畔维莱（Villers-sur-Bar）地区，原本在此地驻防的第 213 步兵团在 5 月 7 日与第 331 步兵团换防。第 55 步兵师防区内其他地段的情况也与之类似，该师的整条防线可谓混乱不堪，原有部队间的联系也被彻底打乱，第 295 步兵团 2 营 6 连的情况便是一个十分突出的例子——该连由来自 3 个不同步兵营的 4 个不同步兵连的士兵组成，而这 3 个步兵营又分属 3 个不同的步兵团。最终，第 55 步兵师左翼的第 331 步兵团指挥该团 1 营、第 147 步兵团 3 营和第 11 机枪营的 1 个连；中央的第 147 要塞步兵团指挥第 331 步兵团 2 营、第 147 要塞步兵团 2 营、第 295 步兵团 2 营；右翼的第 295 步兵团指挥第 147 步兵团 1 营、第 295 步兵团 3 营和第 11 机枪营的 2 个连。

很显然，这一轮换方式破坏力最大之处在于它完全打乱了原有各部队间内在的联系，毁灭了部队内在的凝聚力——在默兹河沿岸部署的法军第147要塞步兵团是第55步兵师的防御支柱，该师的绝大多数士兵是来自色当周边地区的预备役人员，不少人在战前就互相熟识。在动员完成后该团的凝聚力是非常强的，该团2营营长卡里布（Carribou）在报告中说："第147要塞步兵团是有灵魂的！它宣告着自己已经准备就绪了！"

但在随后的报告中2营长的乐观情绪就烟消云散了——他不得不接受自己的部下被彻底打散到其他部队中的事实，而他现在指挥的3个连又来自3个不同的步兵团，其中第331步兵团2营6连的情况格外令他担忧。他根本不熟悉这个连的情况，当他迫于德军的重压，不得不将前出的部队后撤时，这个连的士兵干脆跑得一干二净，完全不知所踪。

就这样，"得益"于轮换制度，法军这些本身凝聚力不算差的部队在被分拆得七零八落的同时，凝聚力也涣散得所剩无几了。轮换制度实际上起源于第一次世界大战后期，最初是贝当在凡尔登地区开始推行的，当时是一种针对1917年尼维勒攻势结束后法军士气崩溃而全面铺开的解决方案，目的是为了舒缓堑壕战中士兵的极端疲劳和厌战情绪。但德军却从一战中获得了截然相反的经验，他们认为尽量保持部队原有的凝聚力才能更好地发挥其战斗力。

第55步兵师的炮兵力量看上去倒是相当

▲法军第147要塞步兵团团徽。

▲法军第331步兵团团徽。

▲法军第295步兵团团徽。

强大——负责直接支援对口步兵单位的炮兵营就有 7 个（左翼 2 个、中央 3 个、右翼 2 个），还额外得到了第 10 军军属的 4 个炮兵营又 2 个炮兵连的支援——足足有 140 门火炮，比通常一个步兵师炮兵建制（60 门火炮）的 2 倍还多。战斗打响后该师还得到了 2 个炮兵营的增援，这使得第 55 步兵师的火炮数量达到了 174 门。

但具体到人员方面，第 55 步兵师的情况就相当不尽如人意了，该师的兵员如前所述基本都是大龄预备役人员，很多人甚至距离首次退役都有 20 年了，军官中也只有 4% 来自现役——即便如此，这个比例还是比第 71 步兵师高不少，后者的主要军官中只有 2 人来自法国常备军，绝大多数军官都是刚从军校毕业的新人。战后，第 10 军军长格朗萨尔在回忆此次战役的书中痛斥："这些预备役军官完全不称职，士官根本不知道自己的责任，既不敢也不愿意履行自己的职责，根本无法将我的命令传达给下属的士兵——这些士兵在和平时期有些是他们的老板"。"士兵不服从命令的现象倒是很少见，不过认真履行职责的更为少见"，格朗萨尔的话似

◄ 猛烈开火中的法军第55步兵师师属炮兵。

◄ 法军第10军看似威风凛凛的军属重炮，然而正是这些第10军的重炮部队5月13日晚间被臆想出的德军坦克吓得集体歇斯底里发作、溃散而逃，堪称人类军事史上的"奇观"。

▲ 严阵以待准备迎击德军的法军机枪组。

第19摩托化军穿越阿登高原

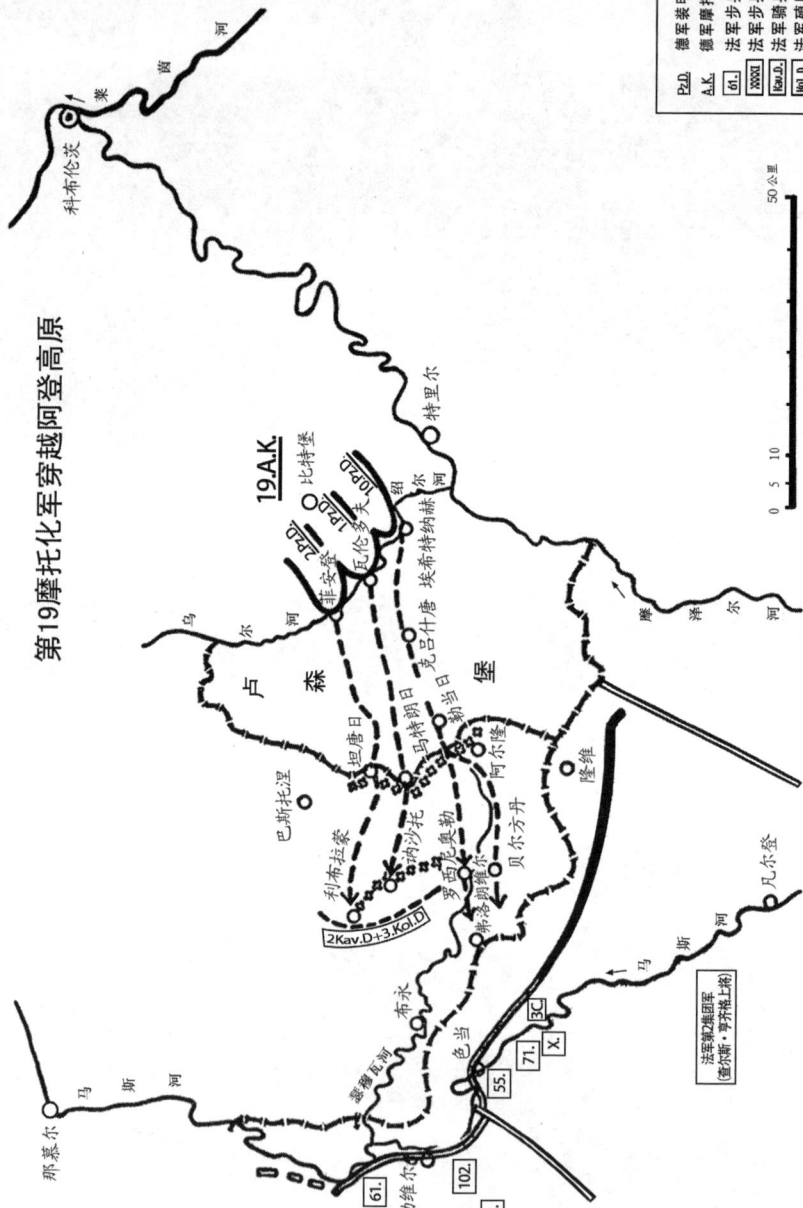

Pz.D. 德军装甲师
A.K. 德军摩托化军
61 法军步兵师
XXXXI 法军摩托化军
Kav.D. 法军骑兵师
Kol.D. 法军殖民地师

50公里
0 5 10

莱茵河
科布伦茨
特里尔
摩泽尔河

19 A.K.
比特堡
10 Pz.D
1 Pz.D
2 Pz.D
菲安登
瓦伦多夫
埃希特纳赫
马尔河
卢森堡
克吕什唐
当日
担唐日
马特朗日
勒当
阿尔隆
隆维
巴斯托涅
纳沙托
利布拉蒙
罗西尼奥尔
弗洛朗维尔
贝尔方丹
2Kav.D+3.Kol.D
布永
色当
凡尔登
马斯河
默兹瓦河
沙勒维尔
那慕尔
马斯河

3C
71
X
55
61
102
53
XXXXI

法军第2集团军
（德尚·罗齐格上将）

法军第9集团军
（实德尔·科拉普上将）

乎属于在战后为了推卸责任所发的牢骚，在战前的一系列报告中，他对这些问题基本没有提及。

第55步兵师的满员情况也不尽人意，按照编制该师应有16610人，但由于许多人在休假，5月10日全师只有80%—85%的人在岗，好在战斗打响后休假人员多半已经被召回了。具体到各个兵种，第55步兵师下属的步兵团基本满员，工兵部队和反坦克部队缺编较为严重，为此军直属队对其进行了加强。

临时调入一线的第71步兵师

或许法军觉得来来回回轮换第55师所部的方法还不过瘾，在德军进攻开始前，法军采取了进一步的行动，结果导致色当地区的防御彻底乱成了一锅粥——原先担任第10军预备队的第71步兵师被投入到了第一线，在第55步兵师和第3北非师之间布防。表面上看一切仿佛都这么简单，第55步兵师只需要将右翼腾出，同时第3北非师后撤左翼，便可以给第71步兵师腾出足够的空间。

接到命令后，原先在第55步兵师右翼布防的第295步兵团的阵地被腾了出来，全师沿默兹河防御的正面也一下子从20千米缩短到了14千米。乍一看这项行动大大增强了第55步兵师的兵力密度，并且将其每千米正面的机枪数量从32挺增添到了42挺，然而不幸的是法军的换防行动好死不死地选在了5月13—14日夜，正好是德军发起进攻的时候，于是乎两个法军步兵师在最为脆弱的换防期间被德军打了个措手不及。

▲ 法军第71步兵师三个步兵团的团徽：第120步兵团（左），第205步兵团（中），第246步兵团（右）。

德军的渡河准备

事实上，12 日傍晚抵达色当城下的德军只有第 1 装甲师。右翼的第 2 装甲师由于道路崎岖速度较慢，预计到第二天清晨才能赶到，左翼的第 10 装甲师因为与法军第 2 集团军的几股骑兵部队作战，加之道路堵塞速度也稍有放慢，不过 12 日晚该师的部队就陆续赶到色当东南部的预定地点。德军推进速度如此之快，不但法军感到吃惊，就连德军将领都感到不可思议——他们比总参谋部规定的时间提前了一天，比联军统帅部预计的时间提前了整整一周！

对古德里安来说，在发起进攻的前夜他肯定会略有不安：部队能否顺利完成强渡默兹河的任务呢？他首先去视察了第 10 装甲师，发现该部进展顺利，打前锋的师侦察营占据了法军在森林中的防御阵地、穿过拉沙佩勒（La chapelle）后继续向巴泽耶（Bazeilles）至巴朗（Balan）一带行进，遂安心返回布永（Bouillon）的军部。

回到军部后不久，布永镇遭到了联军空袭，一支工兵补给车队运载的各类爆炸物被引爆，震耳欲聋的爆炸声此起彼伏。"挂在墙上的一个野牛头突然被震了下来，砸在桌子上摔得粉碎，只差一毫米就砸到我头上了。其他动物标本也纷纷往下掉，我座位前的玻璃窗也被震碎，玻璃碎片擦着我的耳朵飞过去。这样的情况实在太危险了，我们决定转移，把军部设在布永北部的一家小旅店里，那里曾是第 1 装甲团的团部" [①]。古德里安一行人刚刚到地方，就遇到了负责对地空中支援的沃尔夫·冯·施图特海姆少将，他告诫众人此地过于暴露，话音未落一队比利时轰炸机就开始在附近投弹，于是第 19 摩托化军军部再次匆忙向北部的村庄转移。

当军部开始转移时，一架联络机将古德里安接到了克莱斯特的指挥部接受新的命令，为此古德里安和克莱斯特还发生了一点争执。原本锐气十足的"飞毛腿海茵茨"准备用一天的时间做渡河准备，等落在后面的第 2 装甲师到齐后再以 3 个装甲师齐头并进的态势在 14 日发动渡河攻势。反倒是不断给古德里安踩刹车的克莱斯特坚持要按照原定计划在次日，也就是 5 月 13 日 16 点开始渡河。尽管古德里安对部队经过长途行军后略显疲惫、难以从行进状态发起进攻的担忧有几分道理，但克莱斯特此时却抓住了战役的精髓——抵达默兹河畔后便迅速展开渡河行动，能充分

[①] 海因茨·威廉·古德里安.闪击战：古德里安回忆录 [M]. 李江艳（译）.时代文艺出版社，2016：88—89.

利用出敌不意攻其不备的优势。

对德军来说，强渡默兹河的一大困难之处是十分缺乏炮兵火力掩护，为此古德里安和克莱斯特均求助于德国空军的对地支援，但两人在如何使用空军上产生了极大分歧。克莱斯特和第3航空队指挥官胡戈·施派勒（Hugo Sperrle）航空兵上将决定在炮兵实施火力准备的同时，让空军也展开密集的地毯式轰炸。他们计划先实施小规模空袭，在德军步兵发起进攻前20分钟，集中所有轰炸机对法军进行毁灭性的集中轰炸。然而这样一来就彻底扰乱了古德里安原先的空地协同计划，因为一旦渡河过程延长，空军对法军炮兵的持续压制就会力不从心。

古德里安自然对此强烈反对，早在战役开始前，他就和老熟人第2航空军军长布鲁诺·勒尔策（Bruno Loerzer）中将一起，针对色当地区的作战特点将之前在波兰战役期间就实验过的一种"滚筒轰炸"战术进行了改进。为了加快双方的磨合程度，古德里安邀请空军派人参加了第19摩托化军的图上推演，他本人也参加了勒尔策中将组织的空军演习。尽管同时展开轰炸的德国空军轰炸机部队并不多，但按照这种轰炸方式，德军的空袭将会持续一整天。古德里安希望"空中支援并非用轰炸机或者俯冲轰炸机对某个目标进行密集轰炸，而是在部队开始渡河时，就要彻底压制住敌军暴露的炮兵阵地，并在渡河期间提供持续的火力压制。这样敌军炮兵就得随时躲避那些落下来的炸弹和他们觉得将要落下来的炸弹，炮兵火力就会彻底瘫痪"[1]。

实事求是地说，相比地毯式全面轰炸，由于提前在地图上以分钟为单位标定了具体时间和攻击目标的位置，这种滚筒式轰炸具有绝好的准确度，可以系统地摧毁法军的各种工事。在德军发起进攻的前一天，这份地图更是根据地面部队提供的最新的侦察情况进行了修订，并且和地面部队的直瞄武器及炮兵火力进行了一体化的协调。古德里安和勒尔策都认为这种"空地一体战"必将彻底摧毁当面法军的抵抗意志和士气，对法军造成毁灭性打击，但随着克莱斯特的一道命令，两人在战前辛辛苦苦组织半天的绝妙方案一下子变成了废纸[2]。

在选取主攻点位置的问题上，古德里安也和克莱斯特发生了不小的争执——克莱斯特希望在色当西面13千米处、阿登运河以西的弗里兹（Flize）进行突破，直

① 海因茨·威廉·古德里安．闪击战：古德里安回忆录 [M]．李江艳（译）．时代文艺出版社，2016：85．
② Frieser,K.-H.*The Blitzkrieg Legend: The 1940 Campaign in the West*（trans. J. T. Greenwood ed.）.Annapolis[M].MD：Naval Institute Press.2012：154.

接向着战役最终方向发展。这样一来不仅可以避免强渡默兹河形成突破后，还需要再渡过阿登运河这种两次渡河的窘境，同时还可以让主攻点恰好打在法军第2和第9集团军的结合部上，一石二鸟，岂不美哉？

古德里安则坚持就在色当城附近展开进攻，认为在色当以西展开进攻是不切实际的想法——此处地段地形开阔，不利于进攻部队隐蔽接近默兹河，且进攻部队将暴露在沙勒维尔—梅济耶尔（Charleville-Mézières）要塞的法军炮火之下。此外，在色当城下进行突破的方案在此前几个月内已经进行了无数次图上推演并且和德国空军进行了一系列协商，此时改变进攻方案势必会让先前的无数努力付诸东流。

最后古德里安尖锐地指出，让已经在色当附近展开的第19摩托化军变更部署必将再拖延一天时间，这恰恰是克莱斯特最不愿意看到的。不过，古德里安先前的行为实际上已经是在抗命——早在战役开始前的4月13日的会议上，克莱斯特便要求古德里安将主攻方向放在阿登运河以西，并在5天后给古德里安的一封信件上再次强调了这个问题，但古德里安始终对此置若罔闻。

除去进攻地段的选择，双方对桥头堡的纵深也存在不小的分歧：克莱斯特认为桥头堡纵深达到6—8千米就足够了，但古德里安却要求桥头堡纵深至少应当有20千米，包括南面的斯通尼（Stonne）村的高地——随后的战况发展再次证明了古德里安的看法是多么具有先见之明[①]。

在古德里安的计划中，突破法军默兹河防线的位置是色当以西大约2.4千米长的一段河岸。这里是一个理想的强渡地点，默兹河在这里向圣芒日（St. Menges）徒然北折，然后再向南转，形成一个袋状突出部。德国装甲部队占领的河北岸是一处长满茂密树木的高地，可以向南俯瞰对岸。树林可以为进攻部队的准备活动和支援火炮提供掩蔽，高地本身就是良好的炮兵观察位置，从这里放眼望去默兹河河曲一览无余，对面就是法军第55步兵师的主要防御阵地——马尔菲森林高地。

马尔菲森林高地位于默兹河河曲正南，如上所述，正是在这一高地上普鲁士国王威廉观看了色当战役的全貌。70年后，德国人又一次站在色当门口，马尔菲森林高地也再次成为焦点。法军统帅甘末林十分清楚这个高地的作用，他后来写道：

---

① Frieser, K.-H. The Blitzkrieg Legend: The 1940 Campaign in the West（trans. J. T. Greenwood ed.）. Annapolis[M] .MD：Naval Institute Press. 2012：155—156.

"（从这里）可以控制一直到阿登森林边缘 6 英里远的地带……驻守马尔菲森林高地的炮兵控制着整个地带。高地还提供优良的观察所，为想要弄清德国人在河岸上的部署情况的指挥员提供观测所。这里的防御条件是得天独厚的。"[1]

总而言之，作为军长的古德里安更多地从战术层面考虑主攻地段的选取，而作为装甲集群指挥官的克莱斯特则站在战役目标的角度考虑这个问题，但问题在于渡河建立桥头堡本身首先事关战术层面，如果未能顺利渡过默兹河，之后再好的战役计划岂不都是纸上谈兵？

对古德里安来说，1940 年 5 月 13 日将是他最终证明大规模使用装甲部队在 4 天内快速穿过阿登高原并强渡默兹河的计划并非空想的日子。从克莱斯特装甲集群指挥部返回后，他立即着手拟定作战命令，由于时间太紧，只能把此前进行图上推演时的命令修改了一下日期和时间后作为这次的进攻命令传达下去。德军战前准备极其充分，演习时的背景与当前的态势非常吻合，唯一的变化是推演时设定的进攻

▲ 1940年5月13日，向色当方向一路推进的一队德军Sd.Kfz.232装甲车。

① 威廉·L. 夏伊勒. 第三共和国的崩溃：1940 年法国沦陷之研究 [M]. 戴大洪（译）. 作家出版社，2015：830.

时间。第1和第10装甲师很快到位，进攻命令立即下达。

考虑到第19摩托化军的这道命令在人类战争史上的重要程度，现从古德里安的回忆录中全文摘录[①]：

第19摩托化军军部   军部 贝勒沃

作战处   1940 年 5 月 13 日 8 时 15 分

第 3 号命令

强渡马斯河

1. 经过 5 月 12 日激烈的战斗，第 19 摩托化军几乎已经把所有的敌人都驱赶到了马斯河对岸，预计敌人会依托马斯河进行强有力的抵抗。

2. 5 月 13 日，我军西线进攻的主攻地段在克莱斯特装甲集群战区。该集群的目标是占领蒙泰尔梅（Monthermé）和色当之间的马斯河渡口，德军空军的主力会支援这次行动，将通过 8 小时不间断的轰炸来粉碎法军在马斯河沿岸的防御。克莱斯特集群将在 16 点开始强渡，并建立桥头堡，其中右翼的第 41 摩托化军将于 13 日 16 点在蒙泰尔梅和努宗维尔（Nouzonville）地区渡河，并在德维尔（Deville）南部边缘—索雷尔（Sorel）—沙勒维尔北部边缘一线建立起桥头堡。

第 14 摩托化军将在第 19 摩托化军后方集结，然后根据具体形势决定经由讷沙托还是经由弗洛朗维尔（Florenville）向前推进。

3. 第 19 摩托化军于 13 日上午在预先指定区域做好渡河准备，确保 16 点能够在巴尔河口和巴泽耶之间渡过马斯河。渡河成功后要迅速建立起布唐库尔（Boulzicourt）—萨波涅（Sapogne）—谢埃里（Chehery）—努瓦耶蓬莫吉（Noyers-Pont-Maugis）一线的桥头阵地。

和第 41 摩托化军的分界线：

马特朗日（Martelange）—纳姆萨（Nanmoussart）—隆利耶（Longlier）—格朗瓦尔（Grandvoir）—阿瑟努瓦（Assenois）—贝尔特里（Bertrix）西北—卡尔斯堡

---

① 海因茨·威廉·古德里安. 闪击战：古德里安回忆录 [M]. 李江艳（译）. 时代文艺出版社，2016：附录三，490—493.

（Carlsbourg）—大费艾（Gros Fays）—穆扎夫（Mouzaive）—叙尼（Sugny）—吕姆（Lumes）—蒙科尔内（Montcornet）西南 15 千米的阿诺涅（Hannogne）。所有分界地点都属于第 41 摩托化军。

4. 进攻部署如下：

（a）右翼攻击群目标：阿登运河和马斯河河曲（不含河曲）之间地域。

部队：第 2 装甲师。

（b）中央攻击群目标：马斯河河曲（含）和托尔西（Torcy，含）之间地域。

部队：第 1 装甲师，大德意志步兵团，第 43 突击工兵营。

（c）左翼攻击群目标：色当和巴泽耶之间地域。

部队：第 10 装甲师，大德意志步兵团。

分界线：

右翼攻击群和中央攻击群：

莫吉蒙（Mogimont）—罗什欧（Rochehaut）—阿勒（Alle）以南 4.5 千米处的十字路口—博瑟瓦勒和布里扬库尔（Bosseval-et-Briancourt，属于右翼攻击群）—马斯河河曲西岸—弗雷努瓦—弗雷努瓦—谢埃里公路—辛格里（Singly）—普瓦泰龙（Poix-terron，属于中央攻击群）。

中央攻击群和左翼攻击群：

贝勒沃（Bellevaux）—努瓦方丹（Noirefontaine）—布永（属于中央攻击群）—布永以南 3 千米处岔路口（属于左翼攻击群）—伊村（Illy）—色当的马斯河中央大桥（属于中央攻击群）—努瓦耶蓬莫吉（属于左翼攻击群）—比尔松（Bulson，属于中央攻击群）—斯通尼（属于中央攻击群）。

5. 作战任务：

（a）第 2 装甲师要在 16 点从起点位置在东舍里（Donchery）两侧开始进攻，渡过马斯河后占领东舍里以南的高地。然后立即向西转，穿过阿登运河到巴尔河河曲部，沿马斯河席卷敌军的防御阵地，其右翼向布唐库尔推进，其左翼向萨波涅和弗歇尔（Feuchéres）推进。

（b）第 1 装甲师和配属的大德意志步兵团要在 16 点前做好在格莱尔（Glaire）和托尔西之间渡过马斯河的准备，肃清马斯河河曲部的敌军之后，向贝勒维（Bellevue）—托尔西公路推进。然后进攻马尔菲森林高地，并向谢埃里—肖蒙（Chaumont）一线推进。

（c）第10装甲师要协助第1装甲师于16点之前占领色当东部边缘各重要阵地，同时在16点之前还要确保在色当—巴泽耶一线的攻击出发阵地的安全。

该师将在16点渡过马斯河，并占领努瓦耶蓬莫吉—蓬莫吉（Pont maugis）一线的高地。

6. 空地协同作战：关于空军对地支援的具体时间和空域安排，在附加的时间表中有详细说明，在1：300000的地图上标注有具体轰炸目标。

第19摩托化军将和第2近距离空中支援指挥部协同作战。

7. 第102高炮团首先要在我部进行渡河准备时承担防空任务，随后要为渡河行动提供火力支援（炮兵阵地尽可能靠前部署），最后为桥头堡提供火力掩护。

8. 侦察：

（a）空中侦察：侦察机中队负责侦察沙勒维尔—图尔讷（Tournes）—圣雷米（St. Rétmy）—勒谢讷（Le Chesne）—索莫特（Sommauthe）—马斯河畔普伊（Pouilly-sur-Meuse）—泰塔涅（Tétaigne）—弗朗舍瓦勒（Francheval）地区。

（b）地面侦察：各师按命令负责各自的侦察任务。

9. 通讯联络：第90通信营负责第1装甲师、第2装甲师、第10装甲师之间以及与克莱斯特集群和第41摩托化军之间的无线电通讯联络。还要负责各军部与位于弗里涅欧布瓦（Vrigne aux Bois）的第2装甲师师部、位于弗莱涅（Fleigneux）的第1装甲师师部和位于日沃讷（Givonne）的第10装甲师师部之间的联络。

10. 军部：位于贝勒沃，中午12:00之后转往拉沙佩勒。

签名：古德里安

纵观命令全文，其简洁明了的程度令人震惊，最多不过三页纸，与这道命令在人类战争史上所起到的重要作用完全不相符。其中的原因大致有两点：一是德军的"任务式战术"指挥法一般只明确属下各部的任务，下属的官兵可充分发挥其主观能动性自主决定完成这些任务的具体方式；二是德军之前已经通过一系列的图上推演无数次地推演了将在色当展开的强渡默兹河的行动。

这道命令的另一大特点是从头到尾都贯彻了古德里安那句"只许集中猛进，不许分散犹豫"的名言，他将3个装甲师的主力在10千米宽的正面展开，实际上在默兹河河曲和托尔西之间突破口的宽度不到5千米，在这个突破口上发动进攻的第1装甲师获得了已经到位的12个炮兵营中8个的支援，其中包括全部重炮。德国空军也将在该地段展开主要的对地支援作战。

不过，尽管做好了充分准备，古德里安和第19摩托化军军部对在13日展开渡河行动的决定仍旧忐忑不安。第19摩托化军当天的作战日志以很大篇幅记录了古德里安对进攻时间、正面宽度和纵深的一系列疑虑，并声称"装甲集群的命令和本军军长的概念背道而驰"。

具体到第19摩托化军下属单位，以第1装甲师为例，在5月13日中午12点下达的该师进攻命令同样简洁明了，现辑录如下[①]：

第1装甲师　　　　　　　　　　　　　　　　　　　　　　　　　师部
作战科　　　　　　　　　　　　　　　　　　　1940年5月13日12点

师部第5号命令
1940年5月13日强渡马斯河

1. 经过5月12日激烈的战斗，第19摩托化军几乎已经把所有的敌人都驱赶到了马斯河对岸，预计敌人会依托马斯河进行强有力的抵抗。

2. 5月13日，我军西线进攻的主攻地段在克莱斯特装甲集群战区。该集群的目标是占领蒙泰尔梅和色当之间的马斯河渡口，德军空军的主力会支援这次行动，将通过8小时不间断的轰炸来粉碎法军在马斯河沿岸的防御。第19摩托化军将在16点开始强渡马斯河。

3. 第19摩托化军于13日上午在预先指定区域做好渡河准备，确保16点能够在巴尔河口和巴泽耶之间渡过马斯河。

4. 进攻部署如下：

（a）右翼攻击群：第2装甲师在阿登运河和马斯河河曲（不含河曲）之间。

（b）中央攻击群：兵力加强的第1装甲师在马斯河河曲（含）和托尔西（含）之间。

（c）左翼攻击群：第10装甲师在色当和巴泽耶之间。

5. 分界线变化如下：

右翼攻击群和中央攻击群：从谢埃里到谢埃里以西12千米的辛格里—普瓦泰

---

① 海因茨·威廉·古德里安. 闪击战：古德里安回忆录 [M]. 李江艳（译）. 时代文艺出版社，2016：493—495.

龙地区（分界点属于第 1 装甲师）。

中央攻击群和左翼攻击群：不变。

6. 作战任务：

第 2 装甲师要在 16 点从起点位置在东舍里两侧开始进攻，渡过马斯河后占领东舍里以南的高地。然后立即向西转，穿过阿登运河到巴尔河河曲部，沿马斯河席卷敌军的防御阵地，其右翼向布唐库尔推进，其左翼向萨波涅和弗歇尔推进。

第 1 装甲师和配属的大德意志步兵团要在 16 点前做好在格莱尔和托尔西之间渡过马斯河的准备，肃清马斯河河曲部的敌军之后，向贝尔维—托尔西公路推进。然后进攻马尔菲森林高地，并向谢埃里—肖蒙一线推进。

第 10 装甲师要协助第 1 装甲师于 16 点之前占领色当东部边缘各重要阵地，同时在 16 点之前还要确保在色当—巴泽耶一线的攻击出发阵地的安全。

该师将在 16 点渡过马斯河，并占领努瓦耶蓬莫吉—蓬莫吉一线的高地。

各部队作战任务和上一个命令的要求一致，但预定的 X 时间和 Y 时间不再有效，进攻于 16 点准时开始。

7. 第 101 炮兵指挥部 （下辖各营的见附表）要为马斯河渡河战斗做好准备，并按照火力分配计划支援各师的进攻。

8. 和空军的协同作战：关于和空军协同作战的具体时间和区域安排在附表中有详细说明。

第 102 高炮团由军部直接指挥，掩护渡河行动。

9. 渡河行动的出发阵地安排不变，以各师命令为准。

10. 侦察和通讯联络：不变。

各部队通信代号：

大德意志步兵团	怪物
第 101 炮兵指挥部	新房子
第 49 炮兵团	魔术师
第 1 观测营	砖头
大德意志步兵团 1 营	白蜡木
大德意志步兵团 2 营	纪念品
大德意志步兵团 3 营	蚌壳
大德意志步兵团 4 营	烟囱

| 第 43 突击工兵营 | 单片眼镜 |

11. 后勤：

（a）弹药补给点：费勒韦诺（Fays-Les-Veneurs）以东 1.5 千米，补给准备已完成。

（b）燃料供给点：努瓦方丹以北的树林北部，于 1940 年 5 月 13 日 17 点完成补给准备。补给量为全部燃料消耗的一半。

（c）主包扎所：科尔比翁（Corbion）。

（d）车辆修理所：从 5 月 13 日下午起，将有 1 个维修连在贝尔特里做好准备。克莱斯特装甲集群直辖的 1 个坦克配件单位已进至卢森堡的勒当日（Redingen）。

（e）战俘集中点：依旧在伊村、马斯河以南和弗雷努瓦，由第 1 步兵旅负责看守。

12. 师部：进攻发起前在圣芒日以北 3.2 千米的 360 点（地图标号），进攻开始后师部将沿既定路线前移。

提到第 1 装甲师的这道命令，就不得不提及一个小插曲。在 1940 年 5 月 1 日第 1 装甲师师部组织的一次图上推演中，第 1 装甲师首席参谋瓦尔特·温克（Walther Wenck）少校起草了一份用于图上推演的详细进攻命令，演习结束后温克打算将这道命令连同 25 份副本一起销毁，师长弗里德里希·基希纳（Friedrich Kirchner）中将拦住了他，大笑着说："温克，别把这些东西扔了嘛，指不定以后还有用呢"。5 月 13 日上午，温克突然得知第 1 装甲师即将在当天下午的强渡中打头阵，大吃一惊的他发现古德里安下发的军部命令居然和 3 月 21 日在科布伦茨进行图上推演时的那份几乎完全一样，而那份命令正是第 1 装甲师 5 月 1 日进行图上推演的基本想定。于是乎，温克灵机一动找出了之前下达的那份命令和副本，动笔将上面的时间做了修改，然后便直接下发了下去。[1]

如前所述，古德里安展开强渡行动时最大的问题是缺乏炮兵支援，整个第 19 摩托化军满打满算只有 141 门火炮，和当面集中了 174 门火炮的法军第 55 步兵师相比处于劣势，如果算上法军第 10 军可以投入的其他炮兵部队，以及该军右翼的第 41 军的炮兵部队，德军的炮兵甚至处于 1 比 3 的劣势。实际上第 19 摩托化军的

① Frieser,K.-H.*The Blitzkrieg Legend: The 1940 Campaign in the West*（trans. J. T. Greenwood ed.）.Annapolis[M] .MD：Naval Institute Press.2012：156.

炮兵单位有很多还堵在后面根本上不来，因此第2装甲师甚至要在几乎没有炮兵支援的情况下实施强渡默兹河的行动。

　　温克下发的那份师部命令附件中有非常详细的炮兵特别命令和渡河行动火力计划表，然而真正能付诸实施的确很有限，针对那份看似精妙详细的炮火支援计划，部队抱怨称"看起来威力巨大的炮火准备根本没有实现，直到16点才轰了几炮凑数"。克莱斯特则抱怨说"我手下的炮兵部队中每个炮兵连只有50发炮弹，运输炮弹的车队全部堵在阿登的道路上了"。在这种情况下，古德里安和克莱斯特均不得不寄希望于德国空军这一"飞行的炮兵"[1]。

▲ 俯瞰视角下的色当战场。

　　[1] Frieser,K.-H.*The Blitzkrieg Legend：The 1940 Campaign in the West*（trans. J. T. Greenwood ed.）.Annapolis[M] .MD：Naval Institute Press.2012：157.

强渡与突破

色当上空的启示录[1]

1940 年 5 月 13 日，天气晴朗，阳光明媚。在清晨灿烂阳光的映照下，首批德国空军第 3 航空队的轰炸机群向色当飞去。当天上午担任空地支援主力的是第 3 航空队第 2 航空军和第 3 战斗机指挥部的部队，第 5 航空军的机群承担了纵深遮断任务。到了下午，第 2 航空队第 8 航空军（专门负责近距离对地支援的部队）的机群也前来助战，其中第 77 对地攻击机联队更是由被称为德军"斯图卡"之父的京特·施瓦茨科普夫（Günther Schwartzkopff）上校亲自带队。

10 点，第 2 航空军的第一波飞机飞抵色当上空，对法军的碉堡、火力点和各种炮兵阵地展开极为猛烈的空袭。在持续了一整天的轰炸中，德国空军在默兹河前线投入了近 1500 架飞机，其中担任主力的是 600 架水平轰炸机（He–111、Do–17 和 Ju–88）和 250 架"斯图卡"俯冲轰炸机，它们得到了 500 架战斗机（Bf–109）和 120 架驱逐机（Bf–110）的护航。德国空军的相关文件大多数都已损毁，因此当天德国空军在默兹河前线具体出动了多少架次无法判断，不过这些

▲ 燃起大火的色当城区。

---

① 主要取材于前一本书，同时根据后一本书进行了一些补充。

Frieser,K.-H.*The Blitzkrieg Legend: The 1940 Campaign in the West*（trans. J. T. Greenwood ed.）.Annapolis[M] .MD：Naval Institute Press.2012：158—161.

Doughty.R.A.*The Breaking Point: Sedan and the Fall of France, 1940 (Stackpole Military History Series)*[M]. Stackpole Books.2014.

飞机除去一小部分是在执行支援第41摩托化军强渡默兹河的任务外，绝大多数都被投入到了色当地段，仅水平轰炸机和俯冲轰炸机就出动了1215架次。

按照计划，德国空军在5月13日分成五个阶段展开了这一史无前例的空袭行动。

第一阶段从8点持续到12点，主要是第3航空队的水平轰炸机群展开袭扰性质的区域水平轰炸。

▲ 正在聚精会神展开对空射击的法军官兵，很快他们就在5月13日规模空前的空袭中被炸得既无招架之功，更无还手之力。

第二阶段从12点持续到15点40分，第8航空军的首批"斯图卡"在午后不久便如期而至，开始对特定目标进行定点清除。

第三阶段是德国空军空袭最为猛烈的阶段，只持续了20分钟——从15点40分到德军开始强渡的16点，这轮空袭的目标主要集中在了色当河曲部。

第四阶段从德军实施强渡开始，持续到了17点30分，这一阶段随着德军步兵向纵深推进，德国空军的轰炸机群也向纵深地区的法军集结地和炮兵阵地展开了一轮又一轮轰炸。

最后一个阶段则从17点30分直到天黑，德国空军将目标转向了协助巩固桥头堡，对前来增援的法军预备队进行连续轰炸。

在德国空军一波接一波的空袭中，法军士兵只能蜷缩在掩体中躲避，浑身颤抖地聆听着"斯图卡"在俯冲时发出的尖利嘶叫声，而16点左右德军空袭高潮的场面更是如同地狱一般惨烈。

此时，对岸的大部分德军步兵或多或少带着几分幸灾乐祸的态度关注着空袭的过程，他们也被空袭场面震慑住了。色当附近的默兹河谷中充满了浓烟和火焰，德军第1装甲师的一名士兵多年后回忆起当时的场面，仍旧感慨不已："在随后的20分钟里（指德军轰炸的高潮部分），我见证了整个战争中最为壮观的场面之一——俯冲轰炸机一个中队接一个中队从高空排成线飞来。第一架开始俯冲，接着是第二架，第三架、第四架……12架轰炸机如同猛禽追寻猎物一般俯冲而下，向目标投下了炸弹，震耳欲聋的爆炸声不断响起，直炸得天昏地暗……更多的轰炸机中队仍在不断赶来，从高空井然有序地径直俯冲而下，向各自的目标发起攻击，就这样硬生生地炸开了我们强渡马斯河攻入色当的大门。我们站在河对岸，彻底看傻了眼。"

在266高地观战的古德里安同样对德国空军的空袭战术深深感到不解——这分明是按照他和勒尔策中将的预定计划在实施空袭，而并非按克莱斯特和第3航空队沟通后的新方案展开的行动。当天晚上，古德里安打电话向勒尔策致谢时才解开了这个谜团，勒尔策在电话那头得意地说道："第3航空队传达下来的那个将我们的计划推倒重来的方案来得太晚了，只会在我们空军部队中造成混乱，我以此为由根本没有把它（新方案）传达下去！"

另一名观战的德军士兵则在更近的距离上感受到了轰炸的震撼效果，他眼中的场景是："仿佛打开了地狱大门，对面升起的黄灰色的含硫烟云不断膨胀，爆炸产生的冲击波直接震碎了玻璃，大地在颤抖，房屋在摇晃，河对岸的那些法国佬此时此刻不知在想些什么。"

法军第55步兵师几乎只能依靠手中的各种轻武器展开对空防御，如前所述，面对上千架次轮番上阵进行轰炸的德军轰炸机群，法军在色当唯有第404高炮团1营在与敌人对抗。遗憾的是，该营宣布在5月13日全天只打下了一架敌机。

第55步兵师的一名中尉惊呼："炸弹此起彼伏地爆炸，你所能感觉到的一切就是不断逼近的炸点，越来越响的令人发毛的爆炸声，仿佛这些炸弹下一秒就会落到你头上。人们紧绷肌肉，听到下一枚炸弹没有落到自己附近时喘了口气，但很快，1枚、2枚……10枚炸弹落了下来……当炸弹声暂时减弱时，人们只能听到自己大口喘气的声音。我们被炸得麻木了，一言不发，要么蹲着，要么弓着背，大张着嘴防止鼓膜被直接震破，我们的碉堡被震得不断晃动……各种大小不同的炸弹从天而降，小炸弹大概只有盒子大小，大炸弹落下时没有什么声音，但爆炸声却如同火车呼啸而来时的声音。我两度被炸得产生了幻觉，感觉自己仿佛拥有一座火车站，而火车正在进站，直到另一枚炸弹爆炸的巨响将我炸回了现实。不久后俯冲轰炸机也加入了水平轰炸机的大合唱中，这些俯冲轰炸机鬼哭狼嚎的尖叫声折磨着人的神经，简直让人痛不欲生。"

部署在默兹河一线的法军第147要塞步兵团团长弗朗索瓦·皮诺（François Pinaud）中校多年后对德军的可怕空袭依旧记忆犹新："早上5点起，大批敌军侦察机便飞临了我团防区……大约9点30分，德国空军的轰炸开始了，其主要目标为我军主防线、色当火车站和托尔西等地，投下的炸弹在这些地方引起了大火……

11点过后，德军的空袭变得更为猛烈，时断时续一直到17点[1]……我军的整个阵地都被浓烟笼罩，尤其是主阵地……德军以接连不断的波次展开空袭，每一轮会投入大约40架轰炸机，同时德军战斗机也用机枪对地面进行扫射。"

皮诺手下的2营长也报告称"我部和后方的电话联系经常被轰炸切断，尽管我们竭尽全力在轰炸间歇进行了抢修，但和上级保持电话联系变得越发困难，我向上级请求获准使用无线电进行联络也被拒绝了。德军战斗机像是在宣示着他们对天空的绝对主权一样，追逐并扫射他们能看到的每个我军士兵"。

法军第10军参谋长埃德蒙德—奥古斯特·吕比（Edmond–Auguste Ruby）上校向第2集团军报告说："炮手们停止了射击并隐蔽起来，步兵畏缩发抖，躲在壕沟里一动不动，被炸弹的猛烈爆炸声和俯冲轰炸机的尖叫声吓得目瞪口呆，根本无法操作防空武器进行还击，他们唯一关心的事就是低下头来纹丝不动。这样的折磨持续了5个小时，已经搞垮了他们的神经，根本不能反击正在逼近的敌人尖兵。"

在巴黎郊区万森城堡的法军总司令部中，甘末林将军倒是没有像吕比上校那样担心。参谋部向甘末林报告说："轰炸在继续，但是没有给部队造成损伤。"到中午，第2集团军向总司令部报告说炮兵正在向对岸的德军射击，目前还不需要空军支援。甘末林一大早就询问空军司令约瑟夫·维耶曼（Joseph Vuillemin）上将采取了什么措施来对色当的默兹河防线进行空中掩护，但维耶曼却推诿次日再说。第55步兵师师长拉方丹准将向第10军军长格朗萨尔中将哀嚎并请求空中支援，但第10军在

▲ 被炸成一片废墟的色当市区。

---

① 德国时间16点，德国与法国有1个小时的时差，因此各自文件记录的时间也存在时差，请阅读时注意鉴别。

将这一要求转达给第2集团军指挥部时，那位"找不到比他更适合指挥第2集团军的"指挥官安齐热却称"你并不真正需要我的战斗机，如果发生一次危机我就不得不使用它们的话，它们很快就会被消耗光的"[1]。英法联军空军也确实没有对德国空军的大规模空袭做任何反应，当天德国空军第53战斗机联队在色当南部执行掩护任务时，只击落了4架联军飞机。

毫无疑问，德国空军在色当地区的对地空中支援行动堪称西线战役中最为壮观的一幕，套用克莱斯特的话说，"整个德国空军基本都集中在这了"。机群向色当地区的法军防线倾泻了大约60吨炸弹，这是德国空军一次空前绝后的空地支援行动，此前世界上从未有过如此壮观的大规模轰炸，之后5年的战争中德军再也没有在如此狭小的地域内集中如此多的飞机。根据联军报告，这次超级空袭的震撼效果甚至超过了第一次世界大战的第一次毒气攻击和坦克首次投入战斗。

有趣的是，在河对岸围观空袭全景的德国军官们直到战后很多年才知道空袭给法军造成了多大的心理冲击——1957年法国战争学院在色当组织了一次讲座，邀请了大量双方参战老兵来实地现身说法分析这次战役。时任第1装甲师后勤参谋的约阿希姆－阿道夫·冯·基尔曼斯埃格（Joachim-Adolf von Kielmansegg）这才了解到实际上如此大张旗鼓地轰炸对法军的硬杀伤基本上微乎其微，被炸弹直接命中摧毁的法军碉堡凤毛麟角，人员伤亡也只有区区56人，但是造成的影响却极为严重。法军第55步兵师的各种通信线路被完全炸毁，加上第71步兵师和第55步兵师所部正在换防，轰炸令整个色当地区法军防御部队的指挥陷入瘫痪，法军炮兵原本可以对暴露在默兹河北岸的德军进行密集的炮火反准备，此时却被空袭炸得根本抬不起头。绝大多数法军官兵在经历了一整天的高强度持续轰炸后基本上都被炸麻木了，他们只祈求这可怕的一天赶快过去，然而对他们来说，真正的考验才刚刚开始[2]。

主攻方向的渡河行动

1940年5月13日16点，默兹河西岸法军阵地上硝烟弥漫，在强大的空军掩护下，被加强给第1装甲师的大德意志步兵团首先开始渡河——担任主攻任务的第1装甲

① 威廉·L. 夏伊勒. 第三共和国的崩溃：1940年法国沦陷之研究 [M]. 戴大洪（译）. 作家出版社，2015：836.
② Frieser, K.-H. The Blitzkrieg Legend: The 1940 Campaign in the West（trans. J. T. Greenwood ed.）. Annapolis[M] .MD：Naval Institute Press.2012：161.

师步兵数量不足，因此古德里安将精锐的大德意志步兵团和第43突击工兵营都加强给了第1装甲师。

大德意志步兵团选择的渡河地点紧邻色当城郊的一家纺织厂，河对岸恰好是法军编号为211号的碉堡。令德军惊讶的是在经过如此猛烈的轰炸后，法军在默兹河沿岸的碉堡仍旧处于完好状态，这座碉堡内的法军用密集的火力打退了大德意志步兵团2营的第一波攻势，一只冲锋舟被击沉。指挥部队渡河的大德意志步兵团代理团长格哈德·冯·什未林（Gerhard von Schwerin）中校意识到必须摧毁这座碉堡，很快一门37毫米反坦克炮被运到河堤上，不过德国人马上就明白小口径火炮对那座碉堡根本构不成威胁，甚至连大德意志步兵团突击炮连Ⅲ号突击炮的75毫米短管炮都对坚固的钢筋混凝土碉堡起不到什么用处。于是他们又调来了一门88毫米高射炮，在2营官兵的指引下，这门大炮准确地摧毁了211号碉堡。

当第二门88毫米高射炮被炮兵们使足了力气推上河堤的时候，德军开始了第二波渡河行动，然而在法军的猛烈火力之下攻击又失败了。亲自带领士兵渡河的2营7连的排长冯·梅登少尉和另外两名工兵在战斗中阵亡，成为大德意志步兵团在强渡默兹河战斗中的首批死者。德军花费了好大一番周折才找到法军子弹射来的位置——这座碉堡的位置相当隐蔽，恰好隐藏在默兹河对岸的河堤后面，从正面观察根本看不到——直到这个火力点被端掉后德军才得以继续向前推进。

这时河岸边的德军士兵纷纷向自己的炮兵指示法军的位置，两门88毫米火炮逐个消灭了法军的火力点，在它们的掩护下，大德意志步兵团2营7连一部第一个渡过了默兹河。首批登岸的德军迅速向法军碉堡发起进攻，在他们身后，6连的冲锋舟也纷纷靠岸，两个连交替掩护，向色当至东舍里公路一线推进。在7连掩护下，

▲ 河对岸依托工事展开顽强防御的法军士兵。

▲ 准备强渡默兹河的德军步兵。

6连迂回到第104号碉堡旁展开突袭，德军战后的报告形象生动地描述了这一行动：

"尽管此时只有半个连渡过了马斯河，重武器也没有赶上来，但6连果断做出了决策——进攻！我军通过侦察迅速发现了一座大型六角碉堡（第104号碉堡）。它在果园附近的道路南边，后面250米处还有一座略小的碉堡（7bis碉堡）。"[1]

2营6连主力迅速向这座碉堡发起了正面强攻，但法军密集的机枪火力迫使大部分德军步兵不得不就地寻找掩护，与此同时1名士官带着2名士兵利用弹坑的掩护匍匐前进，摸到了碉堡的死角处，从碉堡射击口向内扔入了1枚手榴弹，碉堡中的守军立刻被炸得跑出来投降了。

随后6连马不停蹄地向后面的7bis碉堡发起了进攻，但德军左翼遭到了一门不知部署在哪的反坦克炮的射击，德军费了好一番周折才找到其藏身处。原来，附近的一座谷仓地基处有一个暗藏的法军反坦克炮火力点，敲掉了这个火力点后终于突破了法军的第二道防线，此时6连已经冲入了邻近的法军第1摩托化步兵团的防区。

训练有素的大德意志步兵团2营6连以干净利落的轻步兵战术发动了进攻，该连和2营其他部队在进攻前最后2小时进行了10千米强行军，因此不得不将迫击炮、机枪等落在后面，而且部队直接从行进中转入强渡默兹河的行动中。除此之外，6连的行动除去和7连在战斗爆发之初有一定协同外，并没有得到其他部队的全力配合，指挥突击分队的军官既和上级没有什么直接联系，也没有收到十分详细明确的指令，命令中只是粗略地要求2营拿下247高地，并无其他多余的指示。实际上这正是德军任务式战术和第一次世界大战末期德军暴风突击队战术的完美结合——上级给出大致的行动目标后，连长发挥主观能动性选择法军最为薄弱的地段渗透而入，从而瓦解整个敌方防御体系。

当7连和8连都赶上来后，2营对247高地这一法军防御的支撑点发起了进攻，通过一番肉搏后拿下了高地。不过，此时2营已经冲得太远了，把1营和3营远远地落在了后面，这两个营陷入了色当城默兹河南岸城区的逐屋巷战中。

在大德意志步兵团北面渡河的是古德里安的爱将赫尔曼·巴尔克中校指挥的第1装甲第1步兵团，巴尔克团长是一名非常具有活力和创意的军官，后来还担任了G集团军群指挥官，而此时他只是名中校团长，由于在战争中屡屡有上佳的表现，

---

① Frieser,K.-H.*The Blitzkrieg Legend: The 1940 Campaign in the West*（trans. J. T. Greenwood ed.）.Annapolis[M] .MD: Naval Institute Press.2012: 162.

他的晋升速度甚至超过其绝大多数上司，对第1步兵团当面的法军来说，摊上巴尔克这种对手可谓极其不幸。

对法军来说，更倒霉的是该团渡河地域恰好是法军防御上的致命缺陷——戈利耶缺口，因此相对大德意志步兵团渡河时的激战来说，这里要平静得多。在德国空军的猛烈空袭下，对岸的法军都被压制在掩体中动弹不得。由于通向后方法军炮兵阵地的电话线在空袭中被炸断，当第1步兵团开始渡河的时候，法军眼看着冲锋舟一点点逼近却无能为力。1团2营和第43突击工兵营并肩渡过默兹河，使用轻兵器、手榴弹和火焰喷射器逐一攻击法军的工事。为掩护渡河的步兵和工兵，第1装甲师还分出了一个Ⅳ号坦克连和装备Ⅲ号突击炮的第66突击炮连在河岸边进行火力支援，75毫米火炮准确的射击很快打哑了一批法军火力点。此外，德军第701重步兵炮连装备的自行步兵炮更是以威力巨大的150毫米炮弹将当面的法军据点炸得粉碎。

正在这时，古德里安来到了默兹河边，他想了解第1步兵团渡河作战的情况。古德里安登上了下水的冲锋舟，巴尔克和他的参谋们在河对岸笑逐颜开地前来迎接，他对着古德里安喊道："禁止在马斯河上乘船游玩！"这句话本来是几个月前进行渡河演练时，古德里安教训年轻军官们的话语现在被巴尔克演绎成了一句玩笑话。

17点，完成渡河任务的第1步兵团前锋向贝福德（Bevelled）城堡下的十字路口发起了进攻，附近最关键的103号碉堡很快就被德军拿下，该地段的法军防线被轻而易举地瓦解了。70年前的1870年9月2日，拿破仑三世在此地向普鲁士国王威廉投降，从而宣告了法兰西第二帝国的灭亡，拉开了第三共和国的序幕。1940年5月13日，德军第1装甲师在同一地点突破了默兹河防线，从而敲响了法兰西第三共和国的丧钟。

第1装甲师因为得到第43突击工兵营的加强而进展顺利。该营官兵是摧毁碉堡的专家，战前便反复训练使用火焰喷射器和成型装药炸药包催毁敌军的各种工事。不过由于交通堵塞，该营只有部分部队赶到色当。为了能及时投入战斗，该营决定每到一个排就立即渡河。尽管如此，仍旧未能赶上原定参加的第一波强渡。

第43突击工兵营3连在17点15分左右赶到默兹河边，该连3排一时没有找到营部和1团团部，甚至连连部都没有联系上。3排长科塔尔斯（Korthals）中尉当机立断决定自行投入战斗，他亲自带领3排和附近的1排渡过默兹河，然后一路向西攻击，恰好遇到第1装甲师所部在色当—东舍里公路交叉口处受阻。他向西进入了第2装甲师的作战区域，先用发烟罐熏晕守军，接着迅速发起突击连续打掉了两座碉堡，并在 18 点 30 分越过了色当—东舍里公路。

科塔尔斯的突击队在这里折向西南，向一座法军炮台发起了进攻。这座炮台是法军在色当地区最为重要的防御工事，完全控制了色当—东舍里地段的默兹河，有效阻挡了当面德军第 2 装甲师的渡河行动。科塔尔斯突击队的士兵们清楚地看到了河对岸德军第 2 装甲师那些被击毁的坦克，还有士兵正试图将冲锋舟拖到河岸边。

就在此时，德军坦克发射的一枚炮弹正好击中了炮台的一个射击口，法军炮台指挥官诺纳（Nonat）指挥部下用另一门炮继续同河对岸的德军坦克对射，但科塔尔斯突击队的出现一下子打破了战局的平衡。因为射口很大，这座庞大的炮台在遭到德军突击工兵发动的近距离突击时相当脆弱，炮台中的法军炮兵纷纷弃炮台而逃。科塔尔斯决定乘胜追击，去援助还未能成功渡河的第 2 装甲师，2 个突击工兵排沿着默兹河向东舍里展开了进攻，一路上摧枯拉朽，拿下了包括 102 号碉堡这种大型掩体在内的一系列法军火力点，成功接近了东舍里。与此同时，德军第 2 装甲师的前锋部队在历经了一番周折后，终于渡过了默兹河。[1]

科塔尔斯组织的这支突击队不仅在极大程度上帮助了一筹莫展的第 2 装甲师，同时也确保了第 1 装甲师第 1 步兵团的侧翼安全，使得该团在当晚 20 点 10 分成功拿下了法军的抵抗枢纽——弗雷努瓦。经历了一天的苦战，全团官兵此时都已经疲惫不堪，但精力旺盛的巴尔克团长却严令该团不间断地发起进攻，当晚必须拿下301 高地——这座高地正是 1870 年色当之战中老毛奇指挥部的所在地。不过，巴尔克可不是为了什么纪念意义和象征意义才严令部下立即展开行动的，他的命令完全是基于第一次世界大战期间在佛法兰德地区的一次战斗经验。当时的场面与现在非常相似，部队同样精疲力竭，眼看胜利即将到手，突击部队却选择了停下来休息。当晚，敌军抓住机会在山岗上投入了大批预备队，再次组织起了坚实的防御，第二天德军不得不付出了惨重的伤亡代价才最终拿下目标。

回忆起这一惨痛往事的巴尔克对部下说，"今天可以轻而易举拿下的目标到明天就有可能让我们血流成河"，他将 301 高地称为"今天需要拿下的目标"，即使在夜幕已经降临的情况下他仍然身先士卒和 2 营的突击队一起攻占了 301 高地。与此同时，德军侦察部队通过高地附近的森林继续南下，在午夜时分抵达了谢埃里

① Frieser,K.-H.*The Blitzkrieg Legend: The 1940 Campaign in the West*（trans. J. T. Greenwood ed.）.Annapolis[M] .MD：Naval Institute Press.2012：165—166.

村的北面。在拿下高地后，巴尔克向师部汇报称"第1步兵团在22点40分拿下了301高地，夺取了高地上的最后一座法军碉堡，我们完全达成了突破"。战况正如他汇报的这样，第1装甲师在8个小时之内完成了强渡默兹河建立桥头堡的任务，并突破法军的3道防线，向纵深推进了8千米。当晚，基希纳师长通电全师："你们是整个德军进攻的矛头，全体德国人民正在注视着你们！"

奠定胜局的鲁巴特突击队

按照第19摩托化军的计划，第10装甲师将在第1装甲师的左翼展开进攻。和第1装甲师类似，该师强渡默兹河时同样采用了之前图上推演时的命令，很大程度上省去了草拟命令的时间。这道命令全文简洁有力，这里同样全文辑录如下[①]：

第10装甲师 　　　　　　　　　　　　　　　　　　师部 普吕圣雷米
作战科第5号命令 　　　　　　　　　　　　　　　　1940年5月13日

强渡默兹河的师部命令

1940年5月13日

1. 经过5月12日激烈的战斗，第19摩托化军几乎已经把所有的敌人都驱赶到了马斯河对岸，预计敌人会依托马斯河进行强有力的抵抗。

2. 5月13日，我军西线进攻的主攻地段在克莱斯特装甲集群战区。该集群的目标是占领蒙泰尔梅和色当之间的马斯河渡口，德军空军的主力会支援这次行动，将通过8小时不间断的轰炸来粉碎法军在马斯河沿岸的防御。第19摩托化军将在16点开始强渡马斯河。

3. 第19摩托化军于13日上午在预先指定区域做好渡河准备，确保16点能够在巴尔河口和巴泽耶之间渡过马斯河。渡河成功后要迅速建立起由布唐库尔—萨波涅—谢埃里—努瓦耶蓬莫吉一线的桥头阵地。第10装甲师将于5月13日16点发起进攻，在色当以南—巴泽耶（包含在内）一线渡过马斯河，并占领努瓦耶蓬莫吉

---

①海因茨·威廉·古德里安.闪击战：古德里安回忆录[M].李江艳（译）.时代文艺出版社，2016：498—500.

地区的高地。

和第1装甲师的分界线：布永以南3千米处的十字路口—伊村—色当的马斯河中央大桥（均属第1装甲师）—色当南部的公路大桥—努瓦耶蓬莫吉（均属第10装甲师）—比尔松—斯通尼（均属第1装甲师）。

4. 进攻部署：

右翼：第10步兵旅战斗群。

指挥官：第10步兵旅旅长

参战部队：第86步兵团

第41工兵营1连，携带90条小型和45条大型橡皮艇

第49工兵营2连（欠1个排）为工兵突击队

第90反坦克教导营（欠1个连）

第36重高炮营1个连（缺1门高炮）

第1和第2重步兵炮连

左翼：第69步兵团战斗群。

指挥官：第69步兵团团长

参战部队：第69步兵团

第49工兵营1连，携带65条小型和30条大型橡皮艇

第49工兵营2连的1个排作为工兵突击队

第90反坦克教导营的1个连

第36重高炮营的1门高炮

左翼攻击群和右翼攻击群的分界线：日沃讷以东—巴朗以东—蓬莫吉以西—努瓦耶蓬莫吉以东—博梅尼农场以东。

5. 作战任务：

左翼攻击群和右翼攻击群于5月13日下午在指定区域做好攻击准备，在支援部队的协同下，对马斯河沿岸的法军支撑点、碉堡及区域内的其他目标发动进攻。攻击群要将参与首轮攻击的突击队部署在马斯河沿岸，以便在16点准时发起进攻，为此每个人在空袭阶段都要尽力完成自己的任务。

右翼攻击群的首个目标是瓦德兰库尔（Wadelincourt）以西的法军支撑点，然后转向南面，席卷瓦德兰库尔以南的法军据点，占领努瓦耶蓬莫吉和西面的高地。

左翼攻击群要占领蓬莫吉及东边的法军据点，配合作为攻击主力的右翼攻击群，

主要目标是努瓦耶蓬莫吉—蓬莫吉的公路。

6. 各攻击群的指挥官要安排好出发阵地，派军官率领突击队强渡，右翼攻击群渡河后要确定稍后浮桥搭建的位置。

7. 第 90 炮兵团（欠 1 个 105 毫米榴弹炮连和 3 营）将按照火力计划表为进攻提供支援，每个攻击群都会得到 1 个炮兵营支援。

8. 第 41 工兵营和第 49 工兵营不参加突击队的单位，于 16 点在拉沙佩勒以北集合，由第 41 工兵营统一指挥，到马斯河边组装渡船，稍后在色当以南搭建一座桥梁。

9. 第 71 高炮营 1 连负责掩护突击队的备战和强渡行动，主要掩护右翼攻击群的战区。第 55 高炮营 3 连掩护装甲旅推进。

10. 侦察：

（a）空中侦察：第 14 侦察机中队第 3 小队负责侦察东舍里—巴尔河畔谢姆里（Chémery-sur-Bar）—塔奈（Tannay）—巴尔河畔布略勒（Brieulles-sur-Bar）—沃昂迪厄勒（Vaux-en-Dieulet）—马斯河畔普伊—泰塔涅—弗朗舍瓦勒地区的公路情况。特殊要求，另作安排。

（b）地面侦察：第 90 装甲侦察营编为 2 个侦察群，根据师部部署在拉沙佩勒以北地区待命。

11. 通讯联络：

第 90 装甲通信营负责各攻击群和建立桥头堡阵地的指挥官之间的无线电通讯联络，保证指挥渡河行动的指挥官与 3 个渡口间的通信线路畅通，以及各攻击群过河后与最前方的步兵之间的联络。

12. 交通控制：

莫泰昂（Mortehan）—拉沙佩勒的专用公路由第 3 道路指挥官和装甲旅负责；拉沙佩勒—色当（后延伸至瓦德兰库尔）的公路由第 4 道路指挥官和第 90 装甲侦察营负责。

13. 师预备队，第 4 装甲旅为师预备队，17 点起进入贝尔勒维黑的树林里，之后转向拉沙佩勒以东地区，第 4 装甲旅旅长将和师部一起行动。

14. 主包扎所：拉维黑（拉沙佩勒以南 1 千米）。

15. 师部：普吕圣雷米。

师前进指挥部：日沃讷西南高地。

签名：沙尔

不幸的是，相比友邻的第1装甲师，第10装甲师的强渡行动在部队尚未展开前就遭遇了重重困难。首先，第1装甲师分到了阿登地区最好的道路，全师基本上准时抵达了集结地，而第10装甲师尽管拼命赶路，但受制于道路状况，第86步兵团的工兵部队和冲锋舟在预定进攻时间到来前20分钟还在赶路。第86步兵团团长汉斯·施雷普弗（Hans Schreppfer）上校不得不请求上级允许他推迟进攻，但却遭到上司第10步兵旅旅长沃尔夫冈·菲舍尔（Wolfgang Fischer）上校的痛斥："赶紧准备，就算是游泳你们也得给我准时游过马斯河！"

旅长菲舍尔上校希望充分利用空袭给法军造成巨大心理冲击的机会发起进攻，为了强调自己的命令，他亲自带领右翼进攻集群投入了战斗[1]。不过，缺乏渡河设备的德军显然不能真的靠游泳游过默兹河，第10装甲师不得不等待冲锋舟和橡皮艇送达，并且花费宝贵的时间为橡皮艇充气，而法军则借机从空袭造成的震撼中恢复过来，严阵以待准备迎击德军的渡河行动。

雪上加霜的是，第10装甲师的支援火力严重不足。古德里安将手中几乎所有可用的支援火力都调去支援第1装甲师的渡河行动，包括第10装甲师唯一的重炮营，这就使得第10装甲师只能靠自己的24门105毫米轻型榴弹炮来与左翼的法军第71步兵师师属炮兵和第10军的军属炮兵进行炮战。法军炮兵的观察员占据了绝好的阵位，给第10装甲师左翼集群的渡河行动造成了极大困扰——法军的炮火反准备正好击中了德军卸载渡河器材的车辆，将第69步兵团的96条橡皮艇摧毁了81条，直接将该团的渡河行动扼杀在了摇篮中，迫使该团不得不撤下作为第86步兵团的预备队。与此同时，法军炮火还摧毁了该团炮兵观察小组的电台，使得该团无法获得有效的炮火支援[2]。

更糟的是，第10装甲师的渡河点附近几乎没有任何树林和建筑物遮掩，绝大多数德军渡河部队在渡河前必须要通过长达800米的开阔地才能抵达河边。除去自己携带的装备外，德军步兵还不得不拖着装满各种工兵突击装备（剪钳、集束炸药和炸药包）的橡皮艇前往河岸，这成了对面法军炮兵和机枪火力的活靶子。

当一些法军打过来的炮弹爆炸，冒出了模样奇怪的白烟时，渡口的场景顿时变

① Schick.A.*Combat History of the 10. Panzer Division*[M].J.J. Fedorowicz.2013：92.

② Schick.A.*Combat History of the 10. Panzer Division*[M].J.J. Fedorowicz.2013：91.

Frieser,K.-H.*The Blitzkrieg Legend: The 1940 Campaign in the West*（trans. J. T. Greenwood ed.）.Annapolis[M] .MD：Naval Institute Press.2012：168.

得更为混乱——德军认为法军发射了毒气弹，人人都手忙脚乱地开始戴防毒面具。不过，德国人很快就发现这些炮弹不是毒气弹，而是由于储存太久出现问题的普通炮弹，事实上法军有部分炮弹是一战结束后留下的库存货①。

第 10 装甲师连续发动的几次强渡都被法军密集的炮火打退，最初德军甚至都没能将冲锋舟成功拖到河边，它们被法军密集的机枪火力钉死在了距离河流 300 米处的一道河堤上。德军费尽周折才侥幸将冲锋舟拖到岸边，却发现整个河面基本上都被法军机枪火力封锁住了。让第 10 装甲师官兵庆幸的是，成功冲入河中的两条冲锋舟上有一个机灵的指挥官，他就是第 49 工兵营 2 连 27 岁的瓦尔特·鲁巴特（Walter Rubarth）上士。

在鲁巴特上士带领两条冲锋舟在河中行进时，由于士兵们携带的装备过重，冲锋舟几乎沉没。他本来想让剩下的两条冲锋舟返回去，但是法军猛烈的炮火让他们无法回头。危急中上士对士兵们大叫道："我们不需要工兵铲！要么过河，要么大家一起完蛋！"他命令士兵丢弃掉工兵铲等掘壕工具，机枪手则将机枪架在战友的肩膀上射击以压制法军火力，两条冲锋舟在枪林弹雨中快速渡过了 70 米宽的河流。

鲁巴特和他的战友在默兹河东岸友军的欢呼声中跳上岸迅速散开，事后他回忆道："我在一处土木工事附近上岸，和波楚斯（Podzus）一等兵一起敲掉了这座工事。法军炮兵向我们的渡河点展开了密集射击，我在铁丝网上剪开了一个口子，带头冲过了铁丝网并从后面向下一座碉堡发起了进攻。随着轰的一声巨响，那座碉堡后部被炸开了一个大洞，我们向碉堡内扔了手榴弹，迫使守军在战斗了片刻之后打出了白旗。此时从河对岸传来了友军的欢呼声……就这样，默兹河沿岸的碉堡群被我们打开了一道宽达 300 米的缺口，我们从缺口杀入，抵达了铁路路堤后面的道路，在此地我们遭到敌军的密集火力射击，不得不寻求掩护。直到此时我才发现，上了岸的人只有我、1 名士官、4 名士兵和掩护我们的那个步兵班。"

于是，鲁巴特返回默兹河北岸寻求增援，随后和工兵排中的 4 名工兵一起再次强渡了默兹河，并从铁路路堤处再次发起进攻，敲掉了法军的 8 号和 9 号碉堡。这支小型突击队的打击恰好打在了默兹河河曲处德军第 1 和第 10 装甲师的结合部

① Frieser,K.-H.*The Blitzkrieg Legend: The 1940 Campaign in the West*（trans. J. T. Greenwood ed.）.Annapolis[M].MD: Naval Institute Press.2012: 169.

▲ 第2装甲师师长鲁道夫·法伊尔中将的指挥车。

上，无意中为大德意志步兵团在色当南部苦战的部队打开了前进的道路，但位于247高地上的法军密集机枪火力再次迫使鲁巴特的小分队转入了防御[1]。

就在鲁巴特强渡过河不久后，距离他左面不远处，第86步兵团2营的汉堡中尉也率领一小队部下驾驶冲锋舟过了河，拿下了220号碉堡并攻到瓦德兰库尔附近。回过神来的瓦德兰库尔守军向渡河的德军分队发起了一轮又一轮反击，上了岸的德军展开了绝望的殊死抵抗，一直坚持到更多的部队成功过河。19点，第86步兵团1营拿下了瓦德兰库尔并向246高地发起了进攻[2]。

值得注意的是，鲁巴特不过是一名普通士官，但他并没有像对面的法军同行那样傻坐着等待军官下达命令，而是充分发挥了德国陆军主动进取、大胆进取的优良传统，和随后的汉堡小分队一起彻底扭转了第10装甲师渡河地段的战局，为该师的渡河行动奠定了胜局。他率领的总共只有12人的小分队一路上敲掉了7座法军碉堡，在法军阵地上打开了决定性的突破口，为此鲁巴特被授予了骑士铁十字勋章。

第2装甲师的渡河行动

不过，在第19摩托化军当天的强渡行动中，第10装甲师的战况还不算最糟糕的，在该军最右翼的第2装甲师的任务最为艰巨，其态势也最为不利。该师沿着阿登北部的两条道路行军，这两条路的交通堵塞情况也最为严重，结果在第1和第10装甲师发动渡河进攻时，第2装甲师的主力还没有展开。第2步兵团团长汉斯·克利茨（Hans Koelitz）中校回忆道："我们从一个摩托车传令兵那里收到了师部'5月13日16点强渡默兹河'的命令。13日，什么？那就是今天啊！只剩2个小时了，

---

[1] Frieser,K.-H.*The Blitzkrieg Legend：The 1940 Campaign in the West*（trans. J. T. Greenwood ed.）.Annapolis[M] .MD：Naval Institute Press.2012：169—172.

Schick.A.*Combat History of the 10. Panzer Division*[M].J.J. Fedorowicz.2013：93.

[2] Schick.A.*Combat History of the 10. Panzer Division*[M].J.J. Fedorowicz.2013：94.

∧ 战后德军检查在瓦德兰库尔的一座被敲掉的法军碉堡，这很有可能是鲁巴特突击队的战果。

∧ 在掩体中战斗到最后一刻的法军步兵。

▲ 德军第2装甲师在东舍里附近的渡河点。

我们却还被堵在这见鬼的阿登森林里！"[①]

  第 2 装甲师的渡河地段也不怎么理想，河边两三千米范围内都没有什么可以提供掩护的地形，在前往预定渡河地段的过程中，该师左翼甚至还被迫同时暴露在默兹河河曲两岸的法军火力网下。法军在该地区的火力体系格外严密，部署在贝勒维十字路口的那座炮台更是可以用直瞄火力杀伤任何接近该地段默兹河北岸的敌军，法军第 55 步兵师的 174 门火炮也可由部署在这里的炮兵观测员引导，与左邻的第 102 步兵师师属炮兵密切配合，对德军第 2 装甲师的部队进行猛烈炮击。

  令德国人无奈的是，第 2 装甲师也和第 10 装甲师一样，所属的重炮被调走去支援第 1 装甲师在色当附近的主攻了。全师仅有的 24 门 105 毫米轻型榴弹炮直到傍晚 17 点才赶到，而运载大部分炮弹的卡车还远远落在后面。

  基于以上种种不利因素，第 2 装甲师认为 5 月 13 日当天很难发起进攻，直到 17 点 30 分，在德军其他部队发起进攻一个半小时后，第 2 装甲师的突击部队才开始行动，结果德军的强渡被法军轻而易举地挫败了。绝大多数冲锋舟甚至都没能下

---

  ① Frieser,K.-H.*The Blitzkrieg Legend：The 1940 Campaign in the West*（trans. J. T. Greenwood ed.）.Annapolis[M] .MD：Naval Institute Press.2012：173.

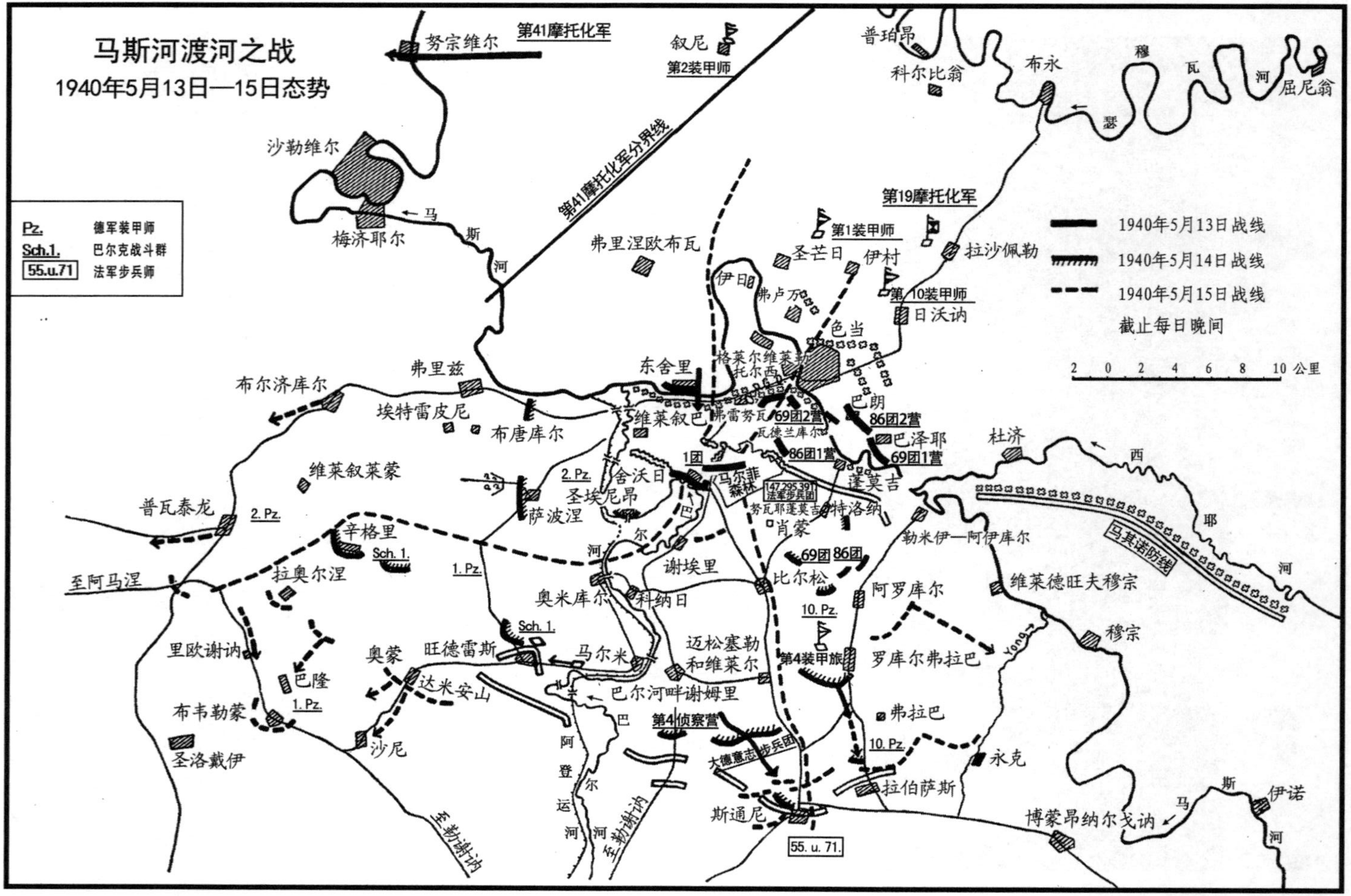

马斯河渡河之战
1940年5月13日—15日态势
Pz. 德军装甲师
Sch.1. 巴尔克战斗群
55.u.71 法军步兵师
1940年5月13日战线
1940年5月14日战线
1940年5月15日战线
截止每日晚间
2 0 2 4 6 8 10 公里
第41摩托化军
努宗维尔
叙尼
第2装甲师
第41摩托化军分界线
沙勒维尔
梅济耶尔
马
斯
河
弗里涅欧布瓦
普珀昂
科尔比翁
布永
穆
瓦
瑟
河
屈尼翁
第19摩托化军
第1装甲师
圣芒日
伊村
拉沙佩勒
伊日
弗卢万
第10装甲师
日沃讷
色当
格莱尔维莱勒
托尔西
东舍里
巴朗
弗里兹
布尔济库尔
埃特雷皮尼
布唐库尔
维莱叙巴
弗雷努瓦
69团2营
86团2营
瓦德兰库尔
巴泽耶
86团1营
69团1营
杜济
西
1团
马尔菲森林
147,295,391法军步兵团
蓬莫吉
舍沃日
2.Pz.
圣埃尼昂
萨波涅
维莱叙莱蒙
普瓦泰龙
2.Pz.
辛格里
Sch.1.
努瓦耶蓬莫吉
特洛纳
肖蒙
巴
尔
河
勒米伊—阿伊库尔
耶
马其诺防线
河
69团
86团
谢埃里
比尔松
阿罗库尔
维莱德旺夫穆宗
至阿马涅
拉奥尔涅
1.Pz.
奥米库尔
科纳日
10.Pz.
穆宗
Sch.1.
旺德雷斯
马尔米
迈松塞勒和维莱尔
第4装甲旅
罗库尔弗拉巴
Yong
里欧谢讷
奥蒙
巴隆
达米安山
巴尔河畔谢姆里
弗拉巴
布韦勒蒙
1.Pz.
巴
第4侦察营
10.Pz.
永克
沙尼
阿
登
运
河
大德意志步兵团
圣洛戴伊
尔
至勒谢讷
河
至勒谢讷
拉伯萨斯
斯通尼
55.u.71.
博蒙昂纳尔戈讷
马
斯
伊诺
河

水，在该师右翼的进攻集群中，一名勇敢的中尉干脆带领部下游过了默兹河，但他们发现自己什么都做不了，只好灰溜溜地游了回去。

如前所述，正是此时渡河成功的第 43 突击工兵营的 2 个排在科塔尔斯中尉的率领下，从后方敲掉了法军部署在贝勒维十字路口的那座炮台及其附近的几座碉堡，帮了第 2 装甲师的大忙。当晚 20 点，第 2 装甲师的一支小分队总算渡过河去，但渡口仍旧遭到法军密集火力覆盖。直到 22 点 20 分天黑透后，德军才分批渡过默兹河。

第 2 装甲师在渡河时遇到的一系列麻烦，倒是从侧面印证了古德里安此前拒绝让第 19 摩托化军主力在色当以西实施强渡的正确性，即便是战前坚持应在那里渡河的克莱斯特，在战斗结束后也不得不承认古德里安有先见之明。22 点 30 分，第 19 摩托化军军部下发了一道命令，总结了全天的战事并对第二天的作战任务进行了安排，该命令全文如下：

第 19 摩托化军军部　　　　　　　　　　1940 年 5 月 13 日 拉沙佩勒镇外森林
作战处　　　　　　　　　　　　　　　　　　　　　　　22 点 30 分

1. 只有 1 个法国要塞旅和炮兵负责马斯河防御，该部已被我部重创。

2. 军内各部渡过马斯河后分别进抵以下区域：

第 2 装甲师，东舍里的西南地区。

第 1 装甲师，马尔菲森林高地的北部。

第 10 装甲师，瓦德兰库尔。

3. 各师继续尽其所能向前进攻，并以一切可能的兵力增援已经渡河的部队。各师在侧翼部署兵力时要注意内翼的协调，确保彼此间的密切协同。

4. 各师按照地图推演时的设定占领各自目标，第 10 装甲师抵达比尔松东部后要向西转进。

第 2 装甲师经由布唐库尔向普瓦泰龙推进。

第 1 装甲师经过旺德雷斯（Vendresse）突向勒谢讷，其左翼沿埃纳河向勒泰勒（Rethel）推进。

第 10 装甲师目前沿指定路线掩护全军左翼。

5. 军部继续留在拉沙佩勒。

签名：古德里安

默兹河桥的修建及德军坦克渡河之谜

现在对古德里安来说更进一步的挑战还在后面，德军步兵部队已经成功地在默兹河对岸建立了桥头堡，但德军坦克呢？它们能够按照古德里安的计划迅速渡过默兹河，进一步扩大战果，彻底瓦解法军防御吗？

显然，当务之急是迅速让坦克过河——德军第 505 工兵营在第 37 装甲工兵营一部的协助下正争分夺秒地在戈利耶架桥，具体位置与 1914 年 8 月 23 日德军第 4 集团军的架桥地点基本一致。当晚 19 点 10 分，第一座 16 吨级的浮桥已经架设完毕，德军反坦克炮和轻步兵炮可以由此跨过默兹河投入战斗。午夜时分，德军终于将那座著名的戈利耶桥架设完毕，第一台车辆在 5 月 14 日零点 10 分驶过了这座桥，但第 1 装甲师的第一辆坦克直到 14 日清晨 7 点 20 分才出现在默兹河对岸，在 7 个小时的时间里居然没有一辆德军坦克开往对岸，这是怎么回事呢？

有人说，古德里安刻意将步兵部队和装甲部队分成两个梯队梯次投入，为的是能获得最佳的战役突然性。战后，弗里德里希 – 威廉·冯·梅伦廷（Friedrich–Wilhelm von Mellenthin）少将在他那本著名的《坦克战》一书中对古德里安的做法不以为然："如果在强渡默兹河时，巴尔克中校的部下配有坦克的话，事情就会好办得多了。5 月 13 日夜里就可以让一部分坦克渡河，不必让步兵在没有坦克支援的情况下在当晚继续向前推进。若法军的反击行动稍微快一些，第 1 步兵旅的处境就很危急了。"①

实际上，尽管第 1 装甲旅早在 5 月 14 日凌晨 1 点 30 分便接到了通过浮桥渡河的命令，但法军炮兵的火力相当准确，德军的各种车辆和被法军炮火击毁的车辆残骸拥堵在一起，从集结地到桥梁的 10 千米距离装甲部队走了整整 6 个小时。

不过，按照德国著名军事历史学家弗里泽尔的看法，这一问题的根源所在是古德里安自己都被战局发展的速度惊呆了——首批数量不多的德军渡过默兹河后，没有等待后续部队增援上来便主动展开了进攻，找出了法军防线上的薄弱点并充分加以利用，他们打穿了这些薄弱之处渗透到了法军防线后方，接二连三地敲掉了法军的工事。②

通过仔细分析可以看到，德军强渡阶段最令人震惊的战果是，法军在色当地区

---

① Mellenthin.F.-W.V.*Panzer Battles*[M].The History Press.2009.

② Frieser,K.-H.*The Blitzkrieg Legend: The 1940 Campaign in the West*（trans. J. T. Greenwood ed.）.Annapolis[M] .MD：Naval Institute Press.2012；175.

的默兹河防线基本上就栽在了德军的 3 支小部队上——大德意志步兵团 2 营 7 连，科塔尔斯中尉的 2 个突击工兵排，以及鲁巴特上士那支由 12 人组成的小分队。就在这 3 支小部队瓦解法军的防御体系时，绝大部分德军官兵和重武器还都在北岸等待渡河。德军大部队陆续过河后，他们惊讶无比地发现当面很多地段上的法军居然已经消失不见了，这些法军的消失是如此突然和诡异，以至于不少德军官兵认为自己中了法国人的空城计。那么，对面的法军身上究竟发生了什么呢？

色当桥头堡的巩固

第 71 步兵师的溃散

　　色当南面 8 千米的比尔松附近有一座面积不小的堡垒，那里是法军第 71 步兵师师部所在地，也正是 1940 年西线战役中最大的"奇观"发生之处。5 月 13 日傍晚 18 点[①]，第 71 步兵师师部的一名军官外出查看情况时，发现师部外面挤满了四散而逃的法军士兵。第 10 军参谋长吕比上校日后回忆了当时他所见到的这一"壮观场面"：

　　突然，一大波溃逃的步兵和炮兵从比尔松方向顺着公路向我们这里跑来，他们或搭车，或步行，不少人都没有携带武器，却没有忘记背上背包。他们喊着"德国人的坦克冲到比尔松了"，还有一群人四处胡乱开枪，显然这是一次集体癫狂的行为……所有人都喊着自己在肖蒙和比尔松看到了德国坦克，更糟糕的是各级军官也嚷嚷着自己接到了撤退命令，却支支吾吾说不出他们到底是从哪儿接到的撤退命令。

　　更为荒谬的是，上述地区其实连一个德军士兵都没有，德军坦克更是还远在河对岸，12 个小时后才渡过默兹河。追溯这一事件的源头，很有可能最初关于德军坦克出现的报告来自于第 169 野战炮兵团的一名上尉，当然他并不是有意为之。他向上级报告自己的炮兵连前方不远处有炮弹爆炸，这些炮弹有可能来自德军的坦克，但不知怎么，或许是听到"德军坦克"一词就精神过敏的广大法军士兵很快就将这个消息如同野火一般传播开了。

　　同几乎所有大众谣言的传播一样，这个消息在传播过程中经广大好事的法军官兵有意无意地添油加醋，不出意外地很快变了味。原先报告中"突然袭来的炮弹"

---

　　① 德国时间和法国时间相差一个小时，此处采用法国时间。

变成了"冲向比尔松的德军坦克的炮口焰",于是溃散的法军士兵就高喊着"德军坦克冲到比尔松了","德军坦克冲过来了,正追在我们后面呢","德国人冲过来了,大家快跑啊","大家都开始跑了,还等啥啊,赶快各跑各的吧"。

很快,大量法军士兵如同滚雪球般纷纷加入到了溃逃的行列中,从比尔松到迈松塞勒和维莱尔(Maisoncelle-et-Villers)的道路一下子变成了逃亡之路。第55步兵师师长拉方丹准将带着一群参谋从路旁的师部中冲出,徒劳地想阻止这场雪崩一样的溃逃。他下令将一些卡车停在道路上挡住溃逃的法军,还一度摸出手枪想武力吓阻,接着又亲自和士兵谈心希望他们冷静下来。然而,拉方丹的一切努力最终还是付诸东流了,溃逃的士兵干脆直接逃进了森林,消失在了一片黑暗中。就连后方地区试图拦阻溃军的法军军官和宪兵在这场空前的大溃逃面前也束手无策,同样被淹没在了溃兵的汪洋大海之中,一些法军士兵干脆一路逃到了上百千米外的兰斯城中![1]

令人惊讶是,最先溃逃的并不是在一线饱受重压的法军步兵,反而是后方的法军炮兵部队,而且连他们的军官都纷纷加入到了集体癫狂的行列中。原来,第10军军属重炮部队的指挥官蓬斯莱(Poncelet)上校在一群营长的再三起哄下下达了一道撤退命令,法军炮兵部队之间相对发达的通讯联系使这道命令和德军坦克来袭的谣言迅速如同病毒般传播开来。当他反应过来德军坦克的警报不过是子虚乌有时,一切都太晚了——由于他这个命令造成的连锁反应,不仅第55步兵师直接溃散,就连友邻的第71步兵师也因此溃散了一部分。羞愧难当的蓬斯莱上校几天之后亲手结束了自己的生命。

更要命的是,随着炮兵的溃散,法军的一线步兵也纷纷加入了大溃逃的行列。由于轮换制度将各连队的凝聚力打散,法军预备役军官和士官又相当无能,加之在5月13日全天遭受了持续的空袭,却没有看到法国空军前来保护他们,不少士兵认为"我们被出卖了",更多的人认为"我们的军官丢下我们跑路了"。

情急之下,拉方丹师长自己也犯下了一个致命的错误——在一群师部参谋的怂恿下,他在法军溃散开始后不到1小时就仓促命令师部向东南4千米处转移。溃散的部队看到师部转移士气便完全崩溃了,他们认为师长也带头加入了逃跑的行列,于是跑得更起劲了。师部在转移过程中更是多灾多难,附近的法军溃兵胡乱开枪,

① Frieser, K.-H.*The Blitzkrieg Legend: The 1940 Campaign in the West*(trans. J. T. Greenwood ed.).Annapolis[M].MD:Naval Institute Press.2012:176—177.

吓得师部鸡飞狗跳，此时恰恰传来了德军对师部所在的堡垒发起进攻的消息（当然这是以讹传讹的谣言），被吓破胆的师部参谋们七手八脚地将各种密码本和机密文件集中起来一把火烧掉，顺手把电话交换机也给砸了——于是乎，第55步兵师自己把自己斩首，彻底丧失了指挥能力。[①]

显然，第55步兵师的溃散过程是非常荒唐可笑的，法军自然为此组织了一干委员会来调查原因。然而，法军士兵均一口咬定他们亲眼看到了德军坦克向他们杀来——尽管此时德国坦克其实统统都在默兹河对岸，最后法军的调查报告不得不将第55步兵师的溃败归结于集体性的歇斯底里。

第55步兵师师长拉方丹准将一口咬定是第五纵队在搞破坏，在维希政府时期组织的调查中，他声称第五纵队中不仅仅有德国人，还有法共的反战分子在刻意起哄制造混乱。大量无法解释从哪里收到后撤命令的法军军官也纷纷借坡下驴，杜撰出了德军摩托车传令兵穿着法军制服四处散发假命令的说法，甚至还有人编造出了德军空投伞兵制造混乱的无稽之谈（此时德军伞兵部队基本上都在荷兰和比利时作战）。

当然，二战结束后也有说法指出法国士兵是被自家坦克吓跑的，但这同样不可能，因为当时该地区并没有法军坦克部队。不过，德军的战后报告指出在301高地附近倒是有一些充作拖拉机的老式雷诺FT-17坦克，这些第一次世界大战时期的坦克被德军误认为是法军现役的战斗坦克。另有一种说法指出法军士兵将自家的装甲车当成了德军坦克，但这个说法从时间上来看是站不住脚的，因为实际上这些装甲车是在第55步兵师溃散时赶来增援的。[②]

总而言之，德军装甲部队创造了空前绝后的"奇迹"，不发一枪一弹，光靠"吓"就直接将法军第55步兵师吓得全师溃散。尽管随后德军装甲部队又多次将当面的法军吓跑，但这次不同，因为德军坦克还在默兹河对岸，根本就没有出现在法军阵地上。

法军指挥体系的失败

德军和法军坦克在色当地区的第一次对决发生在5月14日8点45分，地点在比尔松西南的322高地，距离第55步兵师最早的师部所在地只有几百米远。这不

---

① Frieser,K.-H.The Blitzkrieg Legend: The 1940 Campaign in the West（trans. J. T. Greenwood ed.）.Annapolis[M] .MD：Naval Institute Press.2012：177.

② Frieser,K.-H.The Blitzkrieg Legend: The 1940 Campaign in the West（trans. J. T. Greenwood ed.）.Annapolis[M] .MD：Naval Institute Press.2012：399.

▲ 战前展开演练的一队法军FCM-36坦克，正是这型坦克构成了法军对色当桥头堡反击的主力。

仅仅是两国装甲部队的再次对抗（此前是5月12日在比利时的阿尼地区），更是两国完全不同的作战方式的再次对抗。大约3周前，法军第10军在一次图上推演中准确地推算出了此地的战局变化，按照推演结束后的总结，法军将投入军预备队堵住这里的缺口，然后以此为跳板发起反击将德军彻底赶进默兹河里喂鱼。安齐热将军也参加了这次图上推演，他最后自信地总结道："德军是无法从这里突破的！"

5月13日下午德军开始强渡默兹河后，第10军军长格朗萨尔在15点（法国时间，对应德国时间为16点）便命令法军预备队按照3周前图上推演的部署，按部就班地赶往比尔松地区。法军左翼部队为第213步兵团，该团得到了第7坦克营的支援，右翼则是得到第4坦克营支援的第205步兵团。

按照格朗萨尔中将的如意算盘，第213步兵团只需要2个小时便可以在距离原集结地5千米处的巴尔河畔谢姆里——比尔松一线占领出发阵地，第7坦克营则可在1小时50分钟后抵达。

不过格朗萨尔万万没想到自己完全低估了部队的拖拉能力，他的命令在5月13日17点30分由摩托车传令兵送到了第213步兵团团部，该团团长皮埃尔·拉巴尔特（Pirre Labarthe）中校在1小时后下达了出发命令，并将全团开拔的时间定在了20点。就这样，在第213步兵团出动前时间已经过去了至少2个小时，而该团刚刚出发便迎面遇上了第55步兵师的大溃散。

法军第7坦克营的行动更是拖延到离谱，由于担心遭到空袭，在傍晚18点收到命令后，该营决定等到21点30分再出动，这样就能充分利用黑夜的掩护。但他们同样迎面撞上了正四散溃逃的第55步兵师的溃兵及车辆，不得不以龟速前行。当法军坦克终于进入预定出发阵地时，已经过去了整整17个小时！

20点，格朗萨尔中将亲自给拉方丹准将打电话，命令其利用军预备队的2个步兵团和2个坦克营进行反击。但如前所述，拉方丹师长正为部队的一哄而散焦头烂额，随后又忙于转移师部，直到当晚22点他才从第10军副参谋长卡舒（Cachou）中校那里得到消息：第213步兵团并没有按照预订计划及时赶来，而是直接在半路上停下来转入了防御。拉方丹师长对此无动于衷，既没有干预第213步兵团的行动，也没有竭尽全力组织反攻，而是将皮球踢回了第10军军部——他要求军部给他下达详尽的作战命令。

直到5月14日凌晨1点，拉方丹才慢吞吞地开始行动。不可思议的是，他，直接去了第10军军部，并没有像对面的德军军官那样，身先士卒地前往一线视察战况，确保反击部队的出发阵地掌握在己方手中。这一做法显然相当不妥，第55步兵师师部此时已重新和军部建立了通讯联系，拉方丹并无必要亲自去军部。他这一走反而令法军即将展开的反击失去了一线组织者和指挥者，给了当面的德军喘息的时间。

凌晨2点20分，师长离开后暂时代理第55步兵师指挥权的沙利涅（Chaligné）上校给军部打了一个电话，却发现师长拉方丹居然还没抵达军部。不过沙利涅上校倒是和军长格朗萨尔取得了联系，后者向他宣读了刚刚起草好的发动反击的书面命令全文，并授权他在师长缺席的情况下全权负责组织反击行动。

电话打完约10分钟后，拉方丹总算来到了军部，但军长格朗萨尔此时却外出视察了。拉方丹甚至连先前向他传达命令的军副参谋长都没有遇见，两人正好错开，后者正赶往第55步兵师师部准备亲自向拉方丹传达反击的书面命令。无奈之下拉方丹不得不折回师部，这样一来一回让他在路上白白浪费了最为关键的3个小时，原本他应该利用这几个小时的时间好好组织反击的。而在河对岸，德军的桥梁此时已经架设完毕，第1装甲师的坦克正在向桥头运动。

凌晨4点，拉方丹返回了师部，令人匪夷所思的是他不顾一群参谋的请求，非但没有马上下达准备反击的命令，反而坚持要等待军部将书面命令送达。要知道早在11个小时前他就从军长那里听到了命令的大致内容，师部的其他军官也都知道这道命令的具体内容，可拉方丹固执地强调必须等军副参谋长卡舒中校将那份书面命令送来。

那么，比拉方丹还早动身前往第55步兵师师部的卡舒中校哪里去了呢？原来，迟迟未能现身的他被第55步兵师此前溃散的部队给堵在了路上，直到凌晨4点45分才赶到了第55步兵师师部。在卡舒中校当众宣读了这道众人期待了近7个小时的书面命令后，聚集在一起的法军军官顿时都被惊掉了下巴——这正是3周前那次图上推演中的命令，其主要内容军长早在9个小时之前就通过电话通知了师长。这就意味着第55步兵师白白浪费了一整夜的宝贵时间，错过了趁着德军坦克尚未渡

▲ 赶往前线途中的法军步兵。

河而对其立足未稳的步兵发动反冲击的天赐良机!

战后,拉方丹几乎被批评者的口水淹死,他的老上司格朗萨尔中将更是把他骂得狗血喷头。拉方丹试图以手下的反击部队尚未就位为由,来为自己辩护,但格朗萨尔在战后的著作中清楚无误地阐明了他在 5 月 13 日晚间就电话命令拉方丹发起反攻并且派出了部队[①]。

不过,第 55 步兵师当晚的荒唐局面归根结底也不是拉方丹这个倒霉蛋一个人的责任,而是法、德两军间指挥体系的对决造成的。按照法军指挥体系的惯例,部队在展开行动前会制定出详细的书面命令,预先规划好行动的每一个阶段,指挥官要收到具体的书面命令后才会展开行动。而德军的"任务式战术"指挥法则强调各级军官充分发挥自己的主观能动性,即使没有从上级指挥部收到命令,也要根据之前分配的任务展开行动。实际上,早在第一次世界大战初期阿登地区的一系列运动战(如 1914 年 8 月 23 日的讷沙托之战和罗西尼奥勒之战)中,法军便屡次因为僵化的指挥赶不上瞬息万变的战场态势而一再错失战机,甚至出现了优势兵力被德军的劣势兵力痛打,最精锐的殖民地师主力被数量基本相当的德军部队在一天之内围歼的惨剧。由于一战时期西线战场堑壕战的性质或多或少地掩盖了法军指挥体系面对运动战反应迟缓这个严重问题,战后法军未能充分分析战争爆发初期自身指挥体系暴露出来的问题,反倒因为取得了战争胜利而自认为可以高枕无忧了。

具体到色当之战中的法军第 55 步兵师,师长拉方丹在 5 月 13 日晚上就受领了对桥头堡内的德军发起反击的任务,但他一直没有收到具体的书面命令,根据法军指挥体系的传统,他并不敢承担在没有书面命令的情况下展开行动的责任。或许他

---

① 第 10 军的这番闹剧主要取材于两本书:

Doughty.R.A.*The Breaking Point: Sedan and the Fall of France, 1940 (Stackpole Military History Series)*[M]. Stackpole Books.2014 .

Frieser,K.-H.*The Blitzkrieg Legend: The 1940 Campaign in the West*(trans. J. T. Greenwood ed.).Annapolis[M] .MD:Naval Institute Press.2012.

半夜跑到军部的原因正是为了得到书面命令。

在折腾了一整夜后，法军的反击总算在 5 月 14 日清晨 7 点 30 分开始了，不过此时只有左翼的第 213 步兵团和第 7 坦克营准备就绪，右翼的第 205 步兵团和第 4 坦克营还远远落在后面。第 7 坦克营的 3 个坦克连各自负责支援第 213 步兵团的 3 个营，不过该团此时只能得到 1 个炮兵营（第 87 炮兵团 1 营）的火力支援，当拉巴尔特团长离开第 55 步兵师师部时，他哀叹道："这对我们团而言可是自杀性的任务啊！"

实际上，情况并没有拉巴尔特团长哀叹的这么坏，事后格朗萨尔也指出 5 月 13 日夜间到 14 日凌晨法军的态势"远没有当时我们认为的那么糟"——第 55 步兵师并没全部溃散干净，尽管炮兵部队和各种后方人员在 13 日晚间的集体癫狂后所剩无几，但该师右翼的一些步兵部队仍旧竭尽全力在圣康坦农场—肖蒙—298 高地一线展开防御。这些步兵来自 6 个不同的步兵营，大约凑出了不到 2 个营的兵力，成功掩护了法军反击部队进入出发阵地。在法军左翼，位于德军突破口侧面的法军第 331 步兵团仍旧坚守着阵地，之前在阿登地区的战斗中遭到重创的法军第 5 轻骑兵师也在阿登运河西面进入了新的防御阵地。

再来看看德军，13 日晚间可谓命运攸关的一夜，整个第 19 摩托化军只有第 1 步兵团成功达成了纵深较大的突破，但突破口两翼仍相当薄弱。经历了一系列高强度行军和战斗，很多连续 4 天没有好好睡觉的德军士兵此时无论是心理上还是生理上均疲惫到了极点，在巴尔克团长率领部队拿下 301 高地后，耗尽体力和精力的德军士兵直接倒在地上睡着了。天亮后，第 1 装甲旅的坦克因为交通堵塞直到 14 日清晨 7 点 20 分才开始过河。从德军步兵开始强渡到坦克最终过河，时间长达 15 个小时，法军只要以 2 个新锐步兵团在 2 个坦克营共 90 辆坦克的支援下发起一轮果断干脆的反冲击，便可将精疲力竭的德军步兵痛打一番，甚至很有可能改变整个战局，但不敢担负责任的拉方丹准将却让这个绝好的机会从自己手心里溜走了。

除去第 10 军所属的部队，安齐热将军的法军第 2 集团军此刻正准备发动一次战役级别的反击，为此他开始调集一些师和强大的装甲部队，同时联军空军也将全力展开空中支援。此时对一线法军来说最重要的任务是尽快攻击德军立足未稳的桥头堡，起码要死守住比尔松附近的有利地形，为随后从南面赶来的以第 3 预备装甲师为首的战役预备队提供一块发动反击的良好跳板。那么，法军第 55 步兵师的战术反击可以达成以上的目标吗？

比尔松装甲战

在拉方丹下达反击命令后，时间又过去了近两个半小时，一直到 7 点 30 分，进入出发阵地的法军才开始慢慢地向前推进。值得一提的是，法军坦克部队并没有冲在前方及时抢占比尔松附近的有利地带，而是和步兵一起缓慢前行，法军坦克兵在战场上严格遵照步兵坦克使用条令的相关规定执行战斗任务。

8 点 15 分，法军第 213 步兵团的反击部队在左路和中央遭遇了德军的侦察队，一番交火后将德军赶了回去。但按照法军齐头并进、高度注意侧翼安全的条令，全团的行军速度取决于落在右面、在崎岖地形中艰难跋涉的纵队，于是乎 1 个多小时后法军也只推进了 2 千米。几乎与此同时，在北面 1 千米处的德军坦克部队冲上了比尔松附近的山脊，抢到了这处关键地带的控制权。

沿谢埃里—色当公路推进的 2 营也面对着类似的情况，该营在 9 点抵达诺蒙（Naumont）森林北缘，结果迎面撞上了德军布设良好的反坦克炮阵地，在推进不到 3 千米后就不得不停了下来。

在战线的另一侧，德军第 1 装甲师下属的 2 个步兵团（第 1 步兵团和临时配属给该师的大德意志步兵团）在 13 日晚修整了一番后，准备继续发动进攻。在黑夜的掩护下，德军变更了部队部署，将原先位于第 1 步兵团左翼正和当面法军进行缠斗的大德意志步兵团直接调入了第 1 步兵团右翼，准备让该团从 301 高地西面绕到当面法军后面。其实这样的调动风险极大，大德意志步兵团原先据守的地段出现了一个巨大的缺口，如果调集步兵和坦克乘机从比尔松发动反击，法军就能如入无人之境般一路杀到德军的命门——戈利耶渡桥。

此时，德军指挥体系的优越性便充分显现了出来，第 1 装甲师师长基希纳中将亲临一线，搭乘一辆拥有大功率无线电台的装甲指挥车进行指挥，一大早就登上了马尔菲森林高地。站在这座高地上，附近的地形一览无余，昔日老毛奇正是在这里指挥了 1870 年的色当战役。早上 7 点，德军空中侦察报告称法军在谢埃里集结了坦克部队，基希纳亲自命令派出一支由 2 辆装甲车和大德意志步兵团的 2 个反坦克炮排组成的先遣队对这个方向进行搜索。

50 分钟后，一架师属侦察机发现了法军步兵在坦克支援下展开的两路纵队，这份报告一时间令第 1 装甲师师部内的气氛沉重了不少——此时该师只有第 2 装甲团 1 营 4 连的坦克成功渡过了默兹河，这些坦克正在赶往前线。基希纳中将当即命令该连迅速经比尔松向南发起进攻，在尽可能靠南的地段拖住法军的反击部队，同时呼叫了德国空军的空中支援。这一切只花了 10 分钟，相比之下基希纳中将的对手——法军的拉方丹准将——在做出反应时足足花了十五个半小时！

德、法两军装甲部队各自的反应速度也很有特色，与他们主官的反射弧有得一比。德军装甲连在 8 点接到的命令，45 分钟后便赶到了 9 千米外比尔松南面的山脊处。法军坦克的动身时间要比德军坦克早半小时，出发阵地距离这处山脊只有 3 千米，但他们永远也没能抵达目的地。这恰好反映出法军步兵坦克单位和德军装甲师在运用思想上的差别——法国人将坦克当作伴随步兵行动的支援武器；德国人则将坦克作为主战武器，其他所有部队均应跟上坦克的速度。

为了争分夺秒抢占先机，基希纳甚至直接打破了装甲部队使用的两大原则，他的装甲连根本没有等待步兵跟上便单独发起了进攻，他也没有集中使用装甲部队，而是以连为单位将其投入了战场。就连古德里安自己也不得不自食其言，在接到法军反击的报告后立即动身赶往第 1 装甲师师部，并认可了基希纳下达的命令。

德军第 2 装甲团 1 营 4 连孤军深入到一片未知的战场之中，径直向比尔松杀去，法军步兵前锋看着这群突如其来如同凶神恶煞般的德军坦克，立刻四散而逃。德军坦克小心翼翼地进入了比尔松，此刻法军步兵已经撤走，德国人随即向村西南的 322 高地杀去，用 4 连连长克拉耶夫斯基（Krajewski）的话来说，"我们的先头坦克冲到山丘上时，遭到了法军的集火射击，领头的两辆坦克挨了不少炮弹，都被击毁了"[1]。

克拉耶夫斯基的坦克在用无线电向团部汇报战况后也被炮弹击中，所幸他及时逃出坦克捡回了一条命。德军装甲连在山脊以南迎面撞上了 2 个法军坦克连，同时 2 个得到反坦克炮支援的法军步兵营也从两翼展开包抄，并依托逃跑的守军留下的工事实施防御。法军反坦克炮成功击毁了 2 辆德军的先导坦克，重创了 1 辆。德军则退到山脊的反斜面上寻找掩蔽处，随后利用地形掩护进行反击，接着德国人就惊讶地发现他们的坦克炮很难击穿对面法军 FCM-36 坦克的装甲。打红眼了的法军也英勇无比，直接将炮兵营的几门野战炮拖上来对德军坦克进行直瞄射击。

尽管拉巴尔特团长觉得分配给他的反击任务是"自杀性的"，但实际上德军第 2 装甲团 1 营 4 连发起的这次反冲击才是不折不扣的死亡冲锋，全连打到最后只剩

---

① Frieser,K.-H.*The Blitzkrieg Legend: The 1940 Campaign in the West*（trans. J. T. Greenwood ed.）.Annapolis[M] .MD；Naval Institute Press.2012：190.

一辆坦克，不得不撤到山脊线后面。机智的车长命令驾驶员驾驶坦克来回开动，给对面的法军造成德军还有不少坦克的假象——这招成功唬住了法国人，战斗打响后半个小时，第2装甲团1营2连的坦克冲进了战场，成功阻止了法军的进一步攻击，等到又一个装甲连抵达后，德军开始反击。在大德意志步兵团前卫部队的配合下，法军埋伏在森林中的反坦克炮被德军逐个摧毁。

法军的左翼攻击群则撞上了基希纳派出的大德意志步兵团3营14连两个排的反坦克炮，大德意志步兵团团部的报告对这场战斗有很详细的描述。

5月13日夜，第4营营长施奈德（Schneider）少校按照团部的命令，让第14连的两个排转移到色当西南部以支援正向比尔松推进的1营，第14反坦克连连长赫尔穆特·贝克—布罗伊西特（Helmut Beck-Broichsitter）中尉接到命令后立即让部队开拔。正当两个排的官兵摸黑寻找1营下落时，他们突然遇上了一名第1装甲师的装甲兵中尉，当时大约是清晨6点，他向连长贝克—布罗伊西特中尉口头转达了师长基希纳中将的紧急命令：“现在巴尔河畔谢姆里已然易手，但急需加强防御能力，我已派遣几辆装甲车配合你部夺取并坚守那里的一座桥梁，赶快行动！”

3排排长欣策（Hintze）少尉和2排排长阿尔贝斯（Albers）上士马上向排里的士兵传达了命令。随后装甲兵中尉重新登上了装甲车，所有车辆都发动了起来。虽然通往巴尔河畔谢姆里的道路已经被炸弹和炮弹踩躏得满目疮痍，但德军仍旧迅速从该地区穿过。20分钟后，贝克—布罗伊西特中尉发现他们的车队在黑夜中不慎与负责支援的装甲车走散了。欣策决定继续向巴尔河畔谢姆里方向前进，7点左右，他们赶到了距离巴尔河畔谢姆里村还有三四千米远的科奈日（Connage）。在途经村东的十字路口时，德军遭到了来自左翼敌军的火力攻击，随后又有几辆法军坦克从右面包抄过来，十字路口南边约800米处的森林中还冲出来1个中队的法军骑兵。2个反坦克排迅速就位，几炮就把法军坦克打瘫了，同时德军的机枪火力将法军骑兵打得掉头就跑。

然而，战斗打响后越来越多的法军坦克从科奈日的南部和东南聚集过来，有的甚至已经挺进到了距离反坦克炮阵地只有200米的地方，但很快就被炮弹击毁。其他的法军坦克试图从侧面和后方包抄德军的反坦克炮阵地，于是德军直接将6门反坦克炮排成了一个呈360度环形防御的刺猬阵。

8点过后，一名神情激动的装甲兵中尉跑了过来，声称前方的装甲车在巴尔河畔谢姆里遭到法军的集火射击，装甲车被打得无法动弹，有数人受伤，希望第14

连的 2 个排能迅速前去救援，替他的部队解围。贝克—布罗伊西特中尉考虑片刻后拒绝了他的请求，越来越多的法军坦克正冲向他的部队，此时 2 个排转移阵地无异于送死。除此之外，更严重的后果是两个德军装甲师之间将会出现一个大缺口，数量可观的法军坦克可以从此直捣默兹河上的桥梁，从而毁掉德军的整个进攻。因此贝克—布罗伊西特中尉决定率部坚守科奈日村东的现有阵地。

不过，德国人打得并不轻松，由于德军制式 37 毫米反坦克炮的穿甲能力实在太差，尽管训练有素的德军炮手经常能做到首发命中，炮弹却无法直接击穿法军坦克的装甲。只有当法军坦克进入 200 米以内的距离，德军炮组才能通过多次开火射击 FCM–36 坦克的装甲薄弱之处打瘫对方。法军第 7 坦克营 3 连的一辆坦克一直冲到距离德军反坦克炮炮位仅 15 米的位置才被击毁，在此之前这辆勇猛的坦克连续挨了 12 发炮弹！不久之后，德军的 2 门 88 毫米高射炮赶来助战，但他们放列的地方距离法军坦克太远，没能起到多大作用。9 点左右，侦察营的一名上尉带着一个不满员的步兵排前来增援，随后他们被派去监视那些法军骑兵。

法军坦克没有与德军过多纠缠，第 3 连的 FCM–36 向左沿公路进入了科奈日村内，将村中的德军步兵驱赶出去。此时从谢埃里赶来的德军第 43 突击工兵营恰好到位，战斗工兵突入到村庄里，直逼没有步兵掩护的法军坦克。法军坦克兵见势不妙，急忙撤出了科奈日，回身去寻找步兵，可是本应该和坦克一起行动的第 213 步兵团的官兵却还在半道上不紧不慢地磨蹭。一辆法军坦克撤退不及，被德军连人带车俘获，其余坦克后撤时，侧翼又出现了紧急赶来增援的德军第 2 装甲团 2 营 8 连。这批德军装备的是火力相对较猛的 III 号和 IV 号坦克，一番激战过后，法军坦克接连被击毁。在此战中被俘的一名法军坦克驾驶员后来回忆说："我们先头的 4 辆坦克仍然按计划行动，在行进中 2 发炮弹击中了坦克，乘员仓被击穿，一时间弹片横飞。真是一个奇迹，我们竟然都安然无恙，上尉命令我原地调头，但是我做不到。上尉透过坦克被打穿的装甲板裂缝向外看，才发现我们的左履带被打坏了，坦克已经无法移动。"13 辆参战的法国坦克中能够返回巴尔河畔谢姆里的只有 3 辆，其中 1 辆已经严重受损。

10 点左右，除了第 2 装甲团 2 营 8 连的坦克出现在战场上外，第 43 突击工兵营也赶了过来。德军集中兵力，突击工兵在坦克和反坦克炮的支援下，将法军步兵和残存的坦克一路撵回了巴尔河畔谢姆里，经过一番苦战后，中午时分又拿下了巴尔河畔谢姆里。10 点 45 分，拉方丹准将下达了撤退命令，但此时战斗已经进入尾声，德军总共只投入了 4 个装甲连（合计 1 个装甲营）和数量有限的步兵、反坦克炮兵及突击工兵，第 1 装甲师的坦克部队主力还在默兹河北岸等待渡河。

战至中午，法军第 7 坦克营原有的 45 辆坦克中只剩 10 辆可以战斗，到了下午这个坦克营基本上全军覆没。第 213 步兵团也遭到了毁灭性打击，拉巴尔特团长重伤被俘，但该团的残部仍旧在坦克营残部支援下拼死抵抗，这和昨日夜间溃散的法军第 55 步兵师部队的表现形成了极为鲜明的对比。

如果说第 213 步兵团的反击是一场悲剧的话，那么第 205 步兵团的反击则是一出不折不扣的闹剧。第 205 步兵团的出发阵地距离集结地只有 3 千米，支援他们的第 4 坦克营距离出发阵地也不过 12 千米，但这两支部队在开进过程中同样遇到了溃兵。

比尔松反击失败后法军第7坦克营被击毁后遗弃在战场上的FCM-36步兵坦克。

14 日凌晨，拉方丹准将派沙利涅上校去协调指挥第 205 步兵团的反击，但沙利涅上校找寻了很久才在天亮后找到了该团主力，他惊讶地发现从 13 日晚 21 点接到出发命令到 14 日早上 7 点，该团在 10 个小时内居然只行军了 1 千米！气急败坏的沙利涅上校勒令全团迅速赶往出发阵地，由比尔松向东展开反击。

然而第 205 步兵团一如既往地拖拖沓沓，一直磨蹭到 9 点总算开始出发，没走多久该团就发现了"德国伞兵"，并和对方打得不亦乐乎。事实证明，这些所谓的"德国伞兵"只是头天夜里四处乱跑的法军溃兵而已。直到 10 点 45 分，第 205 步兵团才赶到了距离集结地点 3 千米处的进攻出发阵地，此时距他们收到命令已经过去 14 个小时了。

令人啼笑皆非的是，没等第 205 步兵团进入战场，师长拉方丹取消反击的命令就下达了，第 205 步兵团白跑了一趟，只好重新向南撤去。此时，法军喜欢得到书面命令的传统再次发挥了意想不到的"巨大作用"，第 205 步兵团团长蒙维尼耶—莫内（Montvignier–Monnet）中校试图迅速找到上级指挥部，获得书面命令许可后再展开下一步行动。但他却在半路上被法军宪兵"抓了典型"——法军宪兵认为他是德军派来的奸细，随后又确定他是"逃兵"。就这样，在第一次世界大战中因为作战极为勇敢多次获得勋章，成为法军荣誉军团一员，并且在昨日夜间忙着四处阻止部队溃逃的蒙维尼耶—莫内中校一下子成了"逃兵头子"，被直接扭送到了凡尔登。于是，群龙无首的第 205 步兵团原本有序的后撤最终变成了溃散。更为不幸的是，该团在后撤过程中恰好被德军第 1 装甲团 2 营刚刚渡过河的坦克追上，一番交火后，掩护该团的法军第 4 坦克营也被打了个措手不及，只得仓皇丢下被德军击伤的坦克匆忙跑路[1]。

这场大逃亡最后一直感染到法军右翼集团，到中午时分不但反攻被瓦解，连在右翼一直坚守阵地的法军第 71 步兵师也被迫后撤。该师本来一直顽强封锁着德军第 10 装甲师，将其压制在默兹河岸边动弹不得，现在由于左翼第 55 步兵师的失利而被迫后退。有序的撤退在谣言和恐慌情绪的影响下很快变成了无序的溃逃，如同 13 日傍晚的第 55 步兵师一样，法军步兵、炮兵丢盔卸甲狂乱溃散，争相向南夺路而逃。第 71 步兵师的一名炮兵上校站在公路上对从身边蜂拥南下逃跑的溃兵叫喊

① Frieser, K.-H. *The Blitzkrieg Legend: The 1940 Campaign in the West*（trans. J. T. Greenwood ed.）. Annapolis[M] .MD: Naval Institute Press. 2012：192—193.

▲ 支援德军第1装甲师的一门75毫米步兵炮。

道："弟兄们，我们还有武器，还有很多弹药，让我们回去继续战斗吧！"溃兵回答说："上校先生，我们被打败了，让我们回家做我们自己的营生吧，我们被出卖了！"就这样，法军的反击在短短几个小时后又演变成一场可耻的"长跑竞赛"[①]。

溃逃的法军惊恐万状地向南奔逃了数千米方才停止脚步，等战线在斯通尼村一线稳定下来的时候，格朗萨尔悲哀地发现，自己倍加信赖的第55步兵师基本上已经不复存在，默兹河边的战斗才进行了一天一夜，他的部队就已经损失了80%的人员和65%的火炮。这天晚上，愤怒的法军总司令部电令第10军将其防务交给即将赶来的第21军。第21军是法军的总预备队，法军统帅甘末林希望该军能够击退德军并摧毁默兹河上的浮桥。

当然，德军第1装甲师胜利的喜悦也未能持续很久，中午时分夺回巴尔河畔谢姆里后，德军在村中的教堂附近召开会议商讨下一步行动方案。但德国空军的"斯图卡"俯冲轰炸机并没有接到友军已经夺取这座村庄的消息，于是对村庄展开了轰炸，当场炸死了第43突击工兵营营长西格弗里德·马勒（Siegfried Mahler）中校和3名第2装甲师的军官，同时炸伤了第1装甲旅旅长瓦尔特·克吕格尔（Walter Krüger）上校和一些官兵。讽刺的是，古德里安当天10点刚刚要求"斯图卡"俯冲轰炸机取消原先的对地支援任务，或者对更南部的法军阵地和集结地进行空袭，显然这个要求还是传递得太晚了。同时这也从侧面说明，德军装甲部队的推进速度即使对德国空军来说都太快了。

围绕戈利耶桥的空袭

如前所述，此时色当地段默兹河上只有架设在戈利耶的那座桥可以通过坦克，继第1装甲师之后，古德里安命令第2装甲师的坦克也从这座桥上直接开过去，5月14日当天，有近600辆坦克穿过了这座桥。很显然，德军"镰割行动"的成功在很大程度上依赖这座桥，对德军来说风险更大的地方在于架设这座桥用完了手头

① 威廉·L.夏伊勒.第三共和国的崩溃:1940年法国沦陷之研究[M].戴大洪（译）.作家出版社，2015：842.

现有的架桥设备，更多的设备器材还被堵在后方上不来，因此这座桥一旦被毁将造成不可估量的损失和严重的后果。

英、法两国的空军部队自然也发现了这座桥的重要性。法国第 1 集团军群指挥官加斯东·亨利·古斯塔夫·比约特（Gaston Henri Gustave Billotte）上将恳求法国北部战区空军指挥官弗朗索瓦·达斯捷·德拉维热里（François d'Astier de La Vigerie）中将的那句话日后成了流传千古的名言——"是成是败，全看这座桥了（La victorie ou la defaite passent par ces ponts）！"

∧ 络绎不绝穿过戈利耶浮桥的德军纵队和反方向走去的法军俘虏。

尽管此时法军已经获悉默兹河沿岸其他地段的战局同样严重恶化，隆美尔率领的德军第15摩托化军第7装甲师就在乌镇（Houx）地区成功渡过了默兹河，但法国战术空军指挥官马塞尔·泰蒂（Marcel Tétu）将军仍旧强调"将我们手中的一切力量集中到色当，色当地区和乌镇地区的优先权之比为一百万比一"。

法国空军飞行员也拿出了1870年色当之战中法军骑兵视死如归的精神投入战斗，法军第1航空师在战前动员中便强调"我们将重现1870年9月1日骑兵师那次勇敢无畏的冲锋，不过这次我们将在空中进行"。在那次决死冲锋中法军骑兵试图在重围中为主力部队杀出一条突围的血路，但迎面撞上德军的密集炮火，骑兵群被打得粉碎，战后法军在冲锋发生地弗卢林（Floing）东面的山岗上修建了一座纪念碑。70年后的1940年，德军修筑的桥梁就在纪念碑西南1.5千米处，而德军密集的高射炮阵地恰恰就布设在当年普鲁士军队的炮兵阵地处。

尽管法国空军意识到了这座桥梁的重要性，并决定将手中所有可用的兵力都投入战斗，但他们迅速集结兵力的能力与德国空军相比差得太远了。到5月10日，法国空军理论上拥有932架轰炸机，其中一线可用的飞机数量却只有242架，5月14日当天法军只出动了43架轰炸机。此外，英国皇家空军出动了109架轰炸机前来助战。为掩护轰炸机部队，法国空军还出动了250架次的战斗机进行护航。

敦促部队迅速过河的古德里安同样意识到了这座桥堪称其摩托化军的"阿喀琉斯之踵"，与他运用装甲部队的原则一致，他在色当地区也集结了密度史无前例的防空部队。包括辖有3个重型高炮营和1个轻型高炮营的第102高炮团，第1、2、10装甲师的3个轻型高炮营（第93、92、71防空营），合计有303门各种口径的高射炮。这些高炮在空中织出了极为密集的弹幕，将这里的天空变成了"默兹河上空的地狱"（参战联军飞行员语），德国空军也出动了多达814架次的战斗机前来拦截联军轰炸机群。

5月13日一大早，联军轰炸机群便席卷而来，直到当天午夜不断的轰炸才告一段落。不过，联军并没有集中大量轰炸机展开饱和攻击、令德军防空火力顾此失彼，反而采取了极为不智的添油战法，零敲碎打地投入轰炸机进行空袭，结果被德军高射炮在战斗机配合下各个击破。即使是当天16点过后由英国皇家空军组织的一次大规模空袭也未能取得显著战果，相反英军出动的71架轰炸机被德军防空火力和战斗机整整击落了40架。英国皇家空军战后编著的官方战史哀叹道："在皇家空军历史上此前还从未有过这么高损失率的战斗。"

当天德国人过得并不轻松，古德里安同样坐如针毡，一次又一次地驱车前往桥梁附近关注防空态势，他在回忆录中写道：

第 2 装甲旅在空袭的威胁下依旧不间断地从浮桥上过河，临近中午集团军群指挥官伦德施泰特大将亲自到前线视察，令部队士气大振。我就站在浮桥中间向他汇报战况，此时空袭仍在进行，他淡淡地问道："这儿总是这样吗？"

我理直气壮地说道："是的！"

于是他用较为热情的语言赞扬了我们这些勇敢的官兵。[1]

一名在戈利耶桥附近执勤的军官则回忆道："法军的轰炸机不断从低空发起勇气十足的空袭，他们径直冲入我们的高炮火力网。显然这些法国佬和我们一样知道炸毁这座桥意味着什么，但他们的努力还是以失败告终，一架又一架敌机坠向地面并爆炸，坠机处升起一道道黑烟。在桥头附近不到 1 个小时的短暂停留时间内，我看到有 11 架敌机被我们打了下来。"[2]

▲一架被击落在戈利耶桥附近的英国皇家空军轰炸机。

---

① 海因茨·威廉·古德里安. 闪击战：古德里安回忆录 [M]. 李江艳（译）. 时代文艺出版社，2016：92.

② Frieser, K.-H. *The Blitzkrieg Legend: The 1940 Campaign in the West*（trans. J. T. Greenwood ed.）. Annapolis[M] .MD：Naval Institute Press. 2012：180.

▲ 被法军遗弃的一门M1897式75毫米加农炮。

▲ 一名脸上写满了苦涩和不甘的法军士兵。

对德军来说最危险的时刻是一名飞机遭到重创的联军飞行员发起舍命一击，驾驶飞机直接冲撞桥梁，飞机和炸弹均在距桥梁不远处爆炸。这名勇敢的飞行员在飞机坠毁前成功跳出了飞机，但却掉入了默兹河，从此不知所踪。

联军空军5月14日当天在色当遭到了非常惨重的损失。英国皇家空军投入的109架轰炸机，被击落了47架。法军投入的43架轰炸机，被击落了5架。此外，法军还被击落了30架战斗机，英军被击落了20架战斗机。另有65架飞机遭到重创。这意味着联军为了攻下色当附近的默兹河桥，在一天之内便损失了多达167架飞机，但却没有取得任何像样的战果。

德军当天取得了两大成功：德国空军在全天都牢牢掌握着战场制空权，同时打断了联军轰炸机部队的脊梁，使他们在之后的战斗中再也无法为所欲为了。可以说，色当空战是1940年西线战役中第一次，也是最后一次大规模空战；更为重要的是，古德里安的第19摩托化军主力在当天顺利渡过了默兹河，6万官兵、22000台车辆和850辆坦克将最终达成战役突破。

第19摩托化军的西进

如前所述，德国陆军总司令部的战役计划不过是一个缩水版的曼施泰因的"镰割"方案，曼施泰因和古德里安均坚持认为装甲部队主力在渡过默兹河后应该继续向法军纵深挺进，无须理会德军自身的侧翼安全——速度本身就是防御。上到陆军总司令布劳希奇和总参谋长哈尔德，再到集团军群指挥官伦德施泰特，直到古德里安的顶头上司克莱斯特，他们均认为这个想法太过于大胆冒进，正如哈尔德在日记中所述："装甲部队渡过默兹河后立刻发起战役级别的进军是不可取的，当力量可观的步兵部队完成对桥头堡的进一步巩固后，我们才可以考虑投入装甲部队完成战役级别的目标。"即便希特勒本人也对"强渡默兹河后采取进一步行动"持保留意见。

　　古德里安本人的看法自然和他的上司们截然不同，他更加偏好不间断的进攻，并认为如果强渡默兹河后不乘胜追击扩大战果，将会使得先前辛辛苦苦取得的战果化为乌有，给法军重新组织起防御赢得时间。5月14日午后，德军第1装甲师成功夺取了阿登运河上位于巴尔河畔谢姆里西面1千米处马尔米（Malmy）的一座桥梁，古德里安当即赶往第1装甲师师部，并做出了此次战役中最为关键的决断。当时摆在他面前的问题是如何让部队乘势冲过阿登运河，是按照"镰割"的战略想定持续推进，还是让部队停下来巩固桥头堡，准备迎击法军的反击。他在回忆录中如此记述：

▲ 渡过默兹河、一路向前推进的德军摩托化部队，他们的目标是英吉利海峡！

我再次赶到第 1 装甲师师部，师长基希纳中将正和师首席参谋温克少校在一起。我问他们是选择全师转向西进，还是打算在阿登运河东岸留下一支侧卫部队向南警戒，温克少校说了句我平时惯常对部下说的话："只许集中猛进，不许分散犹豫。"

这句话实际上也回答了我的问题，于是我立即命令第 1 和第 2 装甲师，全体转向穿过阿登运河继续向西推进，目标是突破法军防线。为了使两个师能够相互协调，我又赶到了第 2 装甲师师部，该师师部设在谢埃里的罗坎城堡，海拔比东舍里高地还高。从那里居高临下地观察，第 2 装甲师在 5 月 13 日和 14 日这两天里的行军路线及攻击地域都一览无余。令我不解的是，马其诺防线及其西部延伸防线的法军远程炮兵没有用其强大的火力轰击我行军纵队，否则将给我军带来更大的麻烦。此刻登高远眺，看着已经通过的险地，觉得我军的攻击能取得成功真是奇迹。[1]

第 2 装甲师倒也没有辜负古德里安的厚望。当天 10 点 13 分，第 2 装甲师第 2 装甲旅总算通过了第 1 装甲师架设在戈利耶的桥梁，沿默兹河一路向西杀去，并在 1 小时后成功拿下了蓬塔巴尔（Pont à Bar）的阿登运河桥。随后德军坦克在法军沿着默兹河构筑的防线中清理出了一大片区域，消灭了一批法军炮兵部队，极大地减轻了法军炮火对第 2 装甲师后续部队的压力。第 2 装甲师师属工兵随即开始在东舍

▲ 属于克莱斯特集团军群直属炮兵部队的一支车队。

---

[1] 海因茨·威廉·古德里安. 闪击战：古德里安回忆录 [M]. 李江艳（译）. 时代文艺出版社，2016：93.

里架桥，架桥行动始于14日9点，最初由于法军炮兵的影响进展非常缓慢，现在工兵们终于可以松口气了。

与此同时，第10装甲师总算在瓦德兰库尔修建好了一座桥，但由于种种原因，该师的两个装甲团中只有第8装甲团在14日下午渡过了默兹河，第7装甲团一直拖到第二天早上才完成渡河。在5月14日白天的绝大多数时间里，该师在默兹河南岸的步兵单位只有第69步兵团2营和第86步兵团1营，这两个营在第8装甲团已经过河的1个装甲连支援下，总算于13日中午拿下了俯瞰该师当面默兹河河段的努瓦耶（Noyers）高地，随后还拿下了比尔松东面500米处的259高地。

接下来，摆在第10装甲师师长费迪南德·沙尔（Ferdinand Schaal）中将面前的是自从该师冲进卢森堡后就一直困扰他的问题——究竟是向南面的斯通尼方向杀去，夺取那里的高地以掩护色当地区的德军桥头堡，还是跟随其余两个装甲师一起向西杀去？沙尔中将当天下午向古德里安请求获准率领第10装甲师同友军一起向西进军，但直到临近黄昏也没有获得任何消息，于是干脆派出师首席参谋前往军部询问。在那里，第10装甲师总算拿到了下一步行动的明确指示：在大德意志步兵团的支援下向斯通尼推进，掩护色当桥头堡的安全直到后续部队抵达。由于当面法军情况不明，沙尔中将决定小心从事，当晚只向斯通尼派出了一支小分队侦察敌情[1]。

古德里安下令第1和第2装甲师跨过阿登运河西进，开启了西线战役的新阶段，但这同时意味着关键的色当桥头堡在古斯塔夫·安东·冯·维特斯海姆（Gustav Anton von Wietersheim）步兵上将的第14摩托化军赶来之前，只有第10装甲

▲ 第10装甲师的Ⅲ号坦克。

① Schick.A.Combat History of the 10. Panzer Division[M].J.J. Fedorowicz.2013：96—98.

▲ 这辆第10装甲师的Ⅲ号坦克不知怎么被开到了河里，一群德军官兵正在商议如何把坦克拖出来。

◀ 抵达色当地区正在展开的德军步兵师师属炮兵。

师和大德意志摩托化步兵团进行侧翼掩护。然而，古德里安决定冒这个风险，他知道法军指挥体系行事缓慢，在短时间内难以发起强有力的反击。正如古德里安日后所述，整个色当突破的精髓之处并不是突破阶段，而是立刻将装甲部队投入对敌方纵深的进攻之中。

古德里安命令两个装甲师立刻向西发起进攻的行为有些独断专行的味道，不仅违背了包括希特勒在内的所有上级的意愿，还几乎违背了"战争艺术的所有原则"，并引发了德军其他装甲部队的连锁反应。格奥尔格—汉斯·莱因哈特（Georg–Hans Reinhardt）中将的第41摩托化军、赫尔曼·霍特（Hermann Hoth）步兵上将的第15摩托化军纷纷加入了一路冲向大海的行动，从而形成了一个超大的装甲"镰刀"。这把"镰刀"向大海一路割去，将后方的步兵师远远抛在了后面，从而实现了人类战争史上第一次在战役层面独立使用大规模装甲部队进行纵深穿插的壮举。

战争的形态已经出现了出人意料的改变。

"全甲板攻击"的巅峰与涅槃：美国海军"埃塞克斯"级航空母舰

作者 谭星

快要打仗了！到了 1938 年，所有略知时局的美国人都隐隐感觉到了这一点。虽然普通的美国老百姓不怎么喜欢打仗，但两洋对岸蠢蠢欲动的日本和德国却让美国人不敢抱太多的侥幸。于是，1938 年 5 月 17 日，美国国会授权海军将舰队总吨位提高 20%，包括新建 4 万吨航母。

被《华盛顿条约》捆绑了近 20 年的美国海军自然是兴奋异常。不过由于需要优先进行 4.5 万吨快速战列舰（后来的"衣阿华"级）的设计，美国海军航母部队只好先行再造一艘"约克城"级（就是"大黄蜂"号）。1939 年 6 月，基本解决了战列舰问题的美国海军总算腾出手来，新一代舰队航母的设计建造工作被提上了日程。一代传奇由此开始。

瓜熟蒂落：毫无悬念的基本设计

到了火烧眉毛的时候才来设计新航母，美国人这招显然不怎么样。翻翻历史，从开始设计到首舰服役，"列克星敦"级用了 5 年，"约克城"级用了 6 年，"突击者"号最夸张，用了足足 12 年！那么，美国海军现在刚刚开始考虑的这一级新航母要到啥时候才能上阵打仗呢？这是个大问题。

坚定不移地走大型航母道路

好在到 1939 年 6 月时，美国海军航空兵的"全甲板攻击"思想已经成熟，不必再走先前那些弯路了。比如说，"埃塞克斯"级的设计中再也没有了先前关于大型航母和小型航母的那些摇摆和争论，美国海军已然认定，大型航母才是自己需要的。这个问题曾让美国海军来回摇摆了十余年，直接导致了"突击者"号夸张的建造周期，不过现在，这个问题已经明确。

小型航母最大的吸引力就是数量多。在条约时代的总吨位限制之下，单舰越小就直接意味着数量越多，越不容易被敌人一网打尽。虽然这个优点直接导致了"突击者"号小型航母的诞生，但小型航母虽然数量多，攻击力却不强——虽然"突击者"号的理论载机量并不少，但娇小的飞行甲板却排不下那么多飞机，单个攻击波的规模要比大型航母小很多。要知道，"全甲板攻击"理论的核心是：依托单舰组织最大规模的攻击机群，实施最强有力的突击。显然，小型航母和"全甲板攻击"理论是背道而驰的。

数量较多的小型航母虽然不容易被一网打尽，但这些极其脆弱的军舰在长期战争中的生存能力却极其糟糕。为了兼顾载机量、航速（当然只是最低限度）和小吨位，"突击者"之类的小航母不得不完全放弃了防护能力，她们的生存性可以说是糟糕透顶。虽然大型航母在敌人炸弹和鱼雷前保持战斗力的能力比小型航母强不到哪里去，但至少这些结构严实的大家伙比较容易在挨打后继续漂在水面上，然后被拖回去大修，而受到同样攻击的小型航母差不多就要彻底完蛋了。显然，修复一艘航母比重造一艘航母要快得多。虽然在某一次战斗中，一艘航母丧失战斗力和被打沉并没有什么差异，但在整个战争中，大型航母的抗沉性却可以让美国海军尽可能久地保持住航母部队的整体战斗力。

除了这些根本性的劣势外，小型航母的可操作性也远不能和大型航母相提并论。小型航母往往动力不足，速度不快，也就难以在无风微风环境中获得足够强的甲板风，这样就不得不增加飞机的起飞滑跑距离，这对飞行甲板过小的小型航母来说无异于雪上加霜。适航性也是个问题：在 20 世纪 30 年代的几次舰队演练中，大型航母在风浪中照常收放飞机的场面给美国海军的将军们留下了深刻的印象，而衬托这些深刻印象的，往往是在剧烈摇摆中自顾不暇的"兰利"或者"突击者"——留给领导的好印象毁了，前途也就完了。

正如美国海军联合委员会的 F.J. 霍恩少将在 1939 年 7 月指出的那样：

"突击者"号的使用经验表明，不理想的适航性会大大降低航母的适用性。同样，她和同等吨位的"黄蜂"号航速均无法超过 29 节，因此，这 2 艘航母均无法充分胜任舰队航母所应当担负的各种任务。她们身上也缺少了一些对于真正实用的航母来说十分重要甚至是必需的能力。

对各种备选吨位的研究表明……标准排水量在 20000 吨左右的航母可以在各种重要性能间实现理想的均衡，并且每单位吨位可以获得最理想的载机数量和战斗力……经验表明，吨位小于 20000 吨的航空母舰难以起降那些较大型的舰载机，譬如鱼雷轰炸机。

一份 10000 吨标准排水量、32 节航速航母的理想的设计方案显示，这种航母只能搭载最多 36 架中等大小的飞机。而这样的吨位也会导致航母无法在太平洋常见的较差海况下使用。

最后，"列克星敦"级和"约克城"级服役后的杰出表现也让小型航母彻底没了戏。虽然小型航母的支持者还是不乏其人（甚至包括美国总统富兰克林·罗斯福），

∧ 美国海军CV-4"突击者"号航母。作为美国第一艘"纯血统"航母，"突击者"的设计和建造过程体现了关于航母概念的各种探索，工期也因此拖了长达12年。虽不甚成功，但她却是美国航母发展史上一块极其重要的垫脚石。

∧ 大型航母除了能够在恶劣海况下作战，其更强的生存能力也使得海军得以在长期战争中尽可能久地保存战斗力。

但其战术定位已经演化成执行非舰队任务的制海型军舰（也就是后来的护航航母）或者干脆就是应急替代品（这一概念演化成了后来的轻型舰队航母），没有谁还想让主力舰队航母小型化了。

鉴于这些，美国海军从一开始就决定把可用的 2.04 万吨吨位集中到了一艘航母上以获得最佳的性能。

追求最大攻击机群

另一个被省略的争论是单层或双层飞行甲板、开放或封闭式机库的选择。1939年型舰队航母航空设施设计中唯一的目标便是，以最大的飞行甲板追求最大规模的攻击机群。

"约克城"级之前各级美军舰队航母舰载机大队的基本编制是 4 个中队（约72 架飞机）。当 1939 年 5 月联委会会同美国舰队高层探讨新一代舰队航母的性能指标时，将军们提出的第一个要求是搭载第 5 支中队，即第二支战斗中队。

早期的航母演练经验显示，由于无法及时对敌方空袭做出预警，战斗中队无法保护航母免遭空袭，因此各国的航母战术理论都很少考虑防空战斗机的作用，而把抢先摧毁敌方航母作为夺取海上制空权的关键。但是到了 1939 年，情况开始发生了一些变化，有人意识到，一支得到早期防空预警的足够强大的战斗机队伍是有可能顶住敌方空袭的，虽然此时的雷达还不太可靠，但如果能够在战斗机部队中配备防空侦察机，早期预警也并非虚无缥缈。因此，1939 年 7 月 19 日海军部发布的新航母设计要求文件中提出，新一代航母除了"有效做到一次性放飞 4 支中队，总共 74 架飞机"之外，机库还要能够容纳 18 架组装完毕随时可以起飞（但机翼可以折叠）的飞机，也就是第五支中队。新舰还另外增加了 2 架俯冲轰炸机，分别编入 2 支空战中队用以执行防空巡逻任务。此外，按照当时美军航母设计的惯例，舰上还要搭载 50% 拆散存放的备用机用于弥补战损。1940 年 5 月，"约克城"号进行了关于搭载 5 支舰载机中队的试验，之后，即将卸任的作战舰队航空部队司令官布莱克利将军对 5 中队的编制方案做出了很高的评价。联委会和舰队在一年前的选择初步显示出了价值。

不过由于多出来的这支战斗中队没有被列入一次性放飞的攻击机群（飞行甲板也很难同时容纳 5 个中队的 92 架飞机），美国海军希望这些飞机可以在机群起飞时停在机库里。为此，美国人还一度考虑了"皇家方舟"号式的双层机库——当然这一方案只是昙花一现，没有下文。

❯ 英国海军"暴怒"号航空母舰是双层甲板航母的先行者。这种设计的思路是：上层飞行甲板放飞大型飞机，并回收飞机；下层飞行甲板放飞轻型的战斗机；二者并行不悖。日本海军在此基础上更进一步，为"赤城"、"加贺"两舰布置了更夸张的三层飞行甲板！

❯ 实践证明，这种复杂的甲板布局反而大大降低了航母搭载飞机、起降飞机的能力。因此，英国的"暴怒"级、日本的"赤城"、"加贺"后来都改回了单层飞行甲板结构。

不过美国人对第 5 支中队的态度并不稳固。1940 年 6 月，原定用于第 5 支中队的 18 架飞机又被重新定义为备用机，舰载机大队恢复到四中队编制，而原定 50% 预备机的数额则由于存放困难而被缩减一半。1940 年年底，"埃塞克斯"级的载机方案正式定案：考虑到在研的新一代舰载机体积和重量的增加，搭载第 5 支中队的方案被正式放弃，但舰载战斗机部队仍需加强，其舰载战斗中队的规模扩大到 27 架战斗机和 1 架巡逻机。此外，航母仍然要保留紧急情况下多搭载一支中队的能力以备万一之需。这样，1939 年型舰队航母的舰载机大队编制被初步确定为 27 架战斗机、37 架俯冲轰炸机、18 架鱼雷攻击机、3 架观测机、2 架勤务机，共计 87 架飞机外加 21 架拆散存放的备用机，另外，飞行甲板的实际载机能力不能少于 90 架。

需要特别说明一下，"埃塞克斯"级规划中的舰载机并不是两年前那些又轻又小的双翼机，而是当时美国各大航空厂商正在开发的新一代舰载机。包括格鲁曼

▲ 由战列巡洋舰改造而来的"列克星敦"级航母让美国海军第一次体验了大型航母的威力和有效性，并践行了"全甲板攻击"战术。事实证明，大甲板航母才是"全甲板攻击"的最佳实施者。

F5F-1战斗机（双发）、布吕斯特SB2A-1侦察轰炸机、沃特TBU-1鱼雷攻击机。虽然这些被列入规划的新型飞机最终没有一种成为主力舰载机，但是舰载机大型化的趋势却是无可回避的。随着舰载机体积和重量的增加，飞机起飞滑跑距离增长，这意味着更长的一段飞行甲板要留作起飞之用，而能用于排放飞机的甲板面积会变得更小。正是基于这个原因，最初按照搭载90架飞机的标准设计的"约克城"级飞行甲板到30年代末时便只能容纳81架飞机。毫无疑问，这一变化给新舰的飞行甲板设计带来了不小的挑战。

"约克城"级上那块能排列81架飞机的飞行甲板面积是6043.1平方米，照此计算，搭载90架飞机就需要6714.5平方米的飞行甲板面积，如果舰体和飞行甲板宽度不变[1]，飞行甲板长度就要从"约克城"级的244.61米（802英尺）增加到271.76米（891英尺）。很明显，这个长度在2万吨级的舰体上是不可能实现的，这样唯一的选择就只剩下重新布置飞行甲板了。

第一个挖潜对象是飞行甲板的宽度。设计"约克城"级时，设计人员为了满足舰载机安全降落的需要而选择了26.23米宽的飞行甲板，但现在，为了获得更大的甲板载机量，其宽度上限便要由巴拿马运河船闸的通过宽度来决定了。一份相关研究表明，船闸通过船只宽度的上限是34.77米，因此"埃塞克斯"级飞行甲板的最大宽度就被设计成33.245米[2]。

增加的飞行甲板面积的另一个来源是飞行甲板自身。基础设计阶段，设计师就开始试图减少高炮平台和岛型建筑占用的飞行甲板面积。在飞行甲板以上布置127毫米火炮的方案在1938年万吨级航母设计时就已经得到了初步验证，因此1939年基础设计处就提出可以取消舰体右舷的127高炮甲板，而代之以舰岛前后布置的封闭式高炮炮塔。不过左舷的高炮平台被保留了下来，因为在飞行甲板右舷的高射炮塔无法在甲板上停放有飞机时向左舷射击——这一考虑和同期英国海军的航母作战理念截然不同，英国人要求航母在遭遇袭击时将所有飞机降到机库里去。"埃塞克斯"级的舰岛体积被进一步压缩，连此前一直布置在舰岛里的飞行员休息室都被搬到飞行甲板底下的走廊甲板去了——这使得飞行员休息室在航母遭到炸弹攻击时极易受损，这一点在太平洋战争末期"神风"肆虐时表现得非常明显。顺便提一下，

---

① 请注意，此时新航母的设计吨位仍然是2万吨。
② 有效宽度32.9米，127高炮平台处的最大宽度为28.67米。

"埃塞克斯"级对飞行甲板底部空间（即所谓的"走廊甲板"）的利用率远高于此前的历代美军航母，因为该级航母在机库顶部钢架结构上吊挂的备用飞机数量比前几代航母少得多。

最后，随着全舰吨位和舰体长度的增加，新型航母的飞行甲板也被延长到264.81米（含甲板前后各一段长1.45米的斜坡），大大超过了"约克城"级。经此一番努力，新舰的飞行甲板基本满足了同时放飞90架新型舰载机的要求。

与飞行甲板相配套的升降机和弹射器也是航空设施设计的重头戏。1939年5月新航母开始设计时，"约克城"级航母刚刚服役1年，虽然"约克城"级是第一级比较完善的"全甲板型"航母，但一年的服役期已经足够让美国海军找出她的缺陷，并将这些经验应用在新一代航母的设计之中了。航母舰长们提出，前部升降机的位置应当向后移动一段距离，以便在机库前部留出足够的空间存放勤务机和受损的飞机，而不至于将这些飞机放在前后升降机之间的机库里妨碍舰载机群主力的转运。对此，反对的声音也是有的，有人提出飞行甲板的运转效率远比机库重要得多，为此，前后升降机之间的距离应当越远越好，而中部升降机则应当用于将从飞行甲板前后两端降落的飞机送下机库之用，此外，新舰还要安装两台机库弹射器（和"黄蜂"号一样）。

中部升降机的布置给船体结构设计带来了一些麻烦：普通升降机需要在机库甲板正中央开设一个大口子，而这里却是舰体承力结构的上部应力点！按照修造局原先的设计方案，中部升降机就是要布置在这个命门上——虽然航空局一直强烈要求将中部升降机布置在远离舰岛处，但这一要求起初却没有被修造局采纳。不过，由

^ "黄蜂"号航母首创的侧舷升降机。这种设计在实现飞行甲板中部升降机的同时，又不损害舰体结构，还不影响飞行甲板的运转，十分巧妙。后来这也成了美国海军航母的标准配置。

^ 这张照片展示了"埃塞克斯"级侧舷升降机的另一种状态：为了避免宽度过大无法通过巴拿马运河，侧舷升降机可以旋转90°收起。

于部队对小型航母"黄蜂"号上的试验性侧舷升降机非常赞赏，航空局和修造局随后一致决定将新航母的中部升降机设计为侧舷样式。1940 年 12 月 20 日，海军部的造舰联络员正式确认了这一方案。

中部侧舷升降机是"埃塞克斯"级首创的设计方案。此前，修造局已经在"黄蜂"号上安装了试验性的侧舷升降机，现在基础设计处提出，中部升降机应当"位置略为靠前以便更多地用于转运从后部降落的飞机；其二，如果安装前部升降机的话，其位置应当向后移动以防干扰机库弹射器并为较小型飞机的自由滑跑起飞留下足够的滑跑距离。这样也可以在中部升降机失灵时将从后部降落的飞机送下机库并在飞行甲板前端留下部分可用来停放飞机的空间"。升降机进行一次抬升需要 45 秒，包括将飞机推上和推出升降机的时间。其中甲板升降机的最大抬升重量是 12.7 吨，侧舷升降机为 8.165 吨。

基础设计处起初计划在新航母上安装 4 台弹射器，飞行甲板和机库各 2 台，和"黄蜂"号一样。考虑到新型舰载机比原先更重，"埃塞克斯"级采用了功率更强大的液压驱动的 HMk4B 型，最大弹射重量 8.165 吨。飞机设计师对这些大型弹射器自然是双手赞成，但舰体设计者们则为它们的体积和重量头疼不已。飞行甲板还好说，狭窄的机库要容纳这种更长更重的弹射器却不那么容易。为了保证具备机库起飞能力，设计者需要机库左舷外专门增加了一个突出部和一段可折叠的甲板延长段以安装弹射器，重量约 100 吨。两台机库弹射器就需要 200 吨，再加上每台弹射器增加的近 32 吨，全舰重量因此而增加了 327 吨，而且是增加在对稳定性影响最大的舰体顶部——从貌不惊人的 32 吨到危险的 327 吨，这又是个问题滚雪球的例子。无奈，设计师只好对原计划打折：取消了原计划中飞行甲板左侧的弹射器，右舷弹射器的液压设备功率则被提高了 1 倍以免造成甲板弹射速率的过度下降；机库弹射器只保留 1 台，布置在甲板前部——这一台机库弹射器也只出现在最初的 6 艘"埃塞克斯"级上，后来因在实战中价值不大而被拆除。首舰"埃塞克斯"号甚至由于弹射器制造不及时而一台弹射器都没装。

实践证明，弹射器的采用是非常及时的。战争初期，美国海军的舰载机很少用弹射器起飞，因为这时的飞机重量都很轻，飞行员们也乐得用简单的自由滑跑方式起飞。但是随着战争的展开，美国海军舰载机的起飞重量越来越大，弹射器的使用自然也越来越多，到战争最后时期，有些航空母舰上借助弹射器起飞的架次数达到了 40%。实际上这些舰载机并非离开弹射器就无法离舰，但是弹射器却可以使它们

∧ 一张难得一见的照片，一架"地狱猫"战斗机从航母的机库弹射器上直接弹射升空。机库弹射器是二战前美国航母设计的一大特色，目的是在紧急情况下能够快速弹射战斗机升空作战。这一设计后来因没有实战运用的机会而被放弃。

∧ 排满飞机的"约克城"号航空母舰。"约克城"级是美国海军第一型较为理想的"全甲板"型航空母舰。"埃塞克斯"级可以理解为"约克城"级的扩大优化版。

在各种风向下起飞，而且更大面积的飞行甲板也可以被留作排列机群之用。

机库方面，鉴于"约克城"级的开放式机库设计已经经过实践检验，表现良好，新舰的机库基本沿用了前代的方案，飞机可以在机库里提前暖车，如果需要，机库的多处开口都可以用卷闸门封闭，以在不良海况下保护机库里的飞机免遭海水侵袭。机库长 199.3 米，宽 21.3 米，顶棚高 5.5 米。

二战前美式航母的另一个招牌动作是飞行甲板的双向起落，即飞机可以从首尾两个方向降落和起飞。从飞行甲板前部降落的做法在今天看来十分古怪，但它确实可以带来一些好处，其中最大的优点在于能够在遭到打击时最大限度地保持航母的战斗力：美式航母的飞行甲板无法挡住炸弹的打击，但如果飞行甲板前端安装有拦阻设备并且航母可以快速倒车，那么一旦任何一端被炸弹炸毁，舰载机就可以从安装有升降机和拦阻设备的另一端起飞和降落，从而保证航母可以继续作战。前部拦阻设备在 1944 年之前始终是美式舰队航母的标准配备，此后由于实战中很少出现飞行甲板被从某一端摧毁的情况（要么毫发无伤，要么被毁得一塌糊涂）而被取消。值得一提的是，虽然美国海军战前的各级舰队航母都在飞行甲板前部安装了拦阻设备，但"埃塞克斯"级却是唯一一级从设计伊始就将前部降落作为主要设计目标的美式航母。不过二战爆发后，美军发现这套设施用处不大，因此从 1944 年起就将其陆续拆除。

想要搭载更多的舰载机参战，仅有宽大的飞行甲板和良好的收放设施还不够。编制数量更大的舰载机大队还需要更多的燃料和弹药，这些都是航母设计中必须考虑的。

美国海军原先的航母设计为 74 架舰载机提供了 20 万加仑的航空汽油，但现在显然不够了。1939 年 7 月，联委会重新估算了航母航空汽油的携载量：每架新型舰载机平均每小时需要消耗 37 加仑汽油，约合 140.05 公升，战斗激烈时每架飞机每天需要飞行 8 小时，舰载机联队编有 74 架飞机，照此计算，作战时每艘航母每天需要消耗 8.29 万升汽油。航母在 25 节航速时的续航力是 10000 海里，约合 16 天，按照 2/3 的天数需要参战计算，航母每次出航需要参加为期 10 天的战斗，因此新航母需要搭载 82.9 万升航空汽油。这样，在 1940 年 8 月签订建造合同时，航母的航空汽油携载量指标被设定为 23 万加仑，约合 87.06 万升。这显然不是个很容易实现的目标。航空油槽必须被布置在安全的舰体装甲盒内，而油槽周围的舱室又必须留空以防舰体遭到攻击时油槽被震裂，这样油槽占用的舰体容积就是一个可观的数字。而装甲盒内的空间本来就不宽裕，弹药库需要占用一块空间，主机机组更是消耗容积的大户：新航母需要比"约克城"级更强大的功率，因此动力系统的体积必定不小，而为了提高安全性而采用的锅炉轮机交叉布置方案又势必增加机组所占的长度。不过，最终"埃塞克斯"级还是基本满足了对携载燃油量的要求：短船体型载量为85.2—87.8万升，长船体型载量87.8—91.6万升，各舰具体燃油携载量因航空油槽保护设施的不同而异。

航空弹药方面，舰上设有2处大型弹药库，可搭载总共567.4吨航空弹药。"埃塞克斯"级的炸弹升降机系统在机库甲板和飞行甲板上各开设了3个开口，比"约克城"级多一个飞行甲板开口，但是升降机的面积却比"约克城"级小了不少，原因很简单：机库甲板的升降机开口处不可能加装装甲顶盖，这就会在装甲机库甲板上留下致命的"阿喀琉斯之踵"——随着战争的临近，军舰的整体防护性能远比甲板运作的便利性来得重要。对此，基础设计处如此解释：

CV-9上的小型升降机每一轮升降的设计运载量是前代的一半……我们可能会提高它们的升降速度以减少装卸炸弹的时间间隔。目前看来，炸弹装卸工作的瓶颈在于如何缩短在炸弹库里安装引信和尾翼及将炸弹箱堆放到适当位置所需的时间。早先航母上炸弹升降机的运载能力显然有些供过于求，因为那是按照升降机每2分钟升降一轮的标准设计的，但实际上一轮升降只需1分钟。毕竟从整体上看，航母炸弹转运系统的设计目标是要能够在半小时内完成整个舰载机联队的重新武装，只要能够达到这个目的，系统就是合格的。使用小型炸弹升降机还节约了相当的重量与空间。升降机平台的面积也足够运载2000磅普通炸弹（不会因面积过小导致部分武器无法使用）。

飞行员休息室虽然不大，但也是航母战斗力的一部分，这一设计主要是由航空部门决定的。关于"埃塞克斯"级航母的休息室设计，霍恩将军在信中写道："体积、位置和设施……必须得到实质性改进。室内设施……必须能够保持待飞飞行员的良好状态。每个中队都必须有独立的休息室……每个舱室都应当有良好的通风，如果必要的话甚至应当为此安装空调。"当时的情况是，"约克城"号和"企业"号舰长都认为飞行员休息室设计得不好，这部分是由于多个中队需要在同一舱室里传达战斗任务而带来了麻烦，通风不良也是个问题，尤其是在飞行员们穿好飞行服，等待起飞之时。

根据这些建议，"埃塞克斯"级为4支中队布置了4处相对独立，各自装有空调的飞行员待命室，其中 2 间位于中部升降机后，2 间位于后部升降机前，4 间待命室均位于飞行甲板底下的高炮走廊甲板上。其中 1 号待命室的面积扩大了不少，因为战斗机飞行员的数量增加到了 27 人。

1939—1940 年"埃塞克斯"级设计方案的演变						
	CV-9A	CV-9B	CV-9C	CV-9D	CV-9E	CV-9F	CV-9G
标准排水量（万吨）	2.62	2.53	2.39	2.33	2.425	2.6	2.72
公试排水量（万吨）	3.127	3.086	2.91	2.87	3.09	3.22	3.34
水线长（米）	261.08	254.98	250.1	250.1	250.1	250.1	253.15
舷宽（米）	26.84	26.69	26.84	26.23	26.84	27.76	29.37
试航吃水（米）	7.93	8.05	7.69	7.78	7.90	8.08	7.93
主机类型	电动涡轮机	机械涡轮机	电动涡轮机	机械涡轮机	机械涡轮机	机械涡轮机	机械涡轮机
主机功率（轴马力）	17 万	17 万	12 万	12 万	15 万	15 万	15 万
最大前进航速（节）	35	35	33	33	34	33	33
最大倒车航速（节）	25	20	25	20	20	20	20
主甲板高度（米）	16.62	16.32	16.62	16.01	16.32	16.47	16.32
主机舱宽度（米）	18.3	18.3	17.69	17.69	17.54	17.54	17.54
鱼雷防护体深度（米）	4.27	4.19	4.56	4.27	4.56	5.12	5.92
飞行甲板装甲（毫米）							63.5
机库甲板装甲（毫米）						63.5	
下甲板（毫米）	38.1	38.1	38.1	63.5	63.5	38.1	38.1

强悍而先进的主机

1939 年 7 月，基础设计处向联委会提交了 2 种新航母设计方案供选择。一种方案以"大黄蜂"号为蓝本，但采用了电动涡轮机驱动并可以搭载更多的航空燃油（从"约克城"级的 17.8 万加仑增加到 25.8 万加仑）；另一种方案安装了装甲飞行甲板但完全没有水下防护。完全不顾水下威胁的设计显然是不可行的，而前一种方案也不理想，因为它拥有巨大的航空燃油携载量都是因为取消了航空油槽周围的隔舱，这一没有隔舱保护的油槽仅仅是顶部和前后得到了装甲隔板的一定保护，完全没有装甲的两侧只能依靠不太完善的防雷隔舱来保护。针对这一方案，航空局长托尔斯将军提出，"兰利"号就曾因为航空油槽缺乏保护而发生过航空油槽爆燃的事故。结果自然是两种方案均不可行。为了得到一套比较理想的方案，联委会随后以"大黄蜂"号改进设计为基础提出了新的设计指标：飞行甲板长 244 米，宽 24.4 米，机库顶高 5.5 米，中部升降机布置"在飞行甲板的舰岛对侧，距离舰岛越远越好"以最大限度地减少其对飞行甲板运转的影响。虽然托尔斯将军本人不太喜欢侧舷升降机，但毕竟仅他这一票是起不了大作用的。飞行甲板上要安装 2 台弹射器，机库则安装 1 台横越甲板布置的双向弹射器。新舰的设计最大航速可以下降到 33 节，还要能够以 20 节航速倒车 1 小时，载油量要达到 20 万加仑，油槽周围必须得到隔舱保护。根据前文所述的修造局建议的方案，新舰将要安装 12 门 127 毫米 /38 倍径火炮以及 4 座四联装 28 毫米高炮。

拿到这份要求，基础设计处长钱特里上校被吓了一跳：这一方案的整体设计几乎就是"大黄蜂"号的翻版，照这么看，新舰的设计基本上就是后期设计处的事情而没有基础设计处什么事了，他们自己只要画画总体设计的线图就好。不过仔细考察后，他发现基础设计处还是有活要干的，麻烦主要集中在主机上。按照 1939 年10 月联委会提出的 2.3 万吨排水量标准，新舰选择了正在研制中的 6 万轴马力电动涡轮机组为主要主机方案，2 套机组可提供 12 万轴马力的动力，3 套机组就能达到17 万轴马力的功率。每套机组包括 2 台锅炉和 1 台涡轮发电机。一同备选的还有 6万轴马力和 8.5 万轴马力的 2 种机械涡轮机主机，他们分别装有 4 座锅炉和 2 根驱动轴。不过从占用舰体空间和保持防护能力的角度看，这些备选方案没有一种能让人满意。例如，舰体下部的任一单一舱室都不能过大，否则一旦该处被鱼雷击破就会导致舰体进水过多从而带来沉船的危险。17 万轴马力方案中的电动涡轮机需要 2段 21.96 米长的舱室，连同锅炉舱、控制室等设施，前后总长将达到 106.14 米，这种主机是很难安置在舰体内的。如果采用 2 套设备组成的 12 万轴马力方案就可以基本控制主机长度，但是这套设备高度过大的问题依然存在，机舱顶高将比"约克城"级提高 0.61 米，连带导致舰体主甲板（装甲盒顶盖）上升 1 米有余，从而导致舰体重心上升，为此，舰体宽度又要增加，这样，军舰的设计标准排水量就达到 2.62万吨。这正是 CV– 9A 设计方案的情况。如果采用机械涡轮机，17 万轴马力的方案需要设置 15.86 米长的锅炉舱，多台 6 万轴马力机组组合的方案需要 17.69 米的锅炉舱，更难安排。

好在不久以后，一种更理想的选择出现了：这就是"亚特兰大"级防空巡洋舰的 7.5 万马力机组，2 套这种设备并装将为新舰带来 15 万轴马力的功率。这套主机全长 68.32 米，即便加上前方 8.5 米的蒸馏器舱和后部 8.5 米的辅助发电机舱也只有 85.32 米，远远小于原有 17 万轴马力电动机组，而且这一机组还采取了最理想的安全设计：2 个 13.42 米的轮机舱和 4 个长度为 12.2 米或 8.54 米的锅炉舱交错布置，避免了被一枚鱼雷摧毁全舰动力设备的危险。虽然它还是比"约克城"级的 12 万马力机械涡轮机组长一些，但毕竟容易布置得多。这一新设备很快就被纳入新航母的设计中——请注意，"约克城"级的 12 万轴马力主机已经过时了，它的蒸汽温度不够高，而且没有采用有利于增加军舰生存性的交叉布置。

另一个需要选择的是涡轮机的类型，是用机械涡轮机呢，还是电动的呢？作战部队要求新航母不仅有足够的航速，还要能够持续高速倒车，因为这样可以"让飞机在实际风速不足的情况下从甲板前部降落（飞机降落时需要至少 22 节的甲板相对风速）"。高速倒车的需求是难以通过传统的机械涡轮机实现的：在 1939 年 7 月的一次联委会会议上，海军工程局的史密斯上校提出，高速倒车超过 10—15 分钟就会损坏机械式涡轮机的叶片，而使用了电动涡轮机的"列克星敦"级则可以以 20 节的速度倒车，效果比较理想。但电动涡轮机也有自己的问题：它必须付出 400—500 吨的重量代价才能保持和"约克城"级相当的 12 万轴马力功率。虽然电动涡轮机会在航速 15 节时让燃油使用效率提高 25%—30%，但在总吨位受限的情况下，这点好处显然无法弥补重量增加带来的坏处。工程局还提出，如果把这些吨位用在传统机械式涡轮机上，新舰的主机功率就可以提高到 14.5 万轴马力，让 2 万吨级航母的航速达到 34 节。机械还是电动？这是个问题。最终还是电动涡轮机在损害管制方面的优越性赢得了决定性一票。美国海军在一战期间的各级战列舰和后来的"列克星敦"级战列巡洋舰就已经采用了电动涡轮机。既然如此，在新舰上采用电动设备也就顺理成章了。

至此，主机设计的事情就算是告一段落了，但基础设计处很快发现，自己的事情却还远没有到此结束，问题就出在那似乎永远也扯不清的甲板防护上。在 1939 年 12 月那份记载了 CV–9 第一批五套总体方案的备忘录上，各局还签署了一段文字："航速问题解决之后，各局建议就使用 2.5 英寸特种钢板对主甲板（机库甲板）进行保护的有效性进行考察。这会增加一定的排水量，增加一些舰宽（这也会增强军舰的水下防护），并损失一些航速，但却非常有利于防止炸弹击穿承力船体并对船体主结构造成损伤。"舰体装甲防护设计的改变，即将为美国航母设计带来一次革新。

对空防御优先

"埃塞克斯"级显然远不如战列舰那般坚不可摧，但对于一艘仍然受到吨位制约并且以机动作战为职责的航空母舰来说，她的防护又的确是坚固而且适当的。

30 年代末期美国海军航空局局长、前任"列克星敦"号舰长托尔斯少将认为，如果抛开所有限制，"列克星敦"级将会是最理想的航母，她的航空战力基本不逊于"约克城"级，装甲防护能力却强大得多。1940 年前后，托尔斯的观点并非个例。显然，条约时代的结束释放了将领们心中对巨舰的本能渴望。在当年的多次会议中，托尔斯和航空局多次提出航母需要 203 毫米级别的重炮和 12 门以上的 127 毫米高炮；按照美军当时的航母作战理论，航空母舰将要在少量舰艇护卫下独立遂行机动作战，遭遇敌方巡洋舰的机会非常大。出于同样的原因，武器局长霍恩将军则据此认为航母需要能够抵挡 203 毫米炮弹的打击并抗住至少 3 枚鱼雷的攻击。托尔斯认为将这些要求结合起来的成果就是"列克星敦"级——事实的确如此。

但问题是 1940 年时新型航母的设计还无法做到随心所欲。CV-9 各设计方案的标准排水量集中在 2.33—2.72 万吨之间，比较一下"列克星敦"级 3.6 万吨的排水量就可以看出，托尔斯等人的期望是不可能在新舰上实现的。新一代航母的设计仍然不得不受到吨位的限制。

和"约克城"级一样，"埃塞克斯"级的水平防护设计仍然是以抵挡轻巡洋舰主炮的打击为目标的，这一点充分表明了吨位限制对"埃塞克斯"级的设计的束缚。1939 年时，美国人已经意识到仅能抵挡轻巡洋舰主炮的水平防护无法满足航母作战的需要。按照当时的作战理论，对航母威胁最大的水面舰艇是巡洋舰，美日两国当时都拥有一支强大的重巡洋舰部队，而根据美军的预期，奉行独立作战和鱼雷攻击战术的日军重巡极有可能在太平洋战争爆发初期与美军航母正面遭遇。而日军轻巡洋舰则仅仅被用作驱逐舰队的旗舰，主要配合主力舰队作战，对航母的威胁根本比不上重巡。显然，新航母应当能够抵挡重巡洋舰的打击。以正常的交战距离（12000 米）计算，抵挡 152 毫米级别炮弹的打击只要 102 毫米侧舷装甲与 43 毫米水平装甲就够了，而对付 15500 米外射来的 203 毫米炮弹则需要 127 毫米厚的侧舷装甲。如果距离增加到 19500 米，那么以大角度落下的 203 毫米炮弹则需要 51 毫米厚的水平装甲才能抵挡。不仅如此，由于 203 毫米火炮在远距离上的射击精度远优于 152 毫米或 155 毫米火炮，联委会认为抵抗 203 毫米炮弹的防护力标准必须以 22000 米交战距离为基准，此时由于炮弹的下落角度更大，军舰的水平装甲厚度必须达到 64 毫米。实际上，在联委会最初选择的"埃塞克斯"级设计方案中，CV-9E 方案采用的正是 127 毫米侧装甲和 64 毫米水平装甲，但我们即将看到，另一种更重要的防护要求迫使美国人不得不放弃了抵挡重巡洋舰主炮的要求。

与前代航母相比，"埃塞克斯"级在防护方面真正的突破在于垂直防护，即水平甲板的改良。水平装甲的设计也是一件耗费了不少心思的事情。1939 年 10 月 31 日，联委会就装甲甲板的设计举行专门会议。与会者决定在传统的触发式爆破弹和新型的穿甲炸弹之间做出选择：航母的装甲甲板必须能够抵抗住其中一种炸弹的攻击。在此次会议中，武器局的福尔隆将军提出了一组参考数据：

48.3 毫米厚的 STS 钢板足以抵挡从 3000 米高处落下的 227 公斤炸弹。

抵挡从 3200 米高处落下的 454 公斤普通炸弹需要 63 毫米 STS 钢板，同一炸弹如果从 3000 米处落下则只需 61 毫米钢板；而如果换成 454 公斤穿甲炸弹（炸药填充量从 50% 下降到 18%），那就需要 73.2 毫米 STS 钢板才能挡住。

从 3000 米处落下的 907 公斤炸弹可击穿 76.2 毫米 STS，如高度改成 2700 米则可击穿 73.7 毫米 STS 钢板。

武器局提出，新航母的水平装甲应当能够挡住从 3000 米高度落下的 454 公斤爆破弹的打击。如果被击中的是主甲板厚度只有 37 毫米的"约克城"级，炸弹就会一路砸穿军舰的上层建筑和主甲板而直落底舱。如果主甲板能够加厚到 63 毫米，炸弹就可以被挡在"装甲盒"外了。

接下来的问题便是，装甲应该安装在哪里。直观地看，防护范围最理想的设计是装甲飞行甲板。这一设计的首要支持者是"突击者"号舰长约翰·S. 麦凯恩上校，他认为装甲飞行甲板只要能够抵挡 227 公斤炸弹的打击就行了。为了让航母能够顶住炸弹的打击，他宁愿选择体积和载机量更小的航母。他一次又一次地找到联委会宣传自己的理论：任何一艘在飞行甲板和机库甲板上排满弹满油足的飞机的美军航母都可能变成一座烈焰燃烧的地狱，而舰载战斗机又根本不能保证航母免遭空袭——在当时的技术条件下确实如此。尽管如此，联委会还是拒绝了麦凯恩的推销，因为装甲飞行甲板需要付出的代价太大了：抵挡 227 公斤炸弹需要 48.3 毫米厚装甲，以"约克城"级的飞行甲板面积计算，安装这种装甲就意味着要在军舰最顶层增加 1460 吨重量，再加上支撑这一重量所需的更粗壮的支撑结构和平衡重心升高所需的更宽的舰体，军舰的吨位又会数倍于装甲甲板本身的重量增加。显然，这种改动是否值得还是个未知数。更令人郁闷的是，即使付出这样的代价，军舰也未必就能在敌方的炸弹下幸免，因为227公斤并不是一个很大的数字，当时美军的新型BT俯冲轰炸机（SBD的前身）已经能够轻易使用454公斤的炸弹了。

需要说明的是，装甲飞行甲板无法取代作为舰体装甲盒顶板的主装甲板，因为侧舷装甲带高度太低，无法和装甲飞行甲板形成有效的安全区，从侧面射来的炮弹仍然可以钻进装甲带和飞行甲板之间的致命区域。如基础设计处所言："舰体关键部位顶部的位置较低的甲板仍然必须得到装甲保护，除非防御敌方水面火炮攻击的要求被完全放弃，而依照现在的情况，这种可能性还远远不可能实现。"简言之，即便安装了沉重的机库或者飞行甲板装甲，下甲板装甲也一样省不下来。最后，修造局还提到，由于飞行甲板上需要开设许多开口（包括升降机、弹射器、拦阻装置等装置所需），装甲飞行甲板的制造十分困难。根据航空局的估计，安装装甲飞行甲板可能会让航母的载机能力缩水三分之二！根据英国"光辉"级装甲航母仅有36架的载机能力来看[①]，这一估计并不完全离谱。对于追求全甲板攻击的美国海军来说，这样的代价是根本不能接受的。

装甲飞行甲板的拥护者们也还在继续努力。在他们的推动下，1939年10月25日，联委会甚至提出了一套装甲飞行甲板航母的设计指标：飞行甲板使用63毫米厚装甲，下层甲板仍然保留37毫米厚装甲，但只安装8门127毫米炮、2台升降机和2台弹射器。事后看来，这份方案的出现很有可能是受到了关于英国"光辉"级装甲航母设计方案相关情报的启发。

不过航空局局长托尔斯最终否决了装甲飞行甲板方案，他认为装甲飞行甲板只是在英国人的航母使用方式下才有效。英国人会把每一架降落的飞机迅速送下机库，而美国人则通常把大部分舰载机排列在飞行甲板上，对于美军来说，即使敌人的炸弹没有击穿飞行甲板也一样会对航母的战斗力造成严重影响。因此，对于美国海军的航母来说，防护的关键在于防止炸弹落入舰体致命部位，而即使炸弹在机库里爆炸，航母仍然可以被很快修复。正是这一观点导致了后来在"埃塞克斯"级上出现了装甲机库甲板。至于仿效英军的做法，那是无论如何也不可接受的，因为这样会大大减缓舰载机的出动速度，降低进攻频率。

如此，主要的水平装甲便只能放在机库甲板了。不过虽然装甲机库甲板的增重

---

① 相同吨位但没有装甲飞行甲板的"皇家方舟"号为60架。

比飞行甲板增重要好些，但各种要素平衡起来也并非易事：若把机库甲板从"约克城"级的 37 毫米增加到抵抗 3000 米处 454 公斤炸弹攻击需要的 63 毫米，也会带来 650 吨的增重。但是武器局仍然坚持自己的观点，因为如果舍不得这 650 吨重量，军舰在遭到 454 公斤炸弹的攻击时就会处于险境。显然，装甲机库甲板是很重要的，那么，这 650 吨的重量应当从哪里去"抠"呢？

1939 年 12 月，联委会初步选择了两套设计方案：一是 2.5 万吨，装有 127 毫米侧舷装甲带和 63 毫米下甲板，没有机库装甲的 CV-9E 方案，该方案可抵挡 203 毫米重炮在 22000 米外的打击，但下甲板以上无法抵挡敌机炸弹的攻击；二是将传统装甲下甲板替换为 37 毫米装甲下甲板外加 63 毫米装甲机库甲板，侧舷装甲带也只保留 102 毫米厚度的 CV-9F 方案，该方案的水平防护仍停留在 152 毫米炮的水平上，但对空防护方面则达到了以机库甲板抵挡 454 公斤炸弹的能力。修造局认为，装甲机库甲板的最大好处在于"不超过 1000 磅的炸弹将不能穿入舰体深处爆炸，从而将舰体主承力结构遭到重创的危险降到最低。"CV-9F 方案为此付出的代价是吨位从 2.48 万吨增加到 2.6 万吨，舰宽从 26.84 米增加到 27.76 米，速度也略有下降。由此不难看出，美国人已经认定，抵挡 203 毫米炮或是 454 公斤炸弹，新航母只能二者取其一。

联委会同时接受的还有另一套装甲航母方案——CV-9G，该方案采用了 63 毫米厚的装甲飞行甲板，并为此付出了极大的重量代价。不过这一严重牺牲进攻能力的方案根本就没人去认真对待，真正参与角逐的只有 CV-9E 和 CV-9F。

1940 年 1 月 31 日，联委会最终决定采纳以对空防护为主、以对海防护为辅的 CV-9F 方案。设计指标中明确提出了对新航母防护能力的要求：对海防御方面，必须能够抵挡从 10300 米到 17000 米外射来的 152 毫米炮弹，以美军 152 毫米火炮为参考[1]，如此防护能力需要安装拥有 19 毫米背板的 102 毫米侧舷装甲带和 37 毫米厚的下甲板（第四层甲板）；对空防护方面需要安装 63 毫米装甲机库甲板，足以挡住 454 公斤普通炸弹的贯穿，虽然这个厚度还挡不住 454 公斤穿甲炸弹，但却足以触发穿甲弹的引信，这样爆炸破片就可以被下面的下甲板装甲挡住而不会对舰体下部造成致命的威胁。当然，如前所述，装甲机库甲板不能被视为对海防护能力的一

---

[1] 穿甲弹重 47.67 公斤，炮口初速 854 米 / 秒。

部分，因为炮弹会轻易命中机库以
下、下甲板以上的舰体。在建造之初
的图纸中，"埃塞克斯"级的侧舷装
甲带宽 3.05 米，长 154.94 米，占水
线长度的 62%（从 39 号肋骨到 166
号肋骨），水线以上装甲厚 102 毫米，
水线以下逐步减薄到 63 毫米。

对空防御的另一个重要方面是
高炮。随着飞行甲板布局的更新，
"埃塞克斯"级 127 毫米炮的数量
增加到了 12 门，其中 8 门装在 4 座
双联装炮塔内，这一新设备占用了
近 500 吨的重量。美军认为位置较
高的两座双联装炮塔可以向飞行甲
板对侧射击，这就使得"埃塞克斯"

▲ 20世纪30年代末，美国海军最新型的舰载俯冲轰
炸机普遍选择了1000磅（454公斤）炸弹作为主要
武器，因此新一代航母的设计至少要以它作为防
御目标。实战证明，"埃塞克斯"级曾在战斗中多
次遭到日军250公斤炸弹的直接命中，但都未造成
太大损伤（只有被引起飞机和弹药殉爆的"富兰克
林"号除外），可见装甲机库甲板的价值。

级可向同侧齐射的 127 炮数量达到 8 门，比"约克城"级多出一倍。关于在新舰上
安装更大口径的火炮（例如刚刚开发成功的 152 毫米 /47 倍径高平两用炮）的提议
被拒绝了，因为这些重炮对于甲板上的飞机和航空设施来说实在太过危险，127 毫
米 /38 倍径火炮才是最适合航母使用的重型防空火炮。这种新型双联装 127 炮塔采
用了刚刚投产的新型座圈，大大提高了装弹效率；根据一线军官们的要求，这些炮
塔也安装了位置更高的防火墙和防护更好的炮座。

127 毫米炮最好的射击目标是水平轰炸机和鱼雷轰炸机，俯冲轰炸机则要依靠
自动火器去对付。如霍恩将军所说："在航母作战中，这种飞机的空袭是最危险、
也是最常遇到的威胁，仅仅 1 枚准确命中飞行甲板的炸弹就足以让航母失去收放飞
机的能力，从而导致从该艘航母上起飞的飞机全部损失。"为此，新航母保留了"约
克城"级上的 4 座四联装 28 毫米炮，每一组双联 127 炮塔和单管 127 炮旁各布置
1 门。至于 12.7 毫米高射机枪，设计人员和军官们的意见则很不一致，他们提议的
数量从 10 挺到 40 挺不等，中间什么数字都有——不过我们将会看到，设计之初的
这些所谓的中轻型自动火器设计，在未来的战争中实际上没有任何意义。

水下防护方面，"埃塞克斯"级基本沿用了"约克城"级那种受到条约限制的

标准，主要改进只在于采用了三层舰底。值得一提的是，原先的 CV-9F 方案中并没有采用三层舰底，在 1940 年 1 月 18 日的听证会上，与会者发现 CV-9F 方案的预计标准排水量达不到 2.65 万吨，于是将这一设计提了出来。1 月 25 日，修造局报告称这一设计会带来 300—500 吨的重量（航速相应下降 0.2 到 0.25 节）——标准排水量正好达到 2.65 万吨。三层舰底的设计就这样定下来了。此外，新舰的水下防护方面只有一些细微的改进，例如将水下防护隔舱中存放重油的舱室由中间两层转到外侧两层，但是显然，这些"小动作"难以给舰体防护能力带来实质性的提高。

在新舰的定稿设计过程中，各方面人员又提出了安装升降机井侧壁装甲、为甲板暴露人员加装防弹掩体、加厚舵机顶装甲（该处厚度原本只有 37—63 毫米）等建议，除了防弹掩体的设计考虑到重量补偿外（将 127 毫米炮塔减薄到 19 毫米），其余各建议都没有考虑到这一点，因此，当 1940 年 11 月 28 日海军部长批准了这所有增加防护的建议后，"埃塞克斯"级的标准排水量便增加到了 2.71 万吨。

最终，美国人将抵挡 454 公斤普通炸弹的能力列为航母防护能力要求的首位，对海防御则屈居第二，防护标准下降到了抵御 152 毫米炮弹的水平。从"约克城"级孱弱的垂直防护到"埃塞克斯"级的装甲机库甲板，这一看起来"不显山不露水"的变化却显示了美国海军对航空母舰理解的一个飞跃。在此之前，航空母舰的防护设计基本沿用了传统水面舰艇的模式，即保护舰体下部的装甲盒内部免遭敌舰炮弹的打击。经过 15 年的摸索，美国人开始意识到，航空母舰在将击毁敌方航母作为首要目标的同时，自己也必将成为敌方航空兵首要的打击目标，航母的防护设计必须考虑敌方飞机的打击。实际上，对航母来说，空中的威胁远比水面舰艇的攻击更

▲ 刚兴起的潜艇向所有主力舰发起了挑战。这种"水下刺客"能在无声无息中发起致命一击，二战中被潜艇鱼雷击沉的主力舰数不胜数。

▲ 127毫米38倍径高平两用炮是二战期间美国海军的标准重型高炮，也是美国海军所有驱逐舰以上舰艇的通用装备。

危险。正因为考虑到这些，航母才更需要一块虽然无法保护装甲盒内部，但却能够抵挡凌空打击的装甲甲板。正是这些考虑，导致了"埃塞克斯"级在垂直防护上的用心。在这些变化的背后则隐藏着一个不可忽略的事实：航空兵已经成为水面舰艇必须认真面对的威胁，海战立体化的时代悄然开启。

▲ 潜艇并不是水下威胁的唯一来源。对航母来说，更常见的威胁来自敌方的鱼雷轰炸机。

"埃塞克斯"级定稿

在 1940 年 1 月 18 日的联委会听证会上，航空局局长托尔斯表达了对 CV-9F 的欣赏，因为该方案仅仅在吨位和航速方面付出了轻微的代价，却获得了至关重要的垂直防护能力——按照当时美军的航母战术理论，敌人的俯冲轰炸机是航母最大的威胁。托尔斯对于此时已经开始着手开发的更重型的新一代舰队航母能否达到真正理想的防护能力还不太有信心，与不太靠得住的未来相比，还是眼前这型防护能力还说得过去的方案比较实在些。也是在这次会议上，美国海军对搭载第 5 支中队的要求被改成了"在开发过程中，如果可行，则应当让航母具备多搭载至少 9 架战斗机的能力"。

更重要的是，美国海军对 CV-9F 方案的航空设施设计也比较满意。联委会在此次会议纪要中如此写道：

飞行甲板方面最大的改进在于缩短了岛型建筑的长度……在舰岛和高炮平台位置上的飞行甲板宽度只能并排排列 3 架飞机，而不是其他甲板段的 5 架。

从便于起飞前排列机群和降落后停放飞机的角度看，保持飞行甲板两舷从头到尾呈一条直线十分重要，从这一点上看，航母最两端的飞行甲板是最金贵的。[①]

后部升降机的位置比 CV-9E 前移了一些，这对快速放飞飞机十分重要。在来不及排列机群的情况下，飞机可以推到机库后部暖车，之后直接升上飞行甲板开往

---

① 不过如果如此设计，飞行甲板就会遮挡住左舷高炮平台上 4 门 127 毫米炮的高射射界。

起飞线，而升降机则可继续抬升机库里的飞机。如此，飞机的起飞速度仅仅取决于升降机的转运速度……升降机的抬升能力应当随同飞机重量的增加而提高，例如从9000磅增加到14000磅。目前CV-8上使用的升降机的速度是令人满意的，完成一轮抬升只需45秒，包括10秒钟将飞机推上升降机，12.5秒抬升，10秒将飞机推上甲板，最后12.5秒下降。其44×48英尺的尺寸也足以满足需要。

关于机群排列方式的研究表明，按照美军正在研发的新型舰载机的尺寸计算，飞行甲板上在机群起飞前只能排列3个中队，除非甲板上的所有飞机都将机翼折叠起来，仅让最前方准备起飞的6架飞机展开机翼。这就意味着有一个中队必须在机库里暖车，之后用升降机送上飞行甲板直接起飞——"突击者"号经常如此操作，未来的"黄蜂"号也将如此。[①]关于飞机起飞滑跑的研究确实显示了这一距离越来越长的趋势，这是飞机性能提高的必然结果（翼载越来越高）。显然，飞机自由滑跑起飞的距离肯定要不断增长，这就需要对升降机的使用效率和操作方式进行更多的优化，以便把机库作为起飞前暖车的空间。

1940年1月31日，联委会以CV-9F为蓝本正式提交了新一代舰队航母CV-9的设计指标，2月21日，海军部批准了联委会的方案。飞行甲板尺寸不得小于259.25×24.4米，安装2台嵌入式弹射器，第三台弹射器为双向弹射，横向安装在机库甲板上，向两舷外弹射。由于作为舰体主承力甲板的机库甲板不可能被拦腰截断，机库弹射器不得不突出固定在甲板之上，这样就必须在弹射器两侧搭建缓坡以便利飞机的通过。机库顶高5.49米，通过3台升降机向飞行甲板转运飞机，航空局要求中部升降机应尽可能远离舰岛偏向左舷，以免妨碍飞机在机库前后的运送。

新舰的标准排水量可以比"约克城"级（1.98万吨）增加7200吨，这意味着诸多方面的增强：

飞行甲板长度增加，从而得以更有效地一次性放飞四支中队。

隔舱化设计进一步加强，包括交叉布置轮机与锅炉舱以强化遭到水下打击时的生存性；采用三层舰底，大大强化了防磁性水雷的能力；下部舰体侧面的防护能力同样被增强。

航空燃油携载量增加25%。

---

① "约克城"号和"企业"号经常需要在起飞过程中将少于1个中队的部分飞机从机库里抬升上来，随着飞机起飞距离的增加，这套做法将用得越来越多。

127毫米炮数量增加4门。

水上防护能力增强，包括安装装甲机库甲板。

主机功率进一步加强。

上述这些就是"埃塞克斯"级航空母舰的基本设计，任何子型号和设计变更均无出其外。

1939—1940年间，这一基本设计的标准排水量从最初的2.04万吨一路飙升到2.71万吨。这其中的原因有很多，最主要的一条在于，海军期待在新航母上看到的改进[1]不可能仅仅靠增加600吨排水量就成为现实（"约克城"级标排1.98万吨）。新的设计标准本身就需要更大的重量，例如锅炉和轮机交叉布置的方案和独立的锅炉操纵室，而这些设计的作用又是显而易见的，不可能为节约重量而取消。而军舰上任何一个系统的吨位增加都会带来一连串连锁反应，从而导致增重额扩大数倍。例如海军要求新航母能够持续倒车航行较长一段时间，新舰就必须采用电动涡轮机，这样机组重量就必须增加400—500吨才能保持住原有的12万轴马力动力，机组的体积也会大幅增加。为了在舰体下部装甲盒内为弹药库和航空油槽留下足够的空间，设计师不得不增大舰体。这样一来，"埃塞克斯"级原计划比"约克城"级增加的600吨吨位就远远不够了。好在此时，美国国会对军舰吨位超标的容忍度越来越高，随着战争的爆发，所有对吨位的限制都被弃置一旁。

▲ 设计定稿状态的"埃塞克斯"号航母。标准排水量达到了2.71万吨，图中可以看到开放式机库里的飞机和舰岛对面的侧舷升降机。这张图上暂时还看不到后来浑身都是的中小口径高炮。

---

① 更快的速度，更高的载机量，更好的防护和更强的火力。

追求最完美：在战火中改进

1940 年春，美国海军的扩张速度日益惊人，各种新一代舰艇的设计工作纷至沓来，修造局已经不堪重荷了，因此，"埃塞克斯"级的部分细节设计被移交给伯利恒造船厂的设计处。但后来的事情证明，此举并不明智。由于工期紧迫，"埃塞克斯"级的定稿设计在基础设计刚刚完成 40% 时就开始了，在这种情况下将设计工作分给两个暂时还不那么默契的单位必然会遇到很多困难。何况外观简洁的航母其设计却最为复杂：据 1944 年舰船局局长柯克兰少将介绍，"埃塞克斯"级的设计需要多达 9160 套工程图，包括 45 套基础设计图，115 套定稿设计图，以及 9000 套施工图——作为对比，"衣阿华"级战列舰需要 8150 套工程图，"克利夫兰"级巡洋舰需要 6200 套。舰船局不久便发现与伯利恒设计处之间难以协调，于是 1940 年 9 月 6 日，伯利恒退出了新航母的设计工作。不过新舰设计的压力却是必须解决的，因此还是有部分设计工作被转包了出去。承包商是美国航母第一厂——纽波特纽斯船厂，该厂从当年 7 月 3 日起便成了"埃塞克斯"级航母的第一建造商。

ᐱ 美国纽波特纽斯船厂，它承建了美国海军的每一级航空母舰，从"列克星敦"级到目前最新锐的"福特"级。很多人说纽波特纽斯是"美国航母的老家"，此言不虚。

虽然经历了这些麻烦的小插曲，但"埃塞克斯"级的细节设计仍然十分丰富。作为世界上实战经历最为丰富的一级航母，它的建造细节还在随着战事的推进而不断变化。

短船体和长船体

虽然"木已成舟"，但对"埃塞克斯"级进行大改的呼声还是接连不断：1942年7月，大西洋舰队方面建议对"埃塞克斯"级的最终设计进行大改，取消舰岛，将舰岛内的所有设施移至他处，舰岛周围的防空武器（包括4座四联装博福斯高炮和所有127毫米炮）都要像"约克城"级那样布置在飞行甲板四角，指挥仪也要相应分配至各处。以此为代价，战斗情报中心（CIC）、航空油槽防护和防空火力将得到大幅度加强。显然，这样的改进意见过于激进了。

1943年1月，舰船局对"埃塞克斯"级提出了一套基本上算是靠谱的改进方案：飞行甲板前后两端分别缩短了3.36米和2.45米，重新设计了舰艏线形，并在舰艉增加了一个大型突出结构，这样，舰体首尾两端的博福斯高炮均增加到了2门。127炮指挥仪方面，鉴于集中布置在右舷舰岛上的Mk37指挥仪在指挥左舷舰炮射击时效果不太理想，舰船局建议在拆除机库弹射器后在其左舷突出部上加装1台Mk37指挥仪——不过此位置顶上的飞行甲板需要切除以保障指挥仪的视界。不过航母的弹射器总数不会减少，因为这种情况下飞行甲板上会增加第二台弹射器。在此时已初步成型的"中途岛"级航母设计图上，双甲板弹射器和无机库弹射器的方案已成了标准设计。不过加装指挥仪方案的适用性不太好，因为在全部27艘"埃塞克斯"级上，只有6艘实际安装了机库弹射器。

关于"埃塞克斯"级的改进设计问题，舰队司令金上将的代表和各局代表在1943年1月举行了一次会议，对上述两套方案进行讨论。会议否决了大西洋舰队提出的过激方案。与会代表认为，这种方案会令军舰的舰宽增幅过大，过宽的舰体甚至无法通过巴拿马运河，而飞行甲板的面积反而会缩小；取消舰岛则会使原来安装在舰岛上的127毫米、40毫米炮彻底失去跨越甲板向左舷射击的可能性。

最终，美国海军基本认可了舰船局的方案：原来用于支持机库升降机的左舷突出部上再架设第三台Mk37指挥仪，该位置上方的飞行甲板还是要切割，但是切割面积尽可能小，只需保障该指挥仪的视野达到左舷前后方各60度仰角即可。中近距防空火力方面，与会者一致认为，虽然舰岛上的四座40高炮能够向左舷射击，但左舷的 40 炮数量还是不够，补偿方式如下：舰体首尾新增的 40 高炮可以获得 180 度方向射界以覆盖左舷，机库左舷 Mk37 指挥仪旁还可以再增加一座同型炮。与会者建议把战情中心迁至有防护的四层甲板下，但是由于那里空间有限，关于把飞行员舱也迁至那里的建议被否决了。

这样的建议还是遇到了许多反对者。大西洋舰队航空兵司令就坚决反对任何减少飞行甲板长度的方案。不仅如此，他还对重新布置战情中心的想法提出了有力的抵制意见：1942 年航母战损的经验表明，一旦航母遭受重创或被击沉，舰岛和上层建筑中人员的伤亡比例还是相对较低的，反倒是那些所谓有保护的位置，比如主机控制室，往往都是最先被放弃的，因此，飞行员舱和战情中心这样的要害部位还是留在岛型建筑或者上层结构中比较好。

尽管如此，1943 年 1 月的改进计划还是得到了高层的认可。1943 年 3 月 4 日，美国海军部正式发布了"埃塞克斯"级航母的改进设计方案，包括修改后的舰艇线形、缩短的飞行甲板、第三台 Mk37 指挥仪、第二台飞行甲板弹射器、所有 11 座四联装 40 毫米高炮，以及重新布置在装甲甲板以下的战情中心。

至此，"埃塞克斯"级的改进计划就从指挥官们的构思里前进到了船厂，所有在建的"埃塞克斯"级舰都要在不影响交付日期的前提下尽量按照新方案进行建造。例如 1943 年 3 月 19 日，纽波特纽斯船厂（此时正在建造 CV–10—CV–15）汇报了按照新方案建造航母的情况：尚未开工的 CV–15 和 CV–21 可以采用重新设计的通风系统和航空油槽；强化的飞行甲板相对好办，CV–11 以后的各舰都可以使用；增加的首尾 40 毫米炮、第二台飞行甲板弹射器和短飞行甲板可以用在 CV–14、CV–15、CV–21 上；新增的指挥仪只能用在 CV–15 和 CV–21 上（CV–14 没有安装机库弹射器突出部）；战情中心和空战指挥中心的重新布置只能用在 CV–15 和 CV–21 上。

那些加装了首尾高炮并相应改变了舰艇形状的"埃塞克斯"级又被称为"长船体型"，与此相对，早期建造的 CV–9—CV–13（纽波特纽斯厂）、CV–16—CV–18（昆西钢铁公司）、CV–21 和 CV–31（纽约海军船厂）则被称为"短船体型"。所有长短船体的"埃塞克斯"级都在舰艉突出部和左舷弹射器突出部上加装了四联 40 毫米炮。事实证明，长船体型的舰艇设计在高海况下会承受严重的海浪冲击，战后，"提康德罗加"号在霍恩角被巨浪冲毁了前部的机库甲板（承力甲板），之后所有长船体型都特别增强了舰艇结构。

左舷机库甲板新增的 Mk37 指挥仪实际上表现并不理想，虽然为此还牺牲了一小块飞行甲板，但是其视野仍然不够开阔。航空局一直希望把指挥仪对飞行甲板的影响减到最低，他们提出："这对起飞的飞机十分危险，因为这一改动实质上把飞行甲板前部216英尺处的宽度减少了6英尺3英寸。这项改动给飞机起降带来的损害远远超过了第三台Mk37指挥仪的价值。"结果，只有"提康德罗加"和"汉考克"两舰照此改装，而且她们后来还取消了这台Mk37，在它的位置上加装了1门四联装40高炮。不过，左舷Mk37的作用此时也不太大了，因为新的设计方案把左舷127毫米炮组旁原有的Mk51简易指挥仪更换成了具备雷达指挥能力的Mk57：二战期间，许多航母使用了Mk57雷达指挥仪来指挥这些127炮的射击。1944年7月，海军次长还下令恢复长船体型航母原先的飞行甲板长度，因为有人提出与其缩短飞行甲板长度，还不如把火炮和指挥仪的位置向外稍许挪动一些，虽然效果略逊于缩减甲板，但差别并不大。

1942年的太平洋海空战显示，在实际战场上击落来袭敌机远比在试验场上困难得多，美军战前规划的由8—12门127炮、4座中型自动高炮（28毫米）和40余挺高射机枪组成的防空火力体系显然不够用。美军航母第一次进攻中的第一次防空作战就把这一弱点显露得清楚无遗。

1942年1月31日，刚刚完成了对日占马绍尔群岛空袭行动的"企业"号航母首次遭遇日军空袭。"企业"号官方战史记录了这场战斗：

13:30刚过，目标再次出现在雷达屏幕上，而且距离在不断缩短——来者不善。舰上雷达探测到的是5架日军的96式双引擎轰炸机……5架轰炸机从舰队右前方3500码处穿云而出，以250节的速度开始进行下滑攻击。所有能指向这个方向的127毫米火炮都喷吐着火舌，但是炮手的缺乏经验，战斗的紧张气氛和敌机的高速

▲ "埃塞克斯"级短船体型CV-13"富兰克林"号和长船体型CV-14"提康德罗加"号。这两张图的对比清楚地展示了这两型方案舰艇的区别。

度使得他们的炮弹无一击中目标。实际上，这些炮弹给敌机造成的危险还比不了它们对己方战斗机的威胁。舰长乔治·默里操纵巨舰不停地左右急转，在迅速逼近的轰炸机面前开始了规避机动。当舰上的28毫米高射炮也能够开火的时候，敌机投弹了。每架日机以较大的间隔投下了3枚60公斤炸弹。绝大多数炸弹都落到了左舷的水里，军舰只受到冲击波的影响，只有1枚炸弹落在近旁，损坏了一条汽油管道，重伤了一名船员并引起一阵不大的火灾。

在1500英尺处结束俯冲后，4架轰炸机立刻加速脱离战场，只有第五架——由指挥官中井一夫大尉驾驶——左转弯掉头再次冲向"企业"号。尽管所有的高炮都在向他开火，这架飞机还是在不断接近，明显是要撞击航母。在最后关头，"企业"号向右急转弯，日机——可能已经不堪操纵，或者飞行员已经阵亡——没能跟上，从航母飞行甲板上方仅几英尺的地方擦了过去，右翼削掉了前甲板上一架SBD的机尾，栽进了左舷的海里，并很快消失在航母的后面。

不会吧！一艘航母、多艘巡洋舰和驱逐舰上的上百门高射炮居然对这区区5架攻击机束手无策？！没办法，事实就是这样。不难看出，美军航母由127炮、28炮和12.7毫米机枪组成的防空火力效果并不好。127炮虽然可以在较远距离上射击敌机，但由于射速低、火力密度不足，它的射程和威力在VT引信出现之前并不能发挥其作用；28毫米"芝加哥钢琴"虽然火力密度尚可，但正如马绍尔群岛防空战中表现出来的那样："当舰上的28毫米高射炮也能够开火的时候，敌机投弹了。"——该炮难以在敌机投弹前将之摧毁，因此实际上无法保护航母免遭打击。至于12.7毫米机枪，虽然它的理论射程可以达到1500米，实际上却根本无法对敌机造成威胁。

何况，日军航母机动部队真正的攻击力度远不是这5架96陆攻所能相提并论的，强化军舰的防空火力势在必行，"埃塞克斯"级很快被大量增加的高射炮装扮的犹如刺猬一般。为此，美军甚至不惜牺牲了部分航空设施。

强化防空火力的第一个方面是选用更有力的武器。早在战争爆发前，美国海军就已经意识到现有的28毫米"芝加哥钢琴"和12.7毫米高射机枪无法满足战斗需要。1941年8月，美军下令将这2型防空武器按1:1比例全部更换为新型的40毫米博福斯炮和20毫米厄利孔高炮——不过此时这2种新型高炮才刚刚投产，因此真正的大规模换装还要等到1942年才能实现。美军起初打算将"芝加哥钢琴"全部换成重量相近的双联40炮，但美国人很快就发现在航母这种大舰上，即使全部用上四联 40 炮也不会有问题，结果自然是四联装博福斯成了美军航母的标准中型防空火力。至此，伴随美国海军经历了整个二战的 127 毫米炮、40 毫米博福斯炮和 20 毫米厄利孔高炮防空火力体系正式成型。

另一个措施是增加高射炮，越多越好。

重量体积庞大而且需要复杂供弹设施的 127 毫米炮是不可能再轻易增加的，因此增加高炮的努力只能放在中型和轻型火炮上。

中型高炮的数量增加是最为显著的。"埃塞克斯"级的设计者最初打算把"约克城"级的防空火力体系照搬到新舰上，即在舰岛前后装备 4 座中型高炮（最初是 28 毫米四联装高炮）。但这显然是不够的，何况"埃塞克斯"级本身具有比"约克城"级更大的承载能力。于是，首舰"埃塞克斯"号完工时便装备了 8 座中型高炮：舰岛前后各 2 座，左舷前后 2 个 127 高炮平台上各 1 座，舰艏主甲板上 1 座，主甲板舰艉左侧 1 座——都是威力强大的四联装 40 毫米博福斯高炮。

虽然此时"埃塞克斯"号的中型高炮已经比最初的计划多了一倍，但还是远远不够。1943 年年初，美国海军第二次增加"埃塞克斯"级的中型高炮装备量：机库左舷原本为机库弹射器准备的突出部和舰艉都增加了安装四联装 40 炮的炮位，使其数量达到 11 座。1943 年夏季，"埃塞克斯"级的改进方案又一次强化了防空火力：舰船局要求给所有短船体型舰右舷舰岛下方加装专用于安装 40 炮的耳台以加强右舷中近距防空火力。很快，这一改进被使用在了所有"埃塞克斯"级上。在机库甲板侧舷安装高炮突出部的尝试成功后，这种突出部的数量很快增加到 7 座：舰岛右舷 3 座，后部左右舷 127 炮组前部各 2 座，长船体型则还能在舰艉再增加 1 座。这样全舰的 40 炮数量就可以高达 19 座（短船体型只有 18 座）。当然，这些突出部都是可拆卸的，以便军舰通过巴拿马运河。不过大部分"埃塞克斯"级都达不到这个数字，因为她们都拆除了舰岛前部的 1 座 40 炮以为其下方的海图室腾出空间。

上述这些只是美国海军为"埃塞克斯"级加装中型高炮的大致规划，实际上除了最初计划的 8 座炮外，其余 40 炮在各舰上的安装数量和位置都不一样。以 CV-13"富兰克林"号（短船体型）为例，舰上装有 17 座四联装 40 毫米高炮：舰岛前方 1 座，舰岛后方 2 座，舰艏机库甲板上 1 座，舰艉机库甲板 2 座，左舷两处 127 高炮平台上各 1 座，机库甲板侧舷外的 7 处耳台上各装 1 座，机库左舷的原弹射器突出部上安装 2 座。

这 17 座炮共 68 门炮管，按每管炮战斗射速 80 发 / 分计算，一艘"埃塞克斯"

级便可在一分钟内向 3000 米外的空中射出 5440 发 0.9 公斤重的 40 毫米炮弹。真可谓"泼弹如雨"！

另一方面是 20 毫米轻型高炮的增强。"埃塞克斯"号建成时装有 46 门 20 毫米高炮，其中 39 门布置在飞行甲板两侧的高炮走廊（也就是所谓的"猫道"）上，7 门架在舰岛二层甲板右舷外。虽然不少资料都认为"埃塞克斯"级 20 炮的标准装备数量是 46 门，但这显然不是什么"标准配置"——这种高炮太小了，船厂和部队尽可以开动脑筋见缝插针，再加上大量的战时改装，数量自然也是越来越多：例如 2 号舰 CV-10"约克城"号 1943 年 5 月服役时装备了 50 门 20 炮，当年 9 月就按照 1943 年夏季的改进方案加装到 55 门，到了 1944 年年底又成了 61 门；3 号舰 CV-11"大黄蜂"号则刚服役就带着 55 门 20 毫米高炮。所有的改进都围绕着一个目的：20 高炮越多越好，火力越密越好。毕竟这是军舰防空的最后一道生死线，如果连它们都没能把敌机打下来，军舰的命运就完全取决于敌人的投弹技术了。

到了 1945 年，曾在 1942 年海空战中击落了不少敌机的 20 毫米厄利孔高炮渐渐显得力不从心了——在神风机的决死进攻面前，仅仅把对手打得失去控制是不够的，高炮必须把敌机打得粉身碎骨才能消除威胁。20 毫米炮弹威力不足的问题由此凸显！于是双管 20 毫米炮很快取代了单管炮的地位。这种武器的重量只比单管炮重一点，火力却增强一倍！于是在战争末期，"埃塞克斯"级的标准火力包括了 35 座双管 20 炮外加 6 座单管炮。即便如此还是不够，毕竟这种近距离自卫火力是军舰防空的最后屏障，为此，美国海军甚至尝试把陆军的四联装 12.7 毫米机枪换成四联 20 毫米高炮后搬上军舰。据美国人自己评价，如此改造而来的 Mk22 型四联 20 炮是"在保障舰体承受和机械可靠性的同时把对火力的追求发扬到了极限"。Mk22 由一台汽油机带动发电机提供电力，炮座内为每根炮管准备了 200 发炮弹。容纳这种武器需要直径 14 英尺的平台，只比双管 20 炮多 4 英尺，而其射速却高达每分钟 2800 发。真正的"泼弹如雨"！为试验 Mk22 上舰是否靠谱，美国海军直接把陆军的四联 12.7 毫米机枪以 1:1 的比例取代双管 20 炮装上航母，在"黄蜂"和"列克星敦"号上各装 6 座，在"格洛斯特角"号上装 4 座。结果表明，用 10 座双联炮或 14 座单管炮可以换 6 座四联炮，或者用 6 座双联或 9 座单管换 4 座四联炮。不过，还没等到这些四联装 20 毫米高炮大量上舰，战争就结束了。

凶猛的高射炮火必须得到相应的火控设施的配合才能发挥威力，偏偏"埃塞克斯"级的舰岛很小，狭小的高炮走廊又不足以容纳那么多火控设备，所以"埃塞克斯"

级的火控系统布局就变得非常复杂。

Mk37 指挥仪是 127 炮最主要的
火控设备。该指挥仪装备有一台采
用了双曲面天线的 Mk4 火控雷达，
在对付二战时期的绝大多数飞机时
均表现良好。战争中期，Mk4 被替
换为更新型的 Mk12，它使用与 Mk4
相同的双曲面天线，但融合了 Mk22
型测高雷达，并在双曲面天线一侧
加装了一个小型椭圆形天线，这一

▲ "刺猬"实景。

组合为美国海军提供了最初的盲射能力。早期建成的"埃塞克斯"级装备的 Mk37
使用的都是 Mk4，随后都被替换成了 Mk12/22。"埃塞克斯"级在舰岛前后各装一
台 Mk37，能够有效指挥右舷 4 座双联 127 毫米炮作战。若被用来指挥左舷平台上
的 4 门单管 127 毫米炮射击，就会导致距离误差过大，远距离弹幕射击时问题还不大，
一旦敌机迫近，这些重型高炮就会彻底失效。如前所述，在 1943 年的改进计划中，
美国人曾打算在"埃塞克斯"级左舷突出部上加装一座 Mk37 来解决这一问题，但
由此导致的一连串问题却让他们望而却步。最终，还是原本用于 40 毫米高炮的小
型指挥仪替这些 127 毫米炮解了围。

40 毫米炮的火控通常由 Mk51 型指挥仪负责，该指挥仪结构简单，重量轻，配
备一具 Mk14 型瞄准镜，可有效对付 2700 米外的目标。指挥仪与 40 毫米高炮以 1:1
的比例安装。除 Mk51 外，早期的"埃塞克斯"级还装备了部分较为复杂的 Mk49
指挥仪。Mk49 指挥仪装备了一台 Mk19 雷达，美军希望能据此赋予 40 炮盲射的能力。
不过 Mk49 的实战表现并不怎么样，很快就撤装了。但美军并未因 Mk49 的失败而
放弃。1944 年年底，配备 Mk29 雷达的新型 Mk57 指挥仪上舰，首次让 40 炮获得了
盲射能力。1945 年，改进的 Mk63 服役，该指挥仪的雷达指挥设备被装到了四联装
40 毫米炮座内，从而解决了指挥仪与火炮分离布置带来的指挥误差问题。这些相对
简单的 Mk51 和 Mk57 必要时也可以指挥 127 毫米炮作战——实际上美国兵经常这
么干，这样也解决了左舷高炮平台上的单管 127 毫米炮难以对付中距离目标的问题。

射程较近的 20 毫米高炮则不需要太多复杂的火控，炮手借助一个简单的环形
瞄准具目视瞄准就足够了。

▲ 双联装127毫米炮塔。这种炮塔不仅装备了"埃塞克斯"级，还是1937年之后美军所有战列舰、巡洋舰和"萨姆纳"、"基林"级驱逐舰的标准装备。

▲ 威名远扬的四联装40厘米博福斯高炮，二战美军中近距离防空火力的中坚，曾在圣克鲁兹海战中击落24架日机而名声大噪。

▼ 20厘米厄利空高炮。这款轻型高炮虽然不太容易在敌机投弹前将其击落，但也能让完成投弹的敌机付出沉重的代价。此外，这款轻型高炮还具备重量轻、体积小、可被大量安装的优点，在美军大型航母、战列舰上的装备量通常都在50门以上。

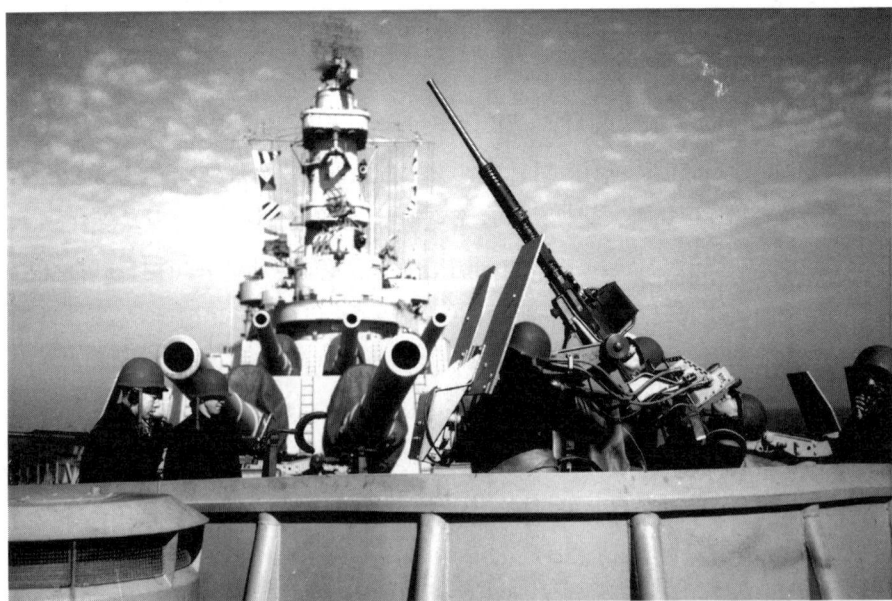

"圣诞树"

"埃塞克斯"级最初的设计中仅在舰岛顶上的三角桅顶安装有 SK 对空搜索雷达、SG 对海搜索雷达和导航雷达各 1 台，但是现在需要加装第二台对空搜索雷达。如此一来，原先的雷达平台肯定是不够用了，可是"埃塞克斯"级本就不怎么大的舰岛上哪有装第二台对空雷达的地方？结果便是在烟囱外侧多出了一个专门用来装备用对空搜索雷达（通常是 SC-2）的小型突出平台——这个地方显然不怎么理想，前后都有干扰，而且雷达天线还不得不忍受烟囱排烟的侵蚀。不久，问题又来了，装在前部雷达平台上的 SG 对海搜索雷达显然不可能覆盖舰体后部，于是，烟囱后方只得再安装一台同型雷达以覆盖盲区，同一位置还有一座 Mk37 型高炮指挥仪。这还没完，用于防空指挥的 SM 测高雷达又来了。SM 肯定要布置在最利于搜索的位置上，也就是原先主搜索雷达的位置。那么如此一来，主对空搜索雷达又要往何处去呢？解决方式有三："列克星敦"号在烟囱内侧又装了一个平台以容纳 SK-2 雷达，与 SC-2 面对面；有些舰加长了三角桅顶的雷达平台以同时容纳对空搜索雷达、测高雷达和对海搜索雷达；还有些舰则把第一对空雷达挪到原用于安装第二雷达的烟囱平台上，第二对空雷达则安装到三角桅顶新建的一处小型桅杆顶上。大名鼎鼎的"圣诞树"就是这么来的，这种状况一直持续到二战末期兼具对空搜索与测高功能的 SX 雷达出现后才得以改观。

显然，雷达拥挤是个问题。"埃塞克斯"级是美国海军最后一批未能把雷达列入基本设计的军舰之一，这就意味着这一级航母不得不忍受过度拥挤的雷达天线、多个雷达之间严重的干扰，以及烟熏损坏等问题。战争中后期，美国人发现，由于雷达距离过近带来了电磁干扰，"埃塞克斯"级对空搜索雷达的实际探测距离还不如雷达间距更远的"独立"级轻型航母。

即便如此，这棵"圣诞树"的覆盖面还是不够全——上述雷达的最大探测仰角只有 75 度，这就在军舰正上方的大片空域留下了死角。由于雷达天线的扫描需有一定的周期，二战时的雷达不可能做到对某一方向的持续不间断监控。小群敌机有可能利用雷达的低空盲区，在贴海飞近母舰后，迅速跃升至舰队上方的雷达盲区，然后突然发动攻击。虽然这样做的难度很大，但并非没有可能。1944 年，随着太平洋美军攻入西太平洋，美国海军对正上方搜索的需求突然迫切起来，因为西太平洋的岛群会成为日机躲避雷达探测发动突然袭击的良好掩护，战争后期美军航母屡遭日军单机的暗算，原因大多在于此。为了解决前线的渴求，美军首先开发了一台试验性的 SO–11 上空搜索雷达并装到"列克星敦"号上进行试验,但效果并不好,到 1945 年,美军不得不改弦易辙,放弃了专用上空雷达的开发转而为现有雷达加装上空搜索天线(安装在战争末期的 SG–6 和战后的 SPS–4 雷达上)。如此,战争末期的美军航母还是没有上空搜索雷达可用。为解燃眉之急,美国人再度发挥出了民族血液中的想象力:"提康德罗加"号的官兵首开先河,将夜间战斗机上的 AN/APS–6A 雷达垂直朝上安装在高炮走廊上,直接监控军舰天顶,"汉考克"和"好人理查德"两舰也照此办理;"拳师"号则在安装夜间雷达之后又用陆军的 SCR–720 雷达取而代之。除了航母,战列舰"北卡罗来纳"、指挥舰"阿巴拉契亚山"和驱逐舰"布里斯托尔"号也采用了同样的做法。当然,这些上空搜索雷达都是挤不上那棵"圣诞树"的——那里已经太挤了。

损管与安全设施

如前所述,"埃塞克斯"级在设计时逐步形成了以牺牲部分对海防御来保障对空防御的装甲布置格局。但对于一艘希望在残酷的海空战场上幸存的航空母舰来说,装甲并不能解决全部问题。怎样在挨打后把损害控制在最低,也是个重要的课题。

虽然美国海军航母的生存能力之强举世公认,但那大多是二战爆发后经验的积累所致,在"埃塞克斯"级设计时,美国海军对航母的损害控制并不是非常在行——没有实战经验,人们很难在各种需要权衡的抉择中做出最准确的判断,"埃塞克斯"级通风系统的设计缺陷就清楚地显示了这一点。

一般军舰下层舱室的通风管通常会直接通往主甲板,并在那里设置许多通风口。但"埃塞克斯"级却不然,"埃塞克斯"级初期的下部舰体通风主要依靠布置在二层甲板的主通风管实现[①]。它的总长度达到了舰体的三分之二,下部舰体各舱室的通风管全部汇总到主通风管处,之后通过布置在装甲机库甲板两端的出口与外界相通。如此设计的目的是为了尽量减少主甲板的开口——这是美国人首次使用装甲机库甲板,自然会千方百计保证它的防护效能。但设计师们没有料到的是,如此设计便把下部舰体的所有舱室连成了一体!这就对承力舰体内部的隔舱化带来了很糟糕的影响。后果如何?我们不妨看看美国海军自己的描述:

---

① 主甲板是一层甲板,二层甲板位于机库甲板正下方。

这一通风系统常年处于负压状态，这样，任何一处舱室出现的烟、火、可燃性气体都会迅速蔓延到大部分舰体空间。这种情况后来在"列克星敦"号（CV-16）上成了现实：主通风道后部入口附近的燃油管失火，可燃性烟气迅速蔓延至全舰。更危险的是，主通风道紧靠着常年进行燃油操作的机库甲板的正下方，一旦发生战损，四处流散的航空汽油极易沿着通风道流到舰体各个舱室，从而导致致命的全舰性爆炸或火灾。

不仅如此，这种通风系统结构过于复杂，平时无甚大碍，一旦发生战损，从各舱室内冲进主通风管的爆炸气流会把这里的气流搅得一片混乱，通风效果因而变得

＜1945年3月19日"富兰克林"号遭受的打击是"埃塞克斯"级生存性遭遇的最严峻的挑战。由于通风设计的缺陷，纵贯机库甲板下方的主通风管成了机库大火向下层舱室蔓延的通道。

↘ 除通风缺陷外，战争后期"埃塞克斯"级顶部超重的问题也使"富兰克林"号在积存了大量灭火用水后严重倾斜，舰体险些翻沉。

非常差，而那些极其危险的火灾烟气和可燃性油气便会因此而聚积在舰体内部！在1945年"富兰克林"号的悲剧中，主机舱内的水兵正是因为烟气无法排出而被闷死在战位上。而机库甲板的大火则通过下方的主通风管流到下层舰体里。

幸亏战争后期美军建立了强大的防空体系，否则这一缺陷必定会给"埃塞克斯"级航母带来极其可怕的后果。因此，舰船局建议从CV-21开始取消统一的主通风道，而用多个垂直走向的通风系统取而代之。虽然航空部门的地勤人员和航空局还是不太喜欢这种需要在机库甲板上开一大堆开口的新方案，但毕竟军舰的安全更重要。此后的美军航母便再没有采用此种设计，"埃塞克斯"级各舰也在战后的改装中重新布置了通风管路。

⌄ "埃塞克斯"级"约克城"号机库一景。机库是飞机出击前进行整备的要地，遍地的炸弹虽然是为敌人准备的，但万一此时遭到攻击并殉爆，它们炸起自己人来也丝毫不会手软。

这些细小的通风管并不会给舰体防护带来太大的威胁，真正有威胁的是那些面积足够让一枚炸弹穿入的开口，譬如飞机升降机、弹药升降机等。虽然美国人认为装甲机库甲板应当可以挡住炸弹的撞击，但是这些开口一旦被击中，结果必然是敌弹直入舰体深处。因此，必须把这些缺口填上。机库甲板最大的缺口是升降机槽，好在这里并不是贯通的管道，给这里安装 63 毫米厚的装甲槽底和 32 毫米厚的侧壁就算是解决了问题。装甲下甲板的薄弱之处在炸弹库的开口。炸弹升降机虽然面积不大，但其重要的地位却是人所共知的，这里因此得到了几乎相当于侧舷装甲带的待遇：升降机井底部侧壁安装了上部厚达 102 毫米的装甲，一直延伸到装甲下甲板以上 1.53 米处，其最高处厚度则下降到 25.4 毫米，如此便可防止炮弹从这里落入舰体装甲盒内部（那里是弹药库），但是这并不够，因为升降机井内没有安装防火门，无法防止火焰或爆炸从这里深入舰体。后来炸弹升降机顶部被加装了 51 毫米厚的装甲顶盖，算是部分弥补。

另一处在战争中得到大幅度修改的生存性设计是水下隔舱。"埃塞克斯"级的水下隔舱设计最初只上延到第三层甲板（从主甲板往下数第三层），但是 1942 年1 月"萨拉托加"号挨的那枚日本鱼雷告诉美国人，隔舱范围越大越好，于是"埃塞克斯"级的隔舱设计被改成上延到二层甲板。当然，和所有改进一样，防护隔舱的改进也没有出现在所有"埃塞克斯"级舰上，只有后期建成的 CV–21、CV–32—CV–40、CV–45—CV–47 共 13 艘舰得到了改进。早期各舰原本也收到了改进隔舱的要求，但似乎并未落实。

1942 年 5 月的珊瑚海战役中，"列克星敦"因为油气爆炸而战沉，这一教训不可避免地对"埃塞克斯"级的安全性设计带来了影响。首当其冲的是航空油槽的设计。航空油槽被从原先的位置向后移动一些，挪到了水下防护更强、隔壁更多的位置上。油槽本身也进行了改进：罐体内部加装了一个厚约 76.2 厘米、占油槽容积约四分之一的鞍形罐，罐内平时充满航空汽油，一旦其中的航空汽油耗尽，就会重新用海水填满。这样，只要军舰的航空燃油消耗达到 25%，其余的燃油就会得到这一层海水的保护而不会轻易挥发或被引燃。

不过和武器系统的改进一样，一些早期建造的"埃塞克斯"级没有来得及实施油槽改建。随后美军不得不对其航空油槽的布置进行一些局部调整，其航空燃油装载量也因此下降到了 20.9 万加仑。

"埃塞克斯"级的另一个缺陷是对飞行甲板被击中的危险预估不足造成的，这直接体现在设计师将许多从舰岛移出的关键部门布置在飞行甲板底下的高炮走廊甲板上：先是飞行员待命室，之后又是战斗情报中心——飞行甲板被毁固然不容易沉船，但如此设计难免会让航母最主要的战斗力量在遭到攻击时死伤严重。这一危险在1942年的海空战中暴露无遗，于是如前所述，后期建造的部分"埃塞克斯"级把战情中心迁移到了舰体深处的四层甲板以下。

顺便提一下，战争结束后，历经战火考验的"埃塞克斯"级在改装中加强了水下防护能力，战前标准的内外隔舱中夹有充液舱室的防护结构变更为更坚固的外侧两层充液隔舱和内侧两层普通隔舱的新结构。这样的结构曾经被应用在"南达科他"级战列舰上并取得了相当的成功。

头重脚轻

CV-9F方案2.65万吨的设计标准排水量还是不太够用，许多具体细节的变化都带来了重量的增加：舰载机联队的设计规模从原先的81架增加到88架，深水炸弹也列入了舰载机的武器配备。防空武器方面，原计划的4座四联装28毫米炮增加到6座，其中4座安装在岛型建筑上，作为补偿，原定的40挺12.7毫米机枪削减到8挺，全部布置在舰岛上。定稿设计结束时，新舰设计容纳230名军官、156名士官和2100名士兵，总共2486人：军官有军官舱，士兵们则只能住上下铺了。经过这一番折腾，最终定稿的"埃塞克斯"级标准排水量达到了27100吨，比初步设计的方案重600吨，这才是最终被美国海军认可的"埃塞克斯"级标准排水量。这样，"埃塞克斯"级的设计标准排水量实际上就超过了1922年《华盛顿条约》

❮ 作为航空作战的指挥部，航空母舰的战术指挥部门需要汇总来自本舰雷达、友舰、飞行员报告等诸多方面的信息。为了更有效地处理瞬息万变的战场信息，美国海军从1942年年底起就在航母上设置了专门的"战斗情报中心"。

对单舰吨位的限额。

实际上随着战事的进展，航空母舰上新增的物件越来越多，当这些新增的重量都堆积在机库、飞行甲板和舰体最高处的舰岛上时，问题就出现了。

最重要的问题在于舰载机单机重量的增长和舰载机数量的增加。需要说明的是，在1940年对"埃塞克斯"级进行基础设计时，舰载机的参考机型就并非30年代末那些又轻又小的双翼机，而是当时在研、预计在1942—1943年服役的机型。即便如此，设计人员还是低估了舰载机的重量。1940年预期新舰的舰载战斗机为双引擎的格鲁曼F5F-1战斗机（空载/满载重量分别为3.08吨/4.27吨）或沃特XF4U-1"海盗"机（3.13吨/4.30吨）；到1945年，"埃塞克斯"级实际使用的战斗机却是格鲁曼F6F-5"地狱猫"（4.19吨/6.26吨）或沃特F4U-4（4.16吨/6.17吨）。1940年预期的舰载攻击机为布吕斯特SB2A-1（3.12吨/4.96吨）、寇蒂斯SB2C-1（3.19吨/5.06吨）和格鲁曼TBF-1鱼雷机（3.80吨/6.15吨）、沃特TBU-1（3.85吨/6.25吨），到1945年，"埃塞克斯"级的标准攻击机是满载重量达到7.40吨的SB2C-5和7.61吨的TBM-3。如此算来，每架轰炸机的满载重量都增加了大约1.5吨，战斗机则增加了差不多2吨。当50架乃至100架飞机被同时放上飞行甲板的时候，舰体顶部的重量就会比原设计时增加100余吨。

"埃塞克斯"级实际搭载的舰载机不仅重量更重，数量也更多。"埃塞克斯"级设计时的标准舰载机配备方案是战斗、轰炸、侦察和鱼雷中队各1支，战斗中队27架，其他每支中队18架飞机，外加1架用作巡逻的侦察轰炸机，编制共82架，外加9架备用机（战斗机、侦察轰炸机和鱼雷机各3架）。美国参战后，航母部队官兵们发现装备俯冲轰炸机的侦察中队和轰炸中队实际上任务是完全重叠的，轰炸中队完全可胜任侦察搜索任务，侦察中队也在进攻任务中发挥了重要作用。如此，再继续保留专用侦察机部队愈发显得"鸡肋"，于是1944年，美军取消了舰队航母上的侦察机中队，将装备同型机的轰炸机中队扩编到24架，其余12架空额则留给战斗中队。随着防空战斗机在实战中发挥出越来越强大的作用和新一代战斗机强大的对地对海攻击能力被开发出来，大型航母上战斗机的数量与日俱增：从中途岛、马里亚纳到冲绳战役，美军大型航母搭载的昼间战斗机数量从27架一路增加到36架、71架，甚至达到93架！除此以外，战斗机部队还额外增加了夜间战斗机和照相侦察机。例如，1944年10月新服役的"香格里拉"号，舰上搭载有多达55架战斗机，包括49架普通昼间战斗机，4架夜战型和2架照相侦察型"地狱猫"。差不多就在 1944 年 10 月前后，随着新型战斗机载重量的大幅度提高，它们已经具备了执行携带炸弹攻击敌舰的能力，因此，专用的俯冲轰炸机开始逐渐为挂载炸弹的"战斗轰炸机"所取代。如此，到了 1945 年夏天，美军舰队航母的舰载机联队编制变成了装备同类机型的 1 支战斗机中队和 1 支战斗轰炸机中队（其中的夜间战斗机和照相侦察机纳入战斗机中队编制），各装备 36—37 架，另有编制 15 架飞机的轰炸机和鱼雷机中队各 1 支，总数达到 103 架。个别航母甚至取消了轰炸机，将 30 架攻击机全数换成"复仇者"鱼雷机。

▲ 20世纪30年代中期美国海军的舰载机。双翼机时代，受制于不给力的发动机，飞机普遍又轻又小，更易于在航母上运用。图片依次是：马丁T4M鱼雷机（上左）、格鲁曼FF战斗机（上右）、波音F4B战斗机（下）。

舰载机的新增重量不可避免地引发了一系列连锁反应。由于这些重型舰载机的着陆速度更快，"埃塞克斯"级不得不在战争后期将拦阻设备更换为新研发的 Mk5 型，这一更新直接在军舰高处增加了 125 吨重量。由于 1945 年时舰载机的实际重量比 1940 年该级舰初始设计时的预期重得多，"埃塞克斯"级的飞行甲板得到了额外的加强，每一块甲板下方都增加了若干条纵向加强筋，这一变化又增加不少重量。

▲ 二战中后期美国海军的舰载鱼雷机：TBF/TBM "复仇者"。注意TBF和TBM其实是同一种飞机，只是生产厂家不同。

除了飞机重量的增加外，人员超编也带来了不少困难（二战末期美国海军的所有军舰都是如此）。这些超编的人员主要来自新增的雷达部门、大量增加的中小型高炮炮组和编制膨胀的舰载机联队，其中后者除了多出来几十个飞行员和机枪手，还要带来一大批地勤维护人员。此外，增加的飞机需要更多的零备件，它们占据了一部分空间，使得舰上更加拥挤。按照基本设计时的方案，"埃塞克斯"级航空母舰的定员是 215 名军官和 2171 名士兵，实际上当"埃塞克斯"号试航时，她的乘员就达到了 226 名军官和 2880 名士兵。1943 年，新服役的"勇猛"号舰长就为官兵居住条件的问题而牢骚不断：他的舰上有 2493 个士兵床位和 301 个军官床位，外加餐厅里预留的 268 个吊床位——但后者却用不上，因为吊床和睡袋没有到位[1]。而在试航时，舰上的士兵舱里居然挤进去 2765 个人，还有 332 名军官！结果就是，将军住舱、参谋长住舱和通信室里都塞满了床铺。"勇猛"号的餐厅本身也是麻烦一大堆："膳食部门不得不把半个餐厅完全留给航空部门，因为这帮工作时间异常的家伙总是稀稀拉拉地来吃饭，从第一个人来吃饭到最后一个吃饱往往要耗去 4 个小时。其他部门的人几乎都可以一起来吃，一个半小时就足够了。"1945 年，"勇猛"号人员超编越发严重：舰上军官 382 人，士兵 3003 人。战争结束后，中轻型高炮被大量拆除，情况稍有缓解，但舰只重量仍比基础设计时多出 50%。

---

① 实际上，早晨 5 点开门、晚上 10 点半关门的餐厅也不适合用来住人。

▲ 海空作战的后勤物资消耗量巨大，无论是弹药、燃料、食品，还是易损零部件都是如此。这对军队后勤保障体系和航母设计来说，都是不小的挑战。图为"埃塞克斯"号从补给舰上接受干货补给。

与舰载机的增加相应，舰上弹药的携载量也增加了，这样，到了 1945 年春季，"埃塞克斯"级已经和同期建造的所有美国军舰一样达到了承重能力的极限。1945 年 1 月，舰船局发出警告：CV-9 级早期各舰上预留的稳定性余量在 CV-21、CV-31—CV-40、CV-45—CV-47 各舰上已被消耗殆尽，舰船局要求"埃塞克斯"级日后进行的所有改动都必须得到完全的重量补偿。在重量超标的问题上，不妨以"富兰克林"号为例来看看早期各舰（CV-9—CV-20）的情况："基本施工数据显示，该舰的重量已经大幅度增加，稳定性则显著下降……据信，那些已经服役一段时间的军舰其情况比这些新舰更加严重，因为长期的服役在舰上积累了许多重量。这些重量实际上是很难被移除的，而'富兰克林'号的情况则清楚地说明了这一趋势。"船厂的调查显示，在舰体的最高层，也就是飞行甲板和机库甲板位置，水兵们会为每一管 40 毫米炮准备 800 发炮弹，20 炮则是 4076 发，其总重达到 247 吨，差不多相当于增加了半个空载的舰载机联队。"在舰体完好无损的情况下，'富兰克林'号具有足够的稳定性，但是由于干舷的降低和稳定性的削弱，军舰在遭到打击后的生存力显著下降了……军舰如果遭到 1 枚鱼雷的打击，则其实际产生的倾斜可能与原先设计中被命中 2 枚鱼雷时的情况相当。"在 1945 年的海空战中，"富兰克林"号和"邦克山"号遭到了极为严重的损毁，险些沉没。对此，舰船局在当年 7 月进行了详细的调查，结论如下：

这一级中最初的两艘舰，"埃塞克斯"和"列克星敦"，比设计时的估算更轻，稳定性更好，这为后来根据设计标准提升和实战经验积累而进行的大量改动大开了绿灯……虽然我局在最初的设计方案中将该级舰在实战情况下的 GM 值[①]设置为 7.5

---

① GM 指船舶设计中的初稳心高度，若 GM 值太低，则船只稳定性会下降。

英尺，以确保这种大吨位的关键性战舰具有优秀的抗损性，但是在近期的相关研究中，有人根据较为有利的实战报告，提出可以部分降低这一设计指标以便对军舰进行一些改装。即使如此，GM 值也不能低于 6.5 英尺。如此决定的首要考虑在于军舰一侧水下部位遭到打击时产生的倾侧，其次在于高速转弯时的侧倾和舰体内由于灭火而产生大量积水的情况……最近在建的军舰已经被允许增加大约 1500 吨的轻载重量，但实际上增加的重量却达到了 1750 吨。这样军舰的 GM 值就会下降到 5.5 英尺，其空载排水量比早先建造的各舰重 2150 吨，比近期完工的各舰也重约 400 吨……那些在建舰艇采用而未在初期舰艇上出现（以后也不会出现）的改进设计的重量约为 1150 吨，而非 1750 吨，由此推断，早期建造的"埃塞克斯"级航母的实际重量比设计重量多了 1000 余吨。

该级舰中有两艘（"富兰克林"和"邦克山"）在上层结构遭到极其惨重的损毁后返回本土，另两艘（"勇猛"和"列克星敦"）的舰尾部位遭到鱼雷攻击，但是这些战损战例中，军舰的舰体稳定性没有经受任何考验。必须承认，"富兰克林"号的稳定性由于灭火带来的大量积水而受到了一定考验，但是那种单侧水下发生数次剧烈爆炸而对稳定性造成巨大破坏的最严重的情况却始终没有出现。这种水下爆炸的危险还不仅在于舰体进水，它还会严重阻碍抢险工作的进行，使损管队员无法进入破损部位，还会损坏机器设备，从而大大增加军舰沉没的可能性。不仅如此，进水带来的倾斜本身就是对舰体稳定性的巨大危害……我们无法准确预测一艘军舰所能承受的鱼雷打击次数，因为影响这一数字的变量太多了，其中最重要的是中雷的位置。但可以推测，一艘 GM 为 5.5 英尺的军舰在单侧遭到 3 枚鱼雷打击时就会很容易沉没，而如果 GM 提高到 6.5 英尺，这一情况就需要单侧被击中 4 枚鱼雷才会出现。

看起来即使是"埃塞克斯"级这样的大舰，也不是能随便乱加东西的。但对于已经形成的超重情况，美国海军也是束手无策——总不能为了减重而把至关重要的战斗机和高射炮赶下船吧？美国人的尴尬从舰船局提出的馊主意上就能看出来：他们建议减少高炮炮位上的备弹量：每管 40 炮只需准备 500 发待发弹，每管 20 炮 1440 发。可想而知，这样的指示在那些被日军自杀机搞得快要精神崩溃的水兵们耳旁只能是一阵风。好在"埃塞克斯"级的舰体稳定性还没有收到真正的考验，否则，当这些头重脚轻的大家伙在敌方鱼雷的攻击下发生侧倾时后果不堪设想。

压倒性的优势

循惯例，现在应该看看"埃塞克斯"级航母和主要对手的性能对比了。与"埃塞克斯"级同时代的大型舰队航母只有日本海军1937年丸三造舰计划中的两艘"理想型舰队航母""翔鹤"级，以及英国皇家海军1936年设计的"光辉"级舰队航母了。闲话不说，先看性能。

级别	"埃塞克斯"	"翔鹤"	"光辉"
标准排水量（吨）	27100	25675	23000
飞行甲板长度（米）	264.81	242.2	224.8
机库面积（平方米）	3948	5660	2568
载机量（架）	90	72	36
最大航速（节）	32.7	34.2	30.5
最大航程（海里）	20000/15节	9700/18节	11000/14节
飞行甲板装甲（毫米）	0	0	76
机库甲板装甲（毫米）	63	0	25
下甲板装甲（毫米）	37	84	0
侧舷装甲带（毫米）	102	127	114
大口径高炮	127毫米*12	127毫米*16	114毫米*16
中口径高炮	四联装40毫米*17	0	八联装砰砰炮*6
小口径高炮	20毫米*55	三联装25毫米*12	20毫米*23

先看英国人的"光辉"级。从吨位、飞行甲板尺寸和载机量上看，"光辉"级在"埃塞克斯"级面前完全是个小兄弟，尤其是少得可怜的36架载机量很难让人把这两级舰视为同类。事实上，她俩原本就不是同类。英国的舰队航空兵在大西洋上完全没有旗鼓相当的对手，英国航母的舰载机只要能够打残没有空中掩护的敌方水面舰队就足够了——36架舰载机足以胜任这一任务，1940年11月的夜袭塔兰托战役中，"光辉"号航母仅仅出动了2个波次共24架老掉牙的"剑鱼"双翼鱼雷机就打残了意大利海军主力。至于英国航母的主要威胁——德意陆基航空兵，则根本不能指望通过一波强力突击予以消除，载机量再大也没用。另一方面，英国人固执地认为舰载战斗机不可能匹敌陆基战斗机，因此只好竭力加强航母的装甲防护，以提高她们在敌方空袭下的生存能力。事实证明，英国人的设计思想完全适合他们的需求，假如没有厚重的装甲，在地中海作战的"光辉"号根本不可能从"斯图卡"轰炸机的6枚命中弹下幸存下来。

然而太平洋上的美日航母则完全不是这个思路，太平洋海空战完全是航母对决，先下手为强是取胜的天条，因此大甲板大载机量才是美、日航母的追求。"光辉"

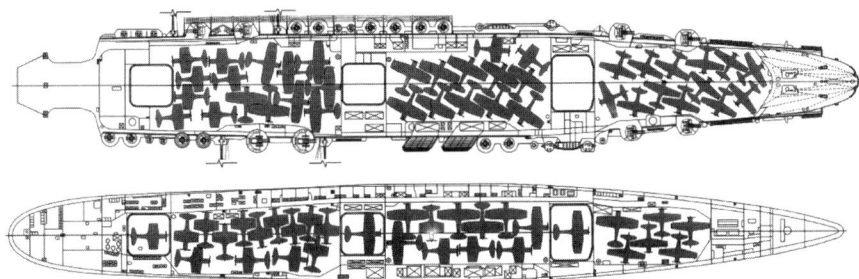

▲ "翔鹤"级的双层机库布置方案。日本人习惯于将飞机停放在机库里，而不是像美国人那样晾在飞行甲板上，因此"翔鹤"级的设计载机量低于"埃塞克斯"级，但这并不能说明她的实际载机能力。

级与"埃塞克斯"级我们只能认为她们各有千秋，却难以放在一起比较。

"埃塞克斯"级真正的对手是日本的"翔鹤"级航空母舰。

从纸面性能上看，日本"翔鹤"级用略少于"埃塞克斯"级的吨位，就获得了比后者更强大的载机能力和更好的防护，航速也更快。

虽然"翔鹤"级的标准载机量只有 72 架，比"埃塞克斯"级的 90 架少很多，但这主要是因为日本人习惯于将飞机存放在机库里而不是像美国人那样长期停在飞行甲板上，考虑到"翔鹤"级的机库面积比"埃塞克斯"级大出将近一半，假如日军也像美军那样在甲板上长期停放飞机，那么她的载机能力超过 100 架应该不会有问题。不过，遵循"航母集中主义"的日本海军机动部队并不追求单艘航母单次放出最大规模的攻击波，反而采取了全队多艘航母每次放出一半、轮流进攻的所谓"半甲板攻击"，因此飞行甲板不如"埃塞克斯"级那般长也就可以理解了——话说回来，这种"半甲板攻击"后来也成了"埃塞克斯"级的招牌战术，这就是后话了。

再看装甲防护，"翔鹤"与"埃塞克斯"的侧舷装甲带厚度分别是 127 毫米（重巡洋舰标准）和 102 毫米（轻巡洋舰标准），显然是"翔鹤"占优。水平装甲方面，"翔鹤"的 84 毫米下甲板装甲明显强于"埃塞克斯"级 63 毫米的机库甲板。根据前文所述美国人的研究结果，"埃塞克斯"级的 63 毫米机库装甲可以抵挡 3200 米高度投下的 454 公斤（1000 磅）普通炸弹，如果装甲达到 77 毫米，就可以抵挡 3000 米投下的 907 公斤（2000 磅）普通炸弹或 454 公斤穿甲炸弹了。由此看来，"翔鹤"级 84 毫米机库装甲抵抗的目标应该是日军自己用"长门"级战列舰主炮炮弹改装而来的 800 公斤穿甲炸弹，也就是在珍珠港爆了"亚利桑那"号战列舰弹药库的那种弹。事实证明，"翔鹤"级的下甲板防护相当有效。在 1942 年的珊瑚海海战和圣克鲁兹海战中，"翔鹤"号被美军俯冲轰炸机命中 3—4 枚 454 公斤炸弹，飞行甲板一片狼藉，但舰体下部的关键部分却安然无恙，航母带伤退场，不久之后就完成修复返场。考虑到日军的损害管制水平并不高，"翔鹤"号强悍的"扛揍"能力只能归功于其强有力的下部装甲防护。不过，"埃塞克斯"级 63 毫米机库甲

‹ 作为机动打击舰队的骨干，同时也为了以更大的甲板风帮助飞机起降，高航速是航母必不可少的性能。"埃塞克斯"级的航速为32.7节，在实战中表现出了很好的机动性。

⌄ 日本海军"翔鹤"号航空母舰。"翔鹤"级的设计极其优秀，在太平洋战争中也成了日军机动部队中战斗时间最长、发挥作用最大的头等主力。

∧ "翔鹤"级的机库甲板装甲厚达84厘米，对美国俯冲轰炸机的454公斤炸弹而言，这绝对是个极难击穿的目标。实际上，"翔鹤"就曾多次被美军俯冲轰炸机重击，但均无大碍。不过，仅仅能抵御炸弹是不够的，"翔鹤"级两舰最后分别被美军潜艇和飞机射出的鱼雷击沉。

板+37毫米下甲板的水平防护也相当强悍，在马里亚纳海战中，美军2艘"埃塞克斯"级被日军250公斤炸弹命中，但甚至没有返回珍珠港，在前进基地就修好了。因此，两级舰的水平装甲防护可以算是在伯仲之间。总体而言，"翔鹤"级由于垂直装甲的优势而在防护方面略胜一筹。

最后是航速。作为机动打击力量的核心，航空母舰需要快速突入敌方控制区域，突击后快速撤离，在舰队作战中也要频繁更换战位以利用天气保护自身或躲避敌方的打击，因此航速也是航母的核心性能。相较于"埃塞克斯"级15万轴马力的主机功率，"翔鹤"级不仅主机功率达到16万轴马力，还首次采用了当时极其先进的球鼻艏舰型，使得这艘2.5万吨的巨舰拥有34.2节的惊人航速，这一点的确十分了不起。而"埃塞克斯"级32.7节的航速虽然也不算慢，但在"翔鹤"级面前也不得不甘拜下风。

从舰船设计的基本层面上看，"翔鹤"级显然优于"埃塞克斯"。但战场上实际较量的结果却并非如此。和许多其他美式装备一样，平庸但却稳妥的基本设计与关键领域的先进技术相结合，反而能够在战场上大放异彩。例如当今的 M1A2 主战坦克、F-22 战斗机就是如此（相对当年技术更前卫的竞争者 YF-23 而言）。

从纸面上看，"埃塞克斯"级唯一显著超越"翔鹤"级的就是中小口径高炮。美国人手中的高射炮技术能力显然胜日军一筹，虽然这一优势对舰体的设计并没有太大的影响，但美军 40 毫米、20 毫米高炮组成的中近距防空火网却威震太平洋，而日军的 25 毫米高炮在防空作战中作用则十分有限。即使是在"翔鹤"级占据数量优势的大口径高炮方面，"埃塞克斯"级那些得到火控雷达指挥并使用了 VT 引信炮弹的 127 毫米炮的实际战斗力也远在日本同行之上。我们经常在美国海军老飞行员的回忆录中看到各种类似"在如同一面墙一样扑来的密集高炮弹雨中冲向日军航母"的描述，日本老兵的同类描述则少很多，道理很简单：美国老兵们口中"墙一样的密集火网"其实满是漏洞，美军飞机有很大概率可以飞进飞出、全身而退；而那些向美军防空火网冲锋的日军飞行员大部分都死了，根本没机会向我们描述美国人的防空火网像一堵墙还是像别的什么。高炮并不是海空战的主角，但美国人密集的防空火力确实大大加快了日本航空兵（尤其是战前那批精锐飞行员）的消耗速度。对奉行精兵政策、飞行员队伍后继不足的日本海军来说，这是最承受不起的损失。

更重要的是雷达。和主机、防护、上层建筑等舰船设计中的要素相比，雷达的重量、体积基本可以忽略，相关联的雷达操作室、战斗情报中心虽然重要，但也不会对舰船结构带来太大影响，按照 20 世纪 40 年代初的观念，这个"小玩意"甚至列不进军舰的主要性能表！然而正是这种看似不起眼的小玩意，却彻底改变了海空战的规则。战前"先下手为强"的航母战术被彻底推翻，到了马里亚纳海战时，美军居然用防守反击的战术几乎全灭了日军舰载航空兵！但需要指出的是，雷达改变的仅仅是美国海军，日本海军的雷达则无此能力。日军航母虽然也装备了被称为"电波探信仪"的雷达设施，但他们的雷达技术并不成熟，日军第一航空舰队航空参谋田中正臣少佐如此评论："当时的电探形同废物，可以说完全没用。直到飞机到了快用肉眼能看见的地方才发现它们。就是这样，这时完全来不及准备了。"前文中渊田美津雄关于"雷达预警只比瞭望哨提前 3 分钟"的说法则完美地佐证了田中正臣的观点。无怪乎日本 NHK 电视台 1993 年制作的纪录片《太平洋战争》中将马里亚纳海战的惨败归结为"电子决胜负"的结果。

同样无法在舰船纸面性能中体现出来的还有损管系统的有效性、飞行员培养机制的可靠性、战术条令的灵活性等，正是这些看似不起眼的细节，使看似中规中矩的"埃塞克斯"级航母反而展现出了远胜于"翔鹤"级的实际战斗力。

不过这还不是最最重要的。真正使"埃塞克斯"级彻底碾压日本海军航母机动部队的，是她多达 24 艘的巨大数量。所谓的"'饺子'级航母"不是白叫的。

"埃塞克斯"级航空母舰最初只计划在 1941 财年建造 1 艘。1938 年 5 月 17 日的"特拉梅斯 – 文森斯法案"（20% 扩军法案）允许美国海军新建 4 万吨航母，美国海军计划把这 4 万吨变成 2 艘大型舰队航母：即"大黄蜂"号（CV–8）和计划中的 CV–9，标准排水量各 2 万吨。除此之外，这些航空母舰还受到 1936 年《伦敦条约》中关于单艘航母吨位不超过 2.3 万吨的限制。1940 年，CV–9 通过国会预算，计划 1941 年动工。

此时，1938 年的"文森斯法案"显然已经不能满足美国海军大战略的需要了，于是，1940 年 6 月 14 日的"两洋海军法案"应运而生。美国海军因此又获得了 3 艘航母——CV–10、CV–11 和 CV–12。法案是 6 月 14 日通过的，而早在此前的 5 月 20 日，海军总长斯塔克上将已经发布一纸命令把她们送上船厂的计划单了。法国陷落后，美国海军再度获得授权增加 70% 吨位，这意味着 7 艘新航母。1940 年 8 月 16 日，美国海军下达了这 7 艘舰的订单。太平洋战争爆发后的 1941 年 12 月 15 日，美国海军再次获得建造 2 艘舰的许可。但是显然，最后订购的 2 艘舰一时半会儿是上不了船台了，能造航母的大型船台毕竟不多，战争头两年只能排上 11 艘——这已经是个很了不起的数字了。11 艘中有 6 艘被派给美国航母的老家——纽波特纽斯船厂，4 艘被派给昆西市的伯利恒钢铁公司，1 艘被派给诺福克海军船厂。1942 年 8 月 7 日，美国在 1943 年计划中加入了 10 艘[①]；最后，1944 年，美国人还打算在 1945 年计划中建造 6 艘，但是却在 1945 年 3 月 22 日被总统否决，因为战争大局已定了。

航母是个大家伙，造舰计划如此庞大，船台是个大问题。不过舰船局的柯克兰少将并不如此认为，因为随着航母建造计划的展开，各船厂的造船能力也开始了大规模的扩张。事实的确如此，例如纽波特纽斯船厂在接到建造 CV–9 和 CV–10 的任务时只有 2 个能够建造如此巨舰的船台：CV–9 用的是"大黄蜂"号用过的船台，CV–10 则占了战列舰"印第安纳"号下水后留下的空位。到 1940 年，海军又出钱

---

① 纽约海军船厂 5 艘，费城船厂 2 艘，诺福克船厂 3 艘，其中有 1 艘后来从纽约转至纽波特纽斯；1943 年 6 月 14 日，美国打算在 1944 年计划期间建造 3 艘（纽波特纽斯、费城和伯利恒钢铁各 1 艘）。

∧ 数量！数量！数量！"埃塞克斯"级多达24艘的建成数量才是美国海军压倒日本海军的可靠保障。

为该厂新建了 2 个船台，这样就可以同时建造 4 艘"埃塞克斯"级的船体了。伯利恒公司的昆西船厂（原福尔河船厂）在接到 4 艘航母的建造任务时只有 1 个大型船台，但是却有 2 个新船台已经开建，当另 2 艘航母的建造进度达到需要上船台的程度时，船台已经备妥了。最终，纽波特纽斯建造了 8 艘"埃塞克斯"级，昆西厂造了 5 艘，东海岸的纽约和诺福克海军船厂各建造 4 艘，费城海军船厂建造 3 艘。为了满足 1940 年海军大扩建计划的需要，诺福克船厂增建了 1 座大型船台，费城和纽约的海军船厂各新建 2 座，这些船台都以惊人的速度完工，让航母的建造计划几乎完全未受影响。

这样，美国海军在战争中订购了 26 艘"埃塞克斯"级航母，实际建成 24 艘，其中 16 艘在战争结束前完工。要知道，这可是 16 艘战斗力强悍且舰载机、飞行员也都兵强马壮的大型舰队航母。其战斗力达到了战前 20 年美国海军航母部队总实力的 2 倍有余！而同期日本海军建成的中型以上航空母舰只有区区 5 艘，除了战争末期的"信浓"号外，其他各舰实力均无法抗衡"埃塞克斯"级，何况当日本海军航空兵的飞行精英们在 1942 年的历次海空大战和后来的所罗门消耗战中死伤殆尽之后，日军的航母便只能充当诱饵之类的可怜角色了。两相对比，"埃塞克斯"级和同时代美国海军对其对手的压倒性优势便是一目了然。

1945 年，美国海军最终做出判断："埃塞克斯"级实现了航母吨位和载机数量的最佳平衡，但这并不意味着她的完美无缺。"埃塞克斯"级最大的缺陷出现在其航空燃油携载量和航空油槽防护的设计上——其航空油槽的防护重点是炮弹攻击，而非航空炸弹及其弹片的打击。对于 1940 年设计的"埃塞克斯"级来说，这类水面炮战时代遗留的缺陷是不可避免的。1945—1946 年想要弥补这些缺陷的美国海军航母设计者对仍然在建的"埃塞克斯"级"硫磺岛"号进行了改造。后来"硫磺岛"号的建造被取消，设计改造也随之结束。与"硫磺岛"号同期建造的"奥里斯坎尼"号也暂时停工，作为"埃塞克斯"级改造的蓝本重新进行设计。

战后，不少经历过战火的"埃塞克斯"级舰都被封存了起来，其中损伤最重的"富兰克林"号和"邦克山"号再也没有服役（"邦克山"号后来作为"卡迪拉克"计划的试验舰参与了美国海军海空数据链系统计划），而后期建造的新舰，包括"拳击手"（CV–21）、"莱特"（CV–32）、"奇尔沙治"（CV–33）、"安提坦"（CV–36）、"普林斯顿"（CV–37）、"塔拉瓦"（CV–40）、"福吉谷"（CV–45）和"菲律宾海"（CV–47）则成了战后美国海军的中坚。这其中只有"奇尔沙治"号曾在 1950 年短暂退役进行舰体改造，其余各舰都从 1953 年 8 月起陆续进行改造，然后重新册封为反潜航母。此时，这些螺旋桨时代航空母舰的巅峰之作显然已经不太适合搭载喷气机了，改造和重新使用不可避免。1958 年 12 月，"菲律宾海"号首先封存改造，之后所有的"埃塞克斯"级都经历了这一过程。1959—1961 年间，"拳击手"、"普林斯顿"和"福吉谷"三舰被改造成直升机两栖攻击舰，"安提坦"号成为训练舰常驻彭萨科拉海军航空站，并有幸第一个接受了斜角甲板改造；"莱特"和"塔拉瓦"则于 1959—1960 年间先后退役改造，正式成为反潜航母。

当 1942 年 12 月 31 日"埃塞克斯"级首舰"埃塞克斯"号服役之时，1942 年的 4 场航母大会战已经落下了帷幕。美国海军航空兵探索了足足 20 年，并且从根本上奠定了"埃塞克斯"级设计思路的"全甲板攻击"理论已经经历了战火的充分考验，即将面临升华。而"埃塞克斯"级航空母舰恰好此时出现，新的征程即将开始。

东南亚空战：
约翰逊的战争

作者
胡烨

战鹰的崛起

1963 年 1 月 2 日，南越国军第 7 师团在没有任何战术航空支援的情况下，试图夺取亲北越部队在同塔平原的一个电台发射站，行动最后以惨败告终。①

南越国军第 7 师团长认为，位于北村的这个电台发射站仅由亲北越部队的一个连把守。可实际上，北村的守军是亲北越部队第 514 营②的 400 人，装备有自动步枪和几挺重机枪。当搭载兵力的运输直升机飞到着陆区上空时，亲北越部队开始了射击。短短的几分钟内就击落了 5 架直升机，击损了 9 架。

航空作战中心见情况不妙，赶紧召唤 2 架道格拉斯 A–1"天袭者"攻击机赶往战场，但炮火支援的弹道飞行轨迹正好跨过 A–1 的飞行航线，"天袭者"只好推迟了进攻。

也许是这支亲北越部队命不该绝，南越前进空中指挥官引导的这次空中打击精准度极低。发起进攻的南越机队甚至还想在随后临阵脱逃，美国顾问费尽心思也没能劝服其继续前进。亲北越部队最终在夜幕的掩护下安然撤离。而在这之前，南越空军的一次空中打击误击了友军某部，造成了严重的伤亡。

▲ 1963 年 1 月 2 日，南越空军的"天袭者"在一次空中打击中误击了友军某部，造成重大伤亡（图片来源于美国空军博物馆）。

---

① 北村大败也宣告南越国军的直升机和装甲运兵车冲击战法不再是"灵丹妙药"。
② 北村战斗亲北越部队实际兵力不到 200 人。

当亲北越部队开始撤退的时候，南越国军第4军区司令命令C-123向战场空投3个南越伞兵连。他指示伞兵们在北村西面降落，但亲北越部队实际上是往东面撤退的，混乱不堪的南越部队在夜间相互开火，乱打一气，亲北越部队趁此机会溜之大吉。

天明时分，联军的伤亡很大，65名南越官兵和3名美国顾问阵亡，100名南越官兵和6名美军顾问负伤。根据亲北越部队的说法，这次胜利振奋了他们一度动摇的士气，也是让他们能继续努力战斗下去的一个重要转折点。

帕特里夏·林恩

3月9日，美国陆军一架"莫霍克"侦察机在西原地区一座高6000英尺的山顶附近坠毁。美国海军陆战队的两架H-34直升机试图在坠毁点着陆并机降一个搜救组，但其中一架直升机因与森林贴得太近而不慎坠毁，两名机组乘员身亡。第二天清晨，另一架H-34也遭遇了同样的命运，两名机组乘员负伤。这类"惨案"的发生，表明训练和装备一支可靠的航空搜救作战单位是非常有必要的，但类似的单位直到两年后才出现。

一个月后，两架马丁RB-57E"堪培拉"侦察机作为"帕特里夏·林恩"项目[①]的一部分，于4月5日部署到新山一空军基地。这些"堪培拉"装备了红外全景大画幅摄像机，传回的航空侦察照片清晰度极高，足以让分析员用肉眼辨别出那些隐蔽良好、不容易被发现的亲北越部队的基地、轻武器生产工厂、仓库区，以及训练营地。"堪培拉"和新山一机场的RF-101"巫毒"战术侦察机会合，"农场门"行动的两架RB-26侦察机也在不久后加入了它们的行列。RB-26侦察机在改进后也被派去执行夜间航拍任务。不过，它们都在1964年年初因老化而撤回。

心理战

在RB-57抵达两天后，吴庭艳提议发起"招安政策"，试图通过"心理战"的方式瓦解亲北越部队，令他们投降。

为了让这个政策发挥作用，南越派出飞机到处（主要是亲北越部队活动区域）散发传单，或用安装了扬声器的直升机不停地进行广播宣传，说服亲北越人员投降

---

① 美国正式参战前，对南越全境进行无武装侦察航拍的计划。

并回归家庭。这些"感化式教育"具有很强的煽动性，加上宽大政策和金钱的诱惑，有许多人被说服。一些人甚至甘愿成为南越军队的侦察兵，之后又为美军作战部队工作。这种"招安政策"贯穿战争全过程。北越军队在1975年攻破西贡后掌握了这份"招安人员"名单，这件事一直被美国中央情报局视作"永恒的耻辱"。

1963年5月，往新山一机场交替部署全天候战斗截击机的"水玻璃"行动被叫停，原因是敌人会进行空袭的可能性几乎为零，而且基地也过于拥挤。在新代号"糖果机"的名义下，美国太平洋战区航空部队又在年底往新山一机场部署了F-102战斗机，检测他们的快速反应与快速部署的能力。

新的"休伊"

1963年夏，美国陆军之前部署到南越的5个CH-21直升机运输连开始换装贝尔公司的UH-1B"易洛魁"直升机。第一个接收新型"休伊"直升机①的是驻波莱古的第81直升机运输连，该连于6月14日更名为第119航空连（轻型空中机动连）。到年底，绝大部分直升机运输连都换装完毕，CH-21正式从陆军中淘汰。

随着UH-1B的到位，直升机运输连的组织结构也开始发生变化，它们陆续更名为航空连。各连由2个运兵排和1个UH-B武装直升机排组成，每个连有25架直升机，各排编制8架直升机加1架预备机。

UH-1B在第一次部署到越南时，通常会搭载10名或11名全副武装的南越士兵。但从一些调查中可以看出，按照直升机的准载标准，UH-1B实际上超载了。每架休伊直升机通常会搭载4名美方机组乘员和10名南越士兵，士兵加上全部负重每个人的平均重量可达167磅（约75.75公斤）；除此之外，还有为飞机加装的装甲板，机内还有一个工具箱、一个水箱、一个应急食品箱，以及机组的防弹装具和武器，这些重量加一起，飞机的载重可达8700磅（约3946.25公斤），比飞机的最大承重指标还高出了2100磅。不仅如此，飞机的重心转移也超过了安全限度。因此，在"休伊"直升机的搭载程序中有严格的规定：除紧急情况外，每架UH-1B"休伊"直升机只能搭载8名全副武装的战斗兵员。

在美国参加越战的初期和中期，除了早期的XM-6系统外，各武装直升机排

---

① "休伊"从通用直升机缩写"HU"音译而来，是UH-1B"易洛魁"直升机更广为人知的一个称谓。

> 为了让"招安政策"发挥作用，南越派出飞机到处散布传单。图中就是赛斯纳O-2观察机在执行散发传单的任务（图片来源于美国空军博物馆）。

> 往新山一机场交替部署全天候战斗截击机的"水玻璃"行动被叫停，原因是敌人会进行空袭的可能性几乎为零，而且基地也过于拥挤。（图片来源于美国空军博物馆）。

还配备了XM-16武器系统。这套武器系统把XM-6排枪和海军、空军的XM-157七管火箭吊舱融合在了一起，很快就成了美国陆军驻南越所有武装直升机排的标准武器装备。不过，该系统的发射管不能逐个拆下，这意味着要耗费较长的时间才能完成维修、清理。

随后美国陆军还研发出了XM-158火箭发射系统，它拥有独立的、可拆卸的发射管，还采用了更安全的尾后装填方式。而新改进的XM-3系统含48枚火箭弹，在直升机机身两侧各装有4个6管发射巢。它们由飞行员或副驾驶通过8号瞄准具发射，火箭弹的发射数量可灵活选择，既能一对一对地发射，也可以6对一起发射，或者干脆一口气齐射24对，把480磅炸药直接砸向目标。

"休伊"的机鼻下有一个球形炮塔，这里是安装XM-5榴弹发射器的地方，它可以发射40毫米榴弹，效果类似步兵用的M-79榴弹。这套系统总共可以发射150发榴弹，其中有75发装在尾舱的弹药箱里，剩下的75发装在滑道系统上，直供给榴弹发射器。

武备和重量

　　搭载武备系统使 UH-1B 很快就达到了它的最大承重值，因此它也没有"资格"再运输兵力或物资了。实际上，美军并没有特地要将 UH-1B 改装成武装直升机，因为武器系统的重量会大大削弱直升机的机动能力，重心的不断下降也会增加直升机的阻力，使其最大航速下降到约 80 节。这么一来，如果 UH-1B 武装直升机群需要某架直升机临时离开编队，去单独攻击某个临机目标，它的这点速度是根本没法追上运输直升机部队的。

> 一群 CH-21 "肖尼" 直升机着陆，一队 UH-1B 武装直升机紧随其后，为其提供掩护。

∧ 帕特里夏·林恩项目的马丁 RB-57E 侦察机，停放在南越岘港空军基地的停机坪上。这架飞机在改装前是一架 B-57E（S/N55-4264）轰炸机，最后毁于 1968 年 10 月 25 日（图片来源于美国空军博物馆）。

∧ 费尔德柴尔德 C-123 通常用于空投兵力和物资。

> 一架马丁 RB-57E 在南越的新山一空军基地滑行，背景中一架 C-123 正在做着陆前最后的进场动作。

▲ UH-1C "重猪"安装了XM-3火箭发射系统，XM-5榴弹发射器则被安装在机鼻下的一个球形炮塔上。

除了武备，战术运输直升机连（UTTHCO）还在战术和编队上，进行了广泛的尝试和不断的测试。"基础火力小组"便由此诞生，该小组由两架武装直升机组成，小组的任务就是采用协同战术相互支援，协助运兵直升机，并为其护航。

在支援大型运输直升机编队时，往往会同时出动几个火力小组。一些火力小组中的武装直升机执行护航任务，另一些则留在编队前面对着陆区保持警戒（进行着陆前的航空火力准备，或在大部队机降前监视着陆区）。

一些战术运输直升机连自主研究的战术很快成为标准作战程序。譬如，飞行员在飞行途中每识别出一个目标，就由护航队长根据交战规则（也就是目标是否在武装直升机武器系统最大攻击范围内）决定是否实施攻击。通常的攻击模式是每轮掠袭机枪都会火力全开，持续泼洒弹雨，必要时就用火箭弹齐射加强火力效果。因为飞行模式是既定的，所以当武装直升机完成掠袭扫射后，后面的飞机需要马上跟进打击。这个战术为持续使用火力投射对敌方实施压制提供了保障。

典型的任务

在空中突击规划方面，美国陆军航空兵已从 1962 年杂乱无章的协调中走了出来，并且有了迅速的成长和发展。作战任务通常由野战军战术作战中心下达，航空营在接收作战任务请求后，再把任务分派到属下的某个航空连。如果时间允许，野战军战术作战中心还会组织空中机动连指挥官、某个航空营的代表和某名支援部队代表共同完成一次空中侦察。

进出航线的选定、着陆区状况的了解（特别是着陆区的大小），及飞行编队方式、航线检查点和飞行高度，这些作战的关键点都会在战前确定下来。直升机编队的队形通常会在飞行中根据目标面积的大小、着陆点的地貌特征，及着陆后空中机动连的机降需求而定。要往一个小小着陆区不间断投入部队时，直升机编队通常会采用不断变化的跟踪队形。不过编队使用频率最高的还是"V"字队形，实践证明，这种队形用途广泛，易于控制，能够让编队在最短时间内完成着陆动作。

在至关重要的着陆阶段，最理想的方式肯定是编队全体同时着陆，但想要在实战中实现却困难重重。因为编队在飞行过程中呈45度坡度的飞行姿态，在下降中需要突然扭身垂直接地，而在这一过程中，由旋翼产生的气流会使各架直升机很难同时找到合适的着陆点。

有时受着陆区地形特点的影响，直升机只能缓缓放下部队。在湄公河三角洲，有些地区水深没胸，有些丛林地区的大象草高达10—12英尺（约3—3.4米），一个十二机编队从第一架直升机接地到最后一架直升机离去，卸载部队平均需要两分钟。如果在"热点"着陆区（也就是突击点）遭遇敌人的反击，那机组人员将会迎来人生中最长也最可怕的两分钟。

由于一些显而易见的原因，编队机群的各架直升机会在进场后从不同方向起飞，以避免敌人集中火力攻打其中的某一架，所有的直升机都会尽可能地同时撤离。

▲除了武备，战术运输直升机连还在战术和编队上，进行了广泛的尝试和不断的测试。

▲ "休伊"武装直升机往往成对地以"赛马场"队形飞行，这种队形可以让某一架直升机朝着目标持续投射火力。

▲ UH-1B第一次部署到越南时，通常会搭载10名或11名全副武装的南越士兵。调查表明，按照直升机的准载标准，UH-1B实际上超载了。

"战鹰小队"的诞生

为了尽量缩短执行空中突击任务所需的时间，一些直升机单位在早期就发展出一种名为"战鹰小队"的作战单位。一个典型的"战鹰小队"由以下部分组成：一架作为指挥和控制机的武装直升机，美国陆军航空兵指挥官和南越国军伞兵指挥官乘机同行；7架负责搭载作战部队的"休伊"无武装直升机；5架提供火力支援并为运输直升机护航的"休伊"武装直升机；1架负责医疗救护的"休伊"直升机。"战鹰小队"一般会以待机或滞空的方式搜索目标。这些"战鹰小队"不仅能用于执行基本任务，也为更大规模的作战提供了借鉴。

到1963年11月，在南越执行作战任务的所有直升机连都组织编制了自己的"战鹰小队"，每个连至少有一个"战鹰小队"处于战备值班状态。南越部队的指挥官也对这种行动方式表现出极大的热情，他们也认为这种作战方式能使空中和地面作战部队的工作关系更加融洽也更加紧密。南越军队曾制定过类似作战计划，但一直眼高手低，没有付诸行动，美军对这项工作的参与为南越部队注入了一丝惊喜。

向"入侵者"说再见

新一代直升机技术被证明非常成功，老一代飞机却在使用中不断出现问题。1963年夏，第1空中突击中队组织的"农场门"特遣队获得初胜，但在二战时期研发并生产的道格拉斯B-26"入侵者"轰炸机却渐渐行至难关。

1963年8月，一架B-26因机翼结构疲劳而坠机。中队随后便接到了指示，要求极力避免不必要的机翼荷载。

虽然在美国顾问的指导下，吴庭艳的武装部队在编制、训练等各个方面都有了显著进步，但他们在西贡仍然面临诸多挑战。整整一年，佛教徒都在持续向政府示威，吴庭艳认为是时候给对方一些教训了。1963 年 8 月 21 日，他派出自己的特种部队和野战警察对全国范围内的佛塔进行了搜查，大约有 1400 人（绝大部分是僧人）被扔进监狱，殴打且施以酷刑，并使其长期处于半饥饿状态。

得知此事后的驻西贡美国大使馆感到惊骇。不到一周后，肯尼迪政府也得知此事。美国中央情报局认为美国政府此时应转为支持早就计划除掉吴庭艳的南越将军势力①，这些南越将军由杨文明将军（即美国人熟知的"大明"）领导，包括代理联合参谋本部总参谋长陈文敦将军及西贡北面第 2 军区司令阮庆将军等人。

政变

1963 年 11 月 1 日，在美国政府的支持下，将军们发动了政变。两个海军陆战营和两个伞兵营在 30 辆坦克的支援下首先发起进攻，他们很快就攻下了西贡广播电台和其他关键设施，但忠于吴庭艳的部队仍在独立宫顽强抵抗。

与此同时，空军联队指挥官阮高其（他负责指挥"肮脏三零"和南越空军部队）扣押了新山一机场的南越空军指挥官，并派出两架 T-28 攻击守卫独立宫的吴庭艳部队。在仅仅打出两枚火箭弹后，敌人就投降了，但吴庭艳和他的弟弟吴廷儒已经通过一条秘密隧道逃出了独立宫。最终，他们两人被发现藏匿在西贡市郊堤岸区的一座天主教堂内。

兄弟俩投降后就被看押起来，由一辆装甲运兵车收押，两人双手被反捆扔进了装甲车里，然后一名警官开枪了结了他们的性命。之后，杨文明将军作为军事临时委员会首脑搬进了独立宫总统府，阮高其被提名担任新的南越空军司令。

新的统治者上台伊始，就解雇了那些忠于吴庭艳的政府官员。由于他们缺乏行政管理经验，政府的运作很快就陷入了瘫痪状态。亲北越部队趁此机会在南越全境发动了多次进攻，士气低落的南越军队无力应战，遭受了一连串惨败。

作为对这次政变的回应，柬埔寨国家元首诺罗敦·西哈努克亲王于 11 月 20 日

---

① 中情局早就不满吴庭艳的做法，主动站到了政变队伍一边，此时只不过是想拉拢肯尼迪一起"上船"。

▲ 担任南越空军新一任司令的阮高其。

‹ 1963年因各种原因在南越损失的美国陆军直升机多达58架。回收这些坠毁的直升机是一项十分困难的任务，这点在敌控制区表现得尤为明显。

暂停接受美国的所有援助，但接收了来自苏联的 4 架米格喷气式歼击机和 27 门高射炮。1964 年 1 月 15 日，柬埔寨宣布停止美国在其境内的一切活动。

南越政变后不久，另一位领导人的逝世震惊了全世界。11 月 22 日，约翰·F. 肯尼迪在德克萨斯州的达拉斯遇刺身亡，副总统林登·B. 约翰逊继任美国总统。越南战争升级之势不可避免。

到 1963 年年终，美军在南越的兵力增加到了 1.6 万人，117 架空军战机和 325 架陆军直升机已遍布南越全境各基地。兵力增加的同时，损失也在持续飙高。1963 年全年，美军因作战和其他非敌对因素损失了 18 架空军战机和 58 架陆军直升机。

约翰逊总统宣布轰炸越南北方

和去年一样，1964 年的开局并不顺利。1 月 18 日，南越军队发动了自己在南越境内规模最大的一次直升机空中突击作战。在 D 战区，南越军队调动了 115 架次直升机，把 1100 人投送到战场。这次作战进展顺利，但竟然没发现一名敌军士兵！

在这些失败作战进行的同时，南越政局也在持续动荡着。1 月 30 日，又一场政变爆发。第 1 军团司令、坚韧不拔的伞兵将领阮庆少将推翻了杨文明政权，并坚持自己既定的增加对敌作战行动的意图。然而，越南政局依然动荡，众多将军都渴望称霸。因而到 1964 年年底，政府内阁竟然换了七茬。

在南越将领痴迷于争权夺利的时候，美国总统约翰逊正端坐在白宫的大班椅上，密切留意着这场战争。他在 2 月 21 日针对越南战争的首次公开演讲上，警告河内最好停止对南越和老挝叛乱分子的支援。此时，他依然支持关于南越和老挝人民应该为他们的自身防卫负主要责任的原有论断。为此，首批 1000 名美军按计划撤离，这其中就有"肮脏三零"的 C-47 飞行员和美国陆军第 1 航空连的成员。

"疲劳"的第 1 空中突击中队

与此同时，第 1 空中突击中队（1ˢᵗ ACS）那些老旧的对地攻击机也遇到了麻烦。2 月，两架 T-28 被地面火力击落。10 天后，他们的 B-26 "入侵者"机群也因结构疲劳而趴窝。

美国太平洋战区航空部队司令雅各布·E. 斯迈特将军提议将一个 B-57 轻型喷气式轰炸机中队部署到南越，被国防部长麦克纳马拉一口否决。不过，麦克纳马拉却答应用 25 架双座"天袭者"攻击机取代第 1 空中突击中队的 T-28 和 B-26。

但这些决定对美国空军 T-28 的两名飞行员和他们的南越同行来说，来得太迟

▲ 1964年12月26日，一架A-1 "天袭者"低空飞临丛林，对亲北越部队投下500磅炸弹，此前这架"天袭者"轰炸目标产生的烟火也清晰可见（图片来源于美国空军博物馆）。

了。3月24日，一架T-28在执行轰炸任务时因机翼折断而坠毁；4月9日，第二架T-28在俯冲中双翼折断，坠入一片稻田。尽管已将剩下的9架T-28从南越空军编制中剔除，但第1空中突击中队的士气还是低落了下来。

3月5日，国防部长麦克纳马拉批准把第1空中突击中队的第6特遣队部署到泰国皇家空军乌汶基地。该特遣队因代号"水泵"而著称，有4架T-28和41人，他们的任务是培训老挝和泰国的飞行员及地勤维修人员。不巧的是，该单位后来将部分飞机移交给了老挝皇家空军部队，还被划归给美国驻万象大使李奥纳多·昂格尔节制。

"扬基小组"侦察情报

3月16日，巴特寮因为有北越这个后盾，在查尔平原掀起了攻势浪潮，老挝境内所有的和平迹象都消逝殆尽。就在中立派和老挝皇家政府军队开始反击之时，华盛顿也答应在5月19日恢复RF-101"巫毒"的侦察任务，代号"扬基小组"。美国海军的RF-8A"十字军战士"侦察机和RA-3B"空中武士"侦察机，从停泊在北部湾的美国海军第7舰队的航母上起飞，加入RF-101"巫毒"战术侦察机的侦察行列。

照片分析员详细判读了"扬基小组"带回的照片，发现查尔平原武器密布，有17个可配置37毫米和57毫米高射炮的炮位，每门炮都至少拥有每分钟70发的射速，有效射高各达4500英尺（约1371.6米）和1.5万英尺（约4572米）。由于大部分侦察飞行任务都是在1500英尺下进行的，赤手空拳的侦察机本来就会受12.7毫米和14.5毫米高射机枪的威胁，现在又来了37毫米和57毫米高射炮，老挝上空的美军侦查机岌岌可危呀。

高射炮陷阱

6月6日，威胁变成了现实。美国海军一架由查尔斯·克鲁斯曼中尉驾驶的沃固特RF-8A"十字军战士"侦察机（代号"软塞920"）在北越军队控制区离北越边界只有20英里（约32.19千米）的班班村南面遭击落。

在该地区的一架C-123"供应者"运输机和一架U-10邮政机于一个小时内赶到。当他们靠近时，整个地区都被炮火吞没了。敌人设下了一个在未来10年中常用的圈套战术：高射炮陷阱。他们故意让被击落的飞行员求援，然后在周围布置防空武器，静待救援机群上钩。在这次伏击战斗中，两架直升机都被击中，两名乘员重伤，最后，他们不得不放弃救援，掉头返回最近的利马据点（该据点由苗族占据，拥有跑道和基地）。

第二天，一架代号"老尼克110"的F-8D"十字军战士"战斗机在同一地区为一架执行侦察任务的RF-8A护航时被击落。飞行员从飞机中弹射逃生，一整夜

▲ 老挝皇家空军的一架T-28起飞，执行一次轰炸任务。

▲ 美国海军"汉考克"航空母舰上，军械员正给一架沃固特F-8"十字军战士"战斗机挂载AIM-9"响尾蛇"空空导弹。

▼ 中立派和老挝皇家政府军队开始反击之时，华盛顿也答应在5月19日恢复RF-101"巫毒"战术侦察机的侦察任务，代号"扬基小组"。在这架RF-101C在低空飞越北越境内一座被炸坏的桥梁时，拍下了这张照片。

都逗留在森林里避敌。清早，他听到薄薄的云雾上空有飞机轰鸣，遂朝天打了一发信号弹。亚美利加航空公司的一架 H-34 直升机穿过云层降落下来，才将他安全接回。

战争初期，如果有飞机在南越或老挝上空被击落，是没有官方搜救机构能协调飞行员搜救事宜的。在老挝被击落的飞行员，他们的境遇会比在南越击落更加糟糕。至今仍有差不多 600 名美军人员被列入失踪名单。幸运的是，"软塞 920"的飞行员克鲁斯曼中尉并不在失踪名单中。在经历了 3 个月苦难的铁窗生活后，他想方设法地逃出了战俘营，徒步返回了己方阵营。

就在"老尼克110"被击落的次日，美国空军授权出动8架北美F-100"超级佩刀"战斗机，对北越川圹的防空阵地展开报复。从这时起，RF-101 在查尔平原执行的所有侦察任务统统由 F-100"超级佩刀"战斗机护航。

建隆攻势

视线回到南越，亲北越部队开始扩大他们的作战行动。与此同时，正规的北越人民军单位也开始渗透进南越。

4 月 12 日，他们对高棉角（或叫金瓯角）的首府建隆展开攻击。尽管南越空军 A-1H"天袭者"提供了强有力的空对地支援，但亲北越部队还是一度攻破了城市，击毙南越军队 300 人，市民也死伤了 200 多人。这次获胜后不久，亲北越部队继续在全境展开了"恐怖袭击"。5 月 2 日，亲北越部队的一支水下爆破小组进行了果敢的袭击，炸沉了美国海军护航航空母舰"卡德"号。这艘航母之前曾往西贡海运送过许多直升机。

鉴于越南的形势严峻，美国国防部长麦克纳马拉在 5 月访问了西贡。在访问过程中，他再度重申了美国政府让所有美军飞行员必须在数月之内从作战中脱身的政策。他还决定不再让美国空军飞行员执行作战任务，即便是机上坐有一名南越空军观察员，尽管当时他还授权美国空军组建第二个装备了 A-1E"天袭者"的空中突击中队。

为了平衡美国空军退出打击支援行动的损失，麦克纳马拉决定尽快组建 4 个装备有 A-1H"天袭者"攻击机的南越空军中队，同时还另外组建了 2 个中队来取代计划撤离南越的美国空军部队。与此同时，美国空军第 1 空中突击中队在 5 月底接到了 6 架 A-1E"天袭者"攻击机。在这些飞机取代了原有的 T-28 和 B-26 后，南越的形势开始获得改善。"天袭者"攻击机确实很适合扮演"剿匪"的角色，它的载弹量是7000磅（约3175.15公斤），拥有4门20毫米航炮，并且装甲厚重，机动性能也良好。

组建搜救机构

1964年6月，美军终于开始着力建立专门的搜救机构了。

美军先是将驻扎在冲绳第33空中救援中队的两架卡曼HH-43B"哈斯基"直升机，派往位于泰国—老挝边界的那空帕农的泰国皇家空军基地。然后又将两架格鲁曼UH-16B"信天翁"两栖水上飞艇派往位于克拉的泰国皇家空军基地，作为空中救援指挥机。此外，还有3架HU-16B被派往南越的岘港进行北部湾的搜救作业。

▲ 援助给南越空军的"天袭者"攻击机表现出色，它的载弹量是7000磅（约3175.15公斤），拥有4门20毫米航炮，并且装甲厚重，机动性能也良好。

▲ 一名美军飞行员登机前听取任务简报，背后是一架南越空军的"天袭者"攻击机。

▲ 一架亚美利加航空公司的U-10信天翁邮政机正在空中航行（图片来源于美国空军博物馆）。

第一批搜救直升机的到来，振奋了"扬基小组"侦察机飞行员的士气，不过救援效果如何谁也无法保证。HH-43B 本身就是短距起降的搜救直升机，当时也是美国空军库存中唯一一款搜救飞机。这款直升机的最大活动半径为 140 海里，动力稍显不足，行动范围无法覆盖整个查尔平原。①

由于北越军队在上寮持续展开攻势，空中救援机构目前的设备明显已经无法满足美军空中作战及亚美利加航空公司搜救支援的需求了。在不间断的作战活动中，亚美利加航空公司的 H-34 数量也从 16 架下降到了 4 架。7 月，空中救援机构向美国国防部提出了补充请求。

尽管遭到了美国海军陆战队的抗议，美国国防部还是从海军陆战队中抽调了足以填补缺口的飞机。美国海军陆战队存在反对意见也是可以理解的。HMM-362 中型直升机中队是当时美国海军陆战队唯一一个驻扎在南越的直升机中队，他们那时正在岘港执行"舒弗莱"行动，同时还承担着培训西科斯基 UH-34 南越飞行员和机组的任务。因为国防部的一纸命令，362 中型直升机中队就要把手上的 24 架 H-34 移交给南越空军，自己则要接收西科斯基公司生产的新直升机。

血腥的七月

亲北越部队把 1964 年的 7 月变成了这一年中最血腥的月份。7 月 6 日，他们攻击了第 1 军区的南同特种部队的营地，击毙了 55 名南越军队士兵、2 名美军游骑兵和 1 名澳大利亚顾问。虽然有一架 C-47 照明机竭尽全力提供照明支援，但南越空军却没有一架作战飞机回应守军的求援。

两周后，亲北越部队又在湄公河三角洲的章善省伏击了南越一支 400 人的部队。南越空军一架前进空中指挥机花了 1 个小时才赶到战场，又过了 30 分钟才招来作战飞机实施打击。这支南越军队最后只有 82 人从伏击中死里逃生。

为了降低此类灾难重演的概率，美方高级顾问和空军的同僚们每天召开会议制定预案，最大限度地使用作战飞机。南越空军建立了一个空中紧急求援网络，南越军队地面部队指挥官的求援可以绕过烦琐的各级指挥体系，直达空中支援中心，保障他们的求援要求得到快速响应。

---

① 这意味着在查尔平原上空被敌防空火力打伤的飞机得往南飞出 50 海里，才能处于驻那空帕农空军基地的搜救直升机的活动半径之内。

尽管得到了 1.6 万名美国军事顾问的协助，但到 7 月结束时，南越军队还是无法制止亲北越部队的进攻，更别说击败亲北越部队了。现在北越正规部队已经逐步渗透到南方，此刻美国也要让战争"升级"了。

约翰逊的战争

7 月 31 日，美国海军开始针对北部湾的北越部队，在沿海地区实施"德索托"行动，以搜集北越舰艇活动的情报。此次行动的目的是为了积累足够的全景情报，好在不得不对北越采取行动的时候使用。在载上必要的人员和装备后，美国驱逐舰"马多克斯"号就开始向北行驶了。

与此同时，美国中央情报局培训的南越海军突击队也派出巡逻艇，频繁袭击北越位于北纬 19 度线、距海岸 60 海里的霍梅岛和霍如岛上的军用设施。虽然"马多克斯"号当时停在距袭击点东南 100 多海里外，但美军电子侦察操作员的情报收集工作依然困难重重。不过，频繁的袭击帮助了对无线电台及雷达位置、工作频率的探测，密集的电子信号接踵而至，这也让侦察员笑颜逐开。

36 小时后，也就是 8 月 2 日清晨，"马多克斯"号收到的情报显示，北越可能要采取行动了。15 点，当"马多克斯"号仍在公海逗留的时候，3 艘北越鱼雷艇展开了攻击。当他们用鱼雷和艇载高射机枪进行火力攻击时，"马多克斯"号向"提康德罗加"号航空母舰发起求援。美国海军第 53 战斗机中队的 4 架 F-8E "十字军战士"战斗机弹射升空，和"马多克斯"号驱逐舰的炮火一起，重创了来袭的 3 艘北越鱼雷艇。在华盛顿，政府高层的讨论结果是让"马多克斯"号驱逐舰在两天后重返北部湾海域，同行的还有"特纳·乔伊"[①]号驱逐舰。华盛顿给他们的指示是，维护美国在离北越海岸 12 海里外的"公海区"的自由通航权。

当晚 20 点，驱逐舰趁着夜幕驶入事发海域时，遇到了暴风雨袭击。"马多克斯"号驱逐舰上的声呐工作很不稳定，气象状况导致两舰雷达收到的都是虚假信号。"马多克斯"号截获了一条北越的信息，显示对方马上就要展开攻击了，"提康德罗加"号航母上的 8 架"十字军战士"战斗机赶紧应召起飞。

虽然飞机没有发现任何来袭目标，但舰上的水面搜索雷达却探测到了大量的可

---

① 特纳·乔伊是朝鲜战争期间美国远东海军司令，也是板门店联合国军谈判代表团成员之一，著名的"联合国军海空优势补偿意见"就是他的"杰作"。

∧ 1964年6月，两架格鲁曼HU-16B"信天翁"水上飞艇抵达克拉的泰国皇家空军基地，担任空中救援指挥机，另三架HU-16B派往南越的岘港在北部湾执行搜救任务（图片来源于美国空军博物馆）。

∧ 南越国军的一个连在一位美国海军陆战队顾问的带领下，搭乘驻三歧的美国海军陆战队第163中型直升机中队的H-34直升机。

疑接触信号。随后，两舰朝距"马多克斯"号仅6000码的疑似鱼雷艇目标开火射击。

"马多克斯"号声呐监听到了鱼雷声响，"特纳·乔伊"号舰员也报告左舷大约300英尺处发现一条鱼雷掠过的航迹。特混支队司令J.J.希里克上校向上级报告说他们遭到了攻击，这个消息一路直达约翰逊总统。到午夜，雷达接触显示敌人停止了行动。

在这次莫名其妙的战斗中，两艘驱逐舰毫发无损，"特纳·乔伊"号驱逐舰声称击沉了3艘敌艇。当他们离开这一海域时，指挥官开始怀疑究竟是否发生过战斗，并建议在采取进一步行动前派飞机进行昼间侦察。

可是，美国总统约翰逊和他的顾问坚信对方已经发动了进攻，所以迫不及待地（在还没核实是否有过这次攻击的情况下）授权军方对北越展开报复行动。这件事直到战后才搞清楚，当晚北越并没有发动任何进攻，但这个指控却给了约翰逊总统扩大战争规模的借口。

"穿箭"行动

为了回应北部湾事件，美国海军航空母舰"星座"号奉命于8月2日从香港起航，全速驶往北越海岸。在"提康德罗加"和"星座"两艘航母上，地勤人员正抓紧时间武装和准备F-8"十字军战士"战斗机、道格拉斯A-4"天鹰"攻击机和A-1"天袭者"攻击机，并计划于8月5日10点30分空袭北越。

在约翰逊总统坐下来面对摄像机镜头，宣布对北越发动空袭前，一道指示闪电般地跨过太平洋，传递发动"穿箭"行动的消息。很快，64架海军战机呼啸出击，对北越4个鱼雷艇基地展开了攻击，声称摧毁了25艘鱼雷艇（这个数量约占北越

∧ 为了回应北部湾事件，美国海军航空母舰"星座"号奉命全速驶往北越外海。在8月5日的报复性空袭中，首批出击的就有道格拉斯A-4"天鹰"攻击机。

∨ 美国海军"马多克斯"号驱逐舰于1964年在北部湾受到"攻击"，这次事件也是越南战争的转折点。

∨ 在针对北部湾事件的报复性空袭发生两天后，北越在中国受训的30架米格-15和米格-17从中国飞回，进驻河内附近的福安机场。图为两架停放在停机坪的战斗机。

舰队舰艇数目的一半，但实际上一艘鱼雷艇都没被击沉，只有8艘鱼雷艇负伤）。北越位于非军事区正北面的荣市油库遭到空袭，石油储备量一下子就损失了10%。

当然，空袭也是有代价的——有两架海军战机未能如约返航。约翰逊总统全国讲话结束前，来自"星座"号航母的26岁"天鹰"攻击机飞行员埃弗雷特·阿尔瓦雷斯中尉仍漂浮在鸿基外北部湾海面冰冷的海水中，他地腿部还骨折了。在越南战争中，美国空勤人员共有约600人被俘，阿尔瓦雷斯中尉"荣幸"地成了第一人，经历了整整8年的"铁窗生涯"。

报复性空袭发生两天后的8月7日，美国国会表决通过了"东南亚提案"，通常称为"东京湾（北部湾）决议"。这份重要但存在争议的文件宣布："美国视自身国家利益及世界和平的价值观，与维持国际社会和平及东南亚安全同样重要。根据美国宪法和联合国宪章，及其在东南亚集体防务条约中的义务，美国准备根据总统的决定，采取一切必要措施，包括使用武装力量，为提出协助保卫其自由请求的东南亚集体防务条约的任何成员或盟邦以必要的援助……如果联合国插手干预了南越问题的和平解决，美国总统就应该撤军，国会决议也应该作废；除非国会决定提前取消议案，否则该议案将持续有效。"至此，美国国会给了美国总统约翰逊及其顾问巨大的权力，也是对北越的不宣而战。可是，约翰逊政府却更青睐一场逐步施加军事压力的空中战役，他们希望用"软硬兼施"的政策促使北越按美国的条件结束战争。

毫无疑问，约翰逊不愿意让自己卷入一场全面战争，因为离美国总统大选只有不到两个月了，而且他还担心如果真的进行摧毁河内的战争，或许会把中、苏两个大国卷入进来。美国参谋长联席会议也意识到了这种可能性，并假设中国地面部队或许已经支援北越，正如朝鲜战争那样；苏联也将会增加军事援助，包括技术人员和现代化武器。不过即便如此，他们也信心满满地认为美国及其盟友有充分的能力应对。最后，总统及其顾问的观点逐步占了上风，还是决定进行空中战争，而且这场战争并不由军事家指挥，而是全凭他们自己控制。美国总统对任何小事都事必躬亲，可以说这是一场自己捆住自己手脚的"奇特"战争。

北越没有理会美国国会的决定，也对 8 月 5 日的空袭不屑一顾。两天后，他们把 30 架米格 –15 和米格 –17 从中国部署到河内附近的福安机场，同时命令北越人民军第 325 步兵师沿胡志明小道南下。

"堪培拉"灾难

北部湾事件后，美国空军第 8 和第 13 轰炸机中队的马丁 B–57B "堪培拉" 轰炸机在第一时间被部署到南越。这 20 架轰炸机原本驻防在菲律宾马尼拉的克拉克空军基地，8 月 4 日傍晚，他们奉命迅速转移到南越的边和空军基地。这两个中队在接到任务后迅速响应，几个小时内，5 个小队就从克拉克空军基地腾空而起，踏上了开赴南越的征途。

飞机在距地面 700 英尺的漆黑高空中行驶，跟随西南季风抵达陌生的边和机场。由于对着陆后的情况不太熟悉，一架刹车失灵的飞机撞上了另一架降落后待在跑道上不知所措的飞机，两架飞机都因损伤过重而报废。另一架 B–57 在着陆时，主起落架双双爆胎，堵住了边和机场的跑道，迫使剩下的喷气式轰炸机只能转飞新山一机场。还有一架 B-57 没有到达目的地，在离跑道几英里处的亲北越部队控制区坠毁，对坠毁原因的调查也没有得到令人满意的结果。

对驻南越的美国空军武库来说，B-57 的到来无疑是受欢迎的。它的武备是 8 挺机枪或 4 门 20 毫米航炮，而且两个翼下挂架和机腹炸弹舱拥有惊人的载弹量。它们也可以挂载 8 枚 5 英寸或 28 枚 2.75 英寸火箭弹，如果连翼下挂架也用上的话，火箭弹载量还可以提升两倍。

不幸的是，"堪培拉"轰炸机群在他们部署到位后的一段时间内，都没投入战斗。美国依然恪守 1954 年的《日内瓦协议》，它规定任何一方都不能向越南部署新型的军用进攻性武器。直到美国在 6 个月后宣布不再严格执行《日内瓦协议》条款，B-57 才投入战斗。

▲ 一架只能手动启动发动机的 B-57，地勤人员正手持灭火器站在一旁。注意边和机场缺乏沙包护栏组成的停机区。

▲ 北部湾事件后，几十架 F-100 "超级佩刀"战斗机被部署到越南。

其他中队也开始调兵遣将：巴克1号打击部队（含第614战术战斗机中队）的17架北美F-100"超级佩刀"战斗机也于8月4日从菲律宾马尼拉克拉克机场飞往南越。随后，第522战术战斗机中队的18架F-100"超级佩刀"战斗机也部署到位。

两个月后，美国空军第401战术战斗机联队所属614战术战斗机中队的F-100"超级佩刀"战斗机被部署到岘港。6架RF-101C"巫毒"超音速战术侦察机被部署到新山一机场，使"能干的马贝尔"特遣队数量增加到12架。驻冲绳的美国空军第18战术战斗机联队的F-105"雷公"式战斗攻击机移驻泰国。

"滚雷"开幕

"北部湾事件"后不到一个星期，执行临时任务的8架F-105D"雷公"战斗攻击机在克拉的泰国皇家空军基地进入战备状态，这是他们在8月执行的第一个作战任务。第36战术战斗机中队的4架"雷公"战斗攻击机紧急起飞，进行搜救战斗空中巡逻。

据报，一架飞机在老挝查尔平原上空被击落。当F-105战斗攻击机抵达时，他们发现一架亚美利加航空公司的C-7"驯鹿"运输机在上空盘旋。运输机机组人员完全不知道该如何营救跳伞的飞行员，结果在执行任务的过程中受到防空火力的攻击，只得召唤F-105"雷公"战斗攻击机打掉敌人的炮位。可没人能确定敌人防空火力的位置，F-105"雷公"战斗攻击机决定对该地区进行扫射，引诱敌人暴露目标，然后他们再进行第二轮攻击，以便干掉对手。

戴维·格拉本中尉驾驶战斗机朝地面扑过去，按下射击键，机上的"沃尔肯"航炮以每分钟6000发的射速往地面泼洒20毫米炮弹。突然间，37毫米高射炮打出的炮弹如同"红色的高尔夫球"一般扑面而来。在一发炮弹咬住飞机时，"雷公"打了一个寒颤。格拉本赶紧从大角度俯冲中改出，扔掉所有外挂装置，启动紧急加力装置，恢复大角度爬升。飞机剧烈震动，红色火警灯紧急亮起。最后，飞行员在空中1.6万英尺处改平。

对他来说，这是幸运的一天，虽然警告灯亮个不停，但"雷公"还是踉跄地飞回了克拉空军基地，最后漂亮着陆。事后检查发现，这架"雷公"战斗攻击机挨了两发炮弹，机尾也被子弹打穿了几个洞，可它还是把飞行员安全带回了家。后来，这架"雷公"还承受了比这次更严重的伤势，但它依然将飞行员安全送回，这款战斗机很快就成了越南空中战争的佼佼者。

8 月，首批新型 HH–43F 搜救直升机抵达边和、岘港机场，替换老旧的 HH–43B 直升机。这款新型直升机拥有较大功率的发动机，金属钛装甲板和 350 加仑防弹自封油箱大大扩展了它的作战半径，但它依然不足以承担作战救援任务。可距离战术航空军借调到泰国基地的第一架西科斯基 CH–3C 直升机部署到位，还有 6 个月。

最后一批 CH–21"肖尼"在 1964 年仲夏退役之后，美国陆军也订购了 250 架 UH–1"易洛魁"直升机。美国陆军正在使用的其他型号直升机就只剩下 CH–37"摩哈维人"货运直升机了，这种直升机仅有 9 架部署在南越。这一年，美国陆军还获得了 147 架固定翼飞机，包括 53 架"捕鸟犬"观察机、20 架 U–6A"海狸"效用机、9 架 U–8"塞米诺尔"、6 架 OV–1"莫霍克"侦察机、32 架 C–7"驯鹿"运输机和 27 架 U–1"奥特"飞机。仅仅一年，美国陆军航空兵军库以超出所有预期的规模在

▲ 共和公司制造的、满载武器系统的F–105D战斗机（编号30–RE–62–4234）在越南上空翱翔。

◀ 在8月的一次神秘的部署行动中，首批 HH–43F搜救直升机抵达边和机场，替换下老旧的HH–43B直升机。

不断扩大，空中机动师的理念也投入实践。

美国参联会和驻南越大使马克斯维尔·泰勒将军都强烈建议对北越展开报复行动，却被白宫否决，因为此时正值 1964 年年底美国总统选举前夕，任何大规模报复行动都会对选票造成影响。

美国参联会提议，在报复行动开始的 24—36 小时内，对北越境内北纬 19 度线以南进行低空侦察，对老挝实施空中打击，以掩护美军安全部队部署到南越，保卫那里的美军基地和军事设施。报复行动开始三天后，再出动 B-52 战略轰炸机攻击福安及其他机场，以及河内、海防地区的主要炼油厂和石油储备区。接下来的空中打击应针对北越渗透的道路网络和运输相关的目标，同时兼顾打击军事和工业目标。

当时北越的防空体系还很弱小。除少量刚刚部署到位的米格歼击机外，空军战机武库仅有 30 架教练机和 50 架运输机，以及 4 架轻型直升机。只有河内的嘉林机场和海防的吉碑机场拥有承载喷气式战机作战的能力，不过福安机场也快完工了。海防附近的建隆机场和非军事区正北面挨着的同会机场也有可供喷气式战机起降的硬地面跑道系统。防空兵方面，北越只有 700 件传统的防空武器，还没有地对空导弹。北越雷达兵的跟踪能力也很有限，只有 20 部早期预警雷达，以及极其有限的跟踪定位能力。

美国的空中打击看起来几乎不会遇到抵抗，加上进攻的突然性，他们应该能以最小的损失赢得最大的战果。像这样全面的大规模空袭或许能"说服"北越停止对南越的"侵略"。不过，等到美国集结空中力量对北越发动全面空袭（1972 年 12 月的战略轰炸）时，时间已过去 8 年，北越利用这段时间建成了世界上最庞大、威力也最强大的防空体系。

有限行动

1964 年 12 月，约翰逊总统同意对老挝东部的敌人运输补给线进行一连串有限的武装侦察行动。"滚筒"行动的第一次任务于 12 月 17 日开始，美国海军战机从航母"突击者"号升空，对疑似的"渗透小道"（位于老挝东部）进行武装侦察。美国海军的 A-1H"天袭者"攻击机在麦道 F-4B"鬼怪"式战斗机的护航下首先突入，接着是 RF-8A"十字军战士"侦察机。在获得授权后，他们对北越运输物资的车辆或其他临机目标实施了攻击。

"滚筒"行动的早期目的主要是政治表态和威慑。从一开始，美国国防部长麦克纳马拉只批准每周往老挝东部出动两个小队共 8 架飞机，执行武装侦察任务。

1964 年的平安夜，北越炸掉了西贡布林克酒店的单身军官宿舍区，美军 2 死 71 伤。美国军方一再请求对北越进行报复性空中打击，约翰逊政府一概予以拒绝。

三天后，北越新组建的第 9 步兵师（装备苏式和中国制武器，越南人民军第 9 步兵师组建于 1965 年 9 月 2 日）对西贡东面福绥省（北越叫巴地省）的平也战略村展开攻击。这次战役几乎摧毁了南越军队的精锐别动军第 33 营和海军陆战队第 4 营。北越广播电台声称这次战役宣告分散游击战时代的结束，传统正规运动战时代的到来。

这一年年底，双方爆发了极为激烈的战斗。美国空军和南越空军的"天袭者"攻击机表现良好，空中支援部队声称 11 月和 12 月击毙北越军队 2500 人，南越军队声称击毙 1700 人。但北越军队在这三年中，将 3—4 万人经由老挝渗透进了南越，损失因而得到了补充。

▲ 一架 CH-37 "莫哈维人"直升机悬停在一架坠毁的 CH-21 直升机上空，机组人员准备用吊装索钩住 CH-21。

◀ 1964 年 10 月 31 日及 11 月 1 日，亲北越部队用迫击炮袭击了边和空军基地。20 架并排停放的 B-57 中，有 5 架全毁，连带 1 架 HH-43F 和 4 架南越空军的 A-1 "天袭者"攻击机一并遭殃，剩下的 15 架 B-57 全部受损，美军 4 死 72 伤（图片来源于美国空军博物馆）。